**Direitos e fundamentos sociais no processo de envelhecimento**

# Direitos e fundamentos sociais no processo de envelhecimento

Maria Caroline Waldrigues
Adriane Bührer Baglioli Brun
Francielli Araujo Veiga
Karina Silveira de Almeida Hammerschmidt
Márcia Marrocos Aristides
Neiva Silvana Hack

Rua Clara Vendramin, 58 . Mossunguê . CEP 81200-170
Curitiba . PR . Brasil . Fone: (41) 2106-4170
www.intersaberes.com . editora@intersaberes.com

**Conselho editorial**
Dr. Alexandre Coutinho Pagliarini
Drª Elena Godoy
Dr. Neri dos Santos
Mª Maria Lúcia Prado Sabatella

**Editora-chefe**
Lindsay Azambuja

**Gerente editorial**
Ariadne Nunes Wenger

**Assistente editorial**
Daniela Viroli Pereira Pinto

**Preparação de originais**
Palavra Arteira Edição e Revisão de Textos

**Edição de texto**
Letra & Língua Ltda. – ME

**Capa**
Sílvio Gabriel Spannenberg (*design*)
Rawpixel.com/Shutterstock (imagem)

**Projeto gráfico**
Charles L. da Silva (*design*)
Smileus e dibrova/Shutterstock (imagens)

**Diagramação**
Fabio V. da Silva

***Designer* responsável**
Charles L. da Silva

**Iconografia**
Regina Claudia Cruz Prestes
Sandra Lopis da Silveira

Dados Internacionais de Catalogação na Publicação (CIP)
(Câmara Brasileira do Livro, SP, Brasil)

Direitos e fundamentos sociais no processo de envelhecimento / Maria Caroline Waldrigues...[et al.]. -- Curitiba, PR : InterSaberes, 2024.

Outros autores: Adriane Bührer Baglioli Brun, Francielli Araujo Veiga, Karina Silveira de Almeida Hammerschmidt, Márcia Marrocos Aristides, Neiva Silvana Hack.
Bibliografia.
ISBN 978-85-227-0777-5

1. Direitos humanos 2. Envelhecimento – Aspectos sociais 3. Idosos – Direitos fundamentais – Brasil I. Waldrigues, Maria Caroline. II. Brun, Adriane Bührer Baglioli. III. Veiga, Francielli Araujo. IV. Hammerschmidt, Karina Silveira de Almeida. V. Aristides, Márcia Marrocos. VI. Hack, Neiva Silvana.

23-177914                                                                 CDU-342.7

Índices para catálogo sistemático:
1. Idosos : Direitos fundamentais : Direito   342.7
Eliane de Freitas Leite – Bibliotecária – CRB 8/8415

1ª edição, 2024.
Foi feito o depósito legal.

Informamos que é de inteira responsabilidade das autoras a emissão de conceitos.

Nenhuma parte desta publicação poderá ser reproduzida por qualquer meio ou forma sem a prévia autorização da Editora InterSaberes.

A violação dos direitos autorais é crime estabelecido na Lei n. 9.610/1998 e punido pelo art. 184 do Código Penal.

# Sumário

9 *Apresentação*

13 *Como aproveitar ao máximo este livro*

Capítulo 1
17 **Aspectos socioculturais do envelhecimento**
19 1.1 O estigma da sociedade com relação ao envelhecimento
27 1.2 Aspectos socioculturais do envelhecimento humano
30 1.3 Aspectos socioantropológicos do envelhecimento humano
34 1.4 Aspectos biológicos do envelhecimento humano
39 1.5 Aspectos cronológicos do envelhecimento humano

Capítulo 2
47 **Aspectos da diversidade histórica e cultural no envelhecimento humano**
49 2.1 Aspectos sociais do envelhecimento humano
54 2.2 Velhice e diversidade histórica e cultural
57 2.3 Envelhecimento produtivo e cidadania
59 2.4 Fatores ambientais e o envelhecimento
63 2.5 Meio ambiente e fatores relacionados ao envelhecimento

Capítulo 3
71 **Políticas sociais para a pessoa idosa**
73 3.1 O envelhecer
76 3.2 Direitos humanos: história e implicações com as pessoas idosas

| | |
|---|---|
| 82 | 3.3 Políticas públicas: o que são? |
| 89 | 3.4 Políticas sociais para a pessoa idosa |
| 107 | 3.5 Desafios políticos e sociais para a população idosa no Brasil |

Capítulo 4
## 123 Políticas de seguridade social
| | |
|---|---|
| 125 | 4.1 Trajetória da proteção social e da Previdência Social a partir das primeiras iniciativas, de seus princípios e de seus objetivos |
| 133 | 4.2 O processo de construção do sistema brasileiro de proteção social previdenciário, normas legais e diretrizes |
| 139 | 4.3 Sistema de financiamento e contribuições previdenciárias |
| 149 | 4.4 Políticas públicas de saúde para a pessoa idosa |
| 158 | 4.5 Contextualização da Política Nacional de Assistência Social e os direitos sociais |

Capítulo 5
## 169 Direitos fundamentais
| | |
|---|---|
| 175 | 5.1 Vida, liberdade, respeito e dignidade |
| 193 | 5.2 Direito aos alimentos |
| 197 | 5.3 Direito à educação |
| 199 | 5.4 Direito à Previdência Social |
| 202 | 5.5 Direito à assistência social |

Capítulo 6
## 219 Direitos e benefícios sociais voltados à pessoa idosa
| | |
|---|---|
| 224 | 6.1 Direito da pessoa idosa a programa habitacional |
| 228 | 6.2 Direito da pessoa idosa a transporte urbano gratuito |
| 229 | 6.3 Direito ao crédito consignado |
| 235 | 6.4 Acesso à justiça |
| 248 | 6.5 Interdição/curatela |

259 *Considerações finais*
263 *Referências*
289 *Respostas*
297 *Sobre as autoras*

# Apresentação

Atualmente, há uma preocupação mundial relacionada ao envelhecimento populacional, que acontece nas últimas décadas de maneira célere e tem chamado a atenção de várias organizações, no intuito de voltar os olhares às pessoas idosas. No sentido da forma pela qual alcançarão a adição de anos à vida, considerando que o envelhecer não é processo homogêneo, há que se considerar seu curso de vida individualmente.

Esse olhar de cuidado volta-se para o Brasil, um país que apresentava uma expectativa de vida na década de 1950 de 48 anos, atualmente de 76 anos, e a projeção para 2100 aponta que alcançaremos os 88 anos. Pesa-se também que, nessa projeção, dentro de 25 anos seremos uma população majoritariamente idosa, quando comparado, por exemplo, à França, que teve sua população duplicada em um espaço-tempo de 140 anos. Dada a amplitude e significância da temática, apresentamos, nesta obra, algumas considerações sobre os principais fundamentos e direitos sociais da pessoa idosa no decorrer do processo sócio-histórico, bem como a respeito das transformações do próprio envelhecer, que exige mudanças na sociabilidade humana e na configuração do sistema de proteção social e das legislações que atendam às especificidades do envelhecimento com dignidade, protagonismo e cidadania.

O livro está organizado em seis capítulos e se destina a leitores com interesse na temática dos direitos sociais da pessoa idosa, acadêmicos dos cursos da área da saúde, do direito e da área social, bem como profissionais que atuam em políticas públicas, pesquisadores do campo do envelhecimento e da gerontologia, pois a atual transição demográfica nos convoca e nos desafia a repensar outras formas de (re)organização da sociedade, que será majoritariamente idosa em algumas décadas.

No Capítulo 1, discorremos sobre os diversos aspectos do envelhecimento humano, tendo em vista o estigma da sociedade em relação ao envelhecimento, as dimensões do idadismo e os estereótipos que influenciam o envelhecer em sociedade. O capítulo versa ainda sobre cultura e velhice. A antropologia busca explicar a heterogeneidade do processo de envelhecer para o homem e contribui para esclarecer os aspectos biológicos desse processo e a diversidade de fatores que envolvem a cronologia do envelhecimento.

No Capítulo 2, apresentamos os seguintes tópicos: aspectos sociais do envelhecimento humano; velhice e diversidade histórica e cultural; envelhecimento produtivo e cidadania; fatores ambientais e o envelhecimento; e meio ambiente e fatores relacionados ao envelhecimento. Propomos reflexões e apontamos estudos vinculados à temática, destacando os desafios futuros.

Por sua vez, no Capítulo 3, versamos sobre as políticas públicas sociais, mas, antes de percorrer essa trajetória de construção do cenário atual, tratamos de constructos importantes para sua compreensão, como considerações sobre o envelhecer, os direitos humanos e as políticas públicas. Ao final, evidenciamos sete desafios ainda a serem alcançados relacionados ao processo de envelhecer e à população brasileira.

No Capítulo 4, apresentamos a trajetória de construção do sistema de proteção brasileiro e da Previdência Social, além de tratarmos de maneira minuciosa da questão da organização da seguridade social, composta pelo tripé: previdência e os planos de benefícios da Previdência Social, saúde e assistência social.

Já no Capítulo 5 da obra, abordamos importantes direitos sociais das pessoas idosas, partindo de reflexões acerca da valorização e do respeito à velhice e ao processo de envelhecimento. Elegemos como primeiro direito a ser abordado o próprio direito a envelhecer, uma vez que os demais são construídos em decorrência e em favor desse. Ao avançar no debate, tomamos o Estatuto da Pessoa Idosa[1] – Lei n. 10.741, de 1º de outubro de 2003 (Brasil, 2003a) como principal referência legal, além de símbolo de conquistas já alcançadas e desafios que se impõem cotidianamente para sua efetividade. Ainda, refletimos sobre o cenário do envelhecimento no Brasil e sobre direitos sociais como: a vida; a liberdade; o respeito e a dignidade; os alimentos; a educação; a cultura, o esporte e o lazer; a Previdência Social; e a assistência social. De maneira geral, o objetivo é ampliar o conhecimento sobre os direitos abordados e apontar caminhos para sua concretização e defesa, com vistas à construção de uma sociedade em que o envelhecimento seja valorizado e vivido com saúde, participação e dignidade.

Por fim, no Capítulo 6, discutimos direitos específicos da pessoa idosa[2]. De modo geral, os profissionais de saúde estão

---

1   A Lei n. 14.423, de 22 de julho de 2022 (Brasil, 2022a), alterou a Lei n. 10.741/2003 (Estatuto do Idoso), substituindo, em todo o texto, as expressões *idoso* e *idosos* por *pessoa idosa* e *pessoas idosas*, respectivamente. Assim, atualmente, a denominação correta é *Estatuto da Pessoa Idosa*. A mudança é uma conquista em termos de equidade.
2   Como mencionado, a atualização promovida pela Lei n. 14.423/2022 é uma conquista em termos de equidade. Isso porque o conceito de *pessoa idosa* compreende, de maneira mais evidente, a igualdade de direitos entre homens e mulheres, bem como reconhece a totalidade dos indivíduos com 60 anos ou mais e sua dignidade como pessoas completas, não reduzidas a uma única etapa da vida. Por isso, nesta obra, adotamos a expressão *pessoa idosa*, mantendo o termo *idoso* apenas em casos específicos e citações diretas.

destinados a prestar atendimento à pessoa idosa, que se trata do grupo de pessoas mais velhas, composto, para a Organização Mundial da Saúde (OMS), por todo indivíduo que conta com 60 (sessenta) anos ou mais. Esse marco de tempo é também utilizado na Política Nacional do Idoso, instituída pela Lei n. 8.842, de 4 de janeiro de 1994 (Brasil, 1994), e no Estatuto da Pessoa Idosa, Lei n. 10.741/2003. Prestar um atendimento de qualidade, em especial, atento às garantias e políticas públicas destinadas às pessoas idosas, é o que se espera do profissional cuja formação orbita a gerontologia.

Diante dos temas articulados nesta obra, esperamos que este livro possa contribuir para romper paradigmas sobre o envelhecimento, bem como que a pessoa idosa seja compreendida em sua totalidade, em seus aspectos sociais, econômicos, culturais e psicológicos, para assim se pensar em uma nova sociabilidade, mais inclusiva, participativa, emancipatória e cidadã.

# Como aproveitar ao máximo este livro

Empregamos nesta obra recursos que visam enriquecer seu aprendizado, facilitar a compreensão dos conteúdos e tornar a leitura mais dinâmica. Conheça a seguir cada uma dessas ferramentas e saiba como elas estão distribuídas no decorrer deste livro para bem aproveitá-las.

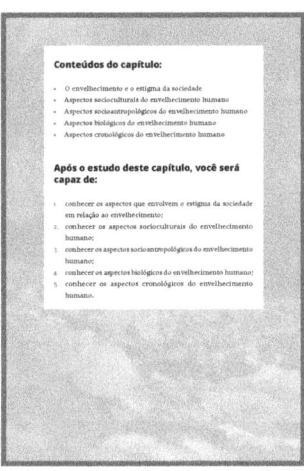

*Conteúdos do capítulo:*

Logo na abertura do capítulo, relacionamos os conteúdos que nele serão abordados.

*Após o estudo deste capítulo, você será capaz de:*

Antes de iniciarmos nossa abordagem, listamos as habilidades trabalhadas no capítulo e os conhecimentos que você assimilará no decorrer do texto.

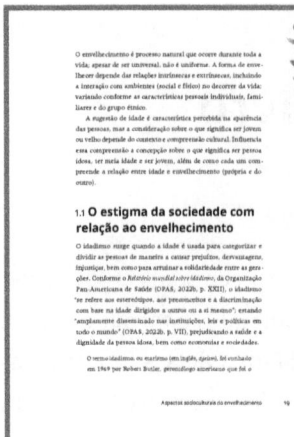

## Introdução do capítulo

Logo na abertura do capítulo, informamos os temas de estudo e os objetivos de aprendizagem que serão nele abrangidos, fazendo considerações preliminares sobre as temáticas em foco.

## Para saber mais

Sugerimos a leitura de diferentes conteúdos digitais e impressos para que você aprofunde sua aprendizagem e siga buscando conhecimento.

## Síntese

Ao final de cada capítulo, relacionamos as principais informações nele abordadas a fim de que você avalie as conclusões a que chegou, confirmando-as ou redefinindo-as.

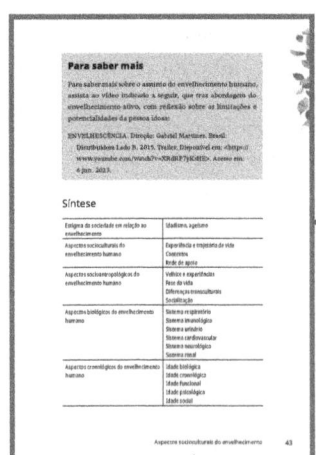

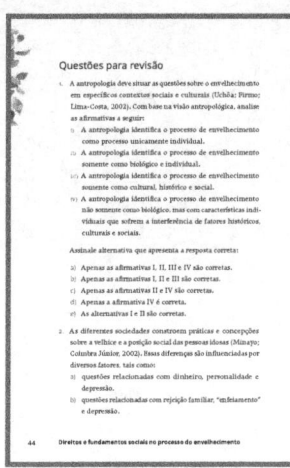

## Questões para revisão

Ao realizar estas atividades, você poderá rever os principais conceitos analisados. Ao final do livro, disponibilizamos as respostas às questões para a verificação de sua aprendizagem.

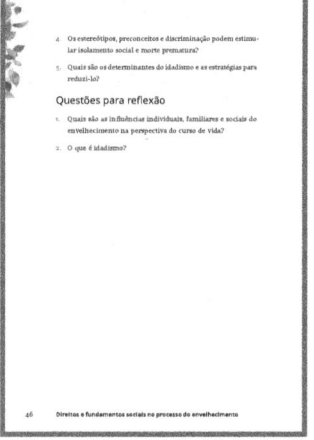

## Questões para reflexão

Ao propor estas questões, pretendemos estimular sua reflexão crítica sobre temas que ampliam a discussão dos conteúdos tratados no capítulo, contemplando ideias e experiências que podem ser compartilhadas com seus pares.

15

# Capítulo 1
# Aspectos socioculturais do envelhecimento

Karina Silveira de Almeida Hammerschmidt

Márcia Marrocos Aristides

## Conteúdos do capítulo:

- O envelhecimento e o estigma da sociedade.
- Aspectos socioculturais do envelhecimento humano.
- Aspectos socioantropológicos do envelhecimento humano.
- Aspectos biológicos do envelhecimento humano.
- Aspectos cronológicos do envelhecimento humano.

## Após o estudo deste capítulo, você será capaz de:

1. compreender o estigma da sociedade em relação ao envelhecimento;
2. identificar os aspectos socioculturais do envelhecimento humano;
3. reconhecer os aspectos socioantropológicos do envelhecimento humano;
4. entender os aspectos biológicos do envelhecimento humano;
5. compreender os aspectos cronológicos do envelhecimento humano.

O envelhecimento é processo natural que ocorre durante toda a vida; apesar de ser universal, não é uniforme. A forma de envelhecer depende das relações intrínsecas e extrínsecas, incluindo a interação com ambientes (social e físico) no decorrer da vida; variando conforme as características pessoais individuais, familiares e do grupo étnico.

A sugestão de idade é característica percebida na aparência das pessoas, mas a consideração sobre o que significa ser jovem ou velho depende do contexto e compreensão cultural. Influencia essa compreensão a concepção sobre o que significa ser pessoa idosa, ter meia idade e ser jovem, além de como cada um compreende a relação entre idade e envelhecimento (própria e do outro).

## 1.1 O estigma da sociedade com relação ao envelhecimento

O idadismo surge quando a idade é usada para categorizar e dividir as pessoas de maneira a causar prejuízos, desvantagens, injustiças, bem como para arruinar a solidariedade entre as gerações. Conforme o *Relatório mundial sobre idadismo*, da Organização Pan-Americana de Saúde (OPAS, 2022b, p. XXII), o idadismo "se refere aos estereótipos, aos preconceitos e à discriminação com base na idade dirigidos a outros ou a si mesmo"; estando "amplamente disseminado nas instituições, leis e políticas em todo o mundo" (OPAS, 2022b, p. VII), prejudicando a saúde e a dignidade da pessoa idosa, bem como economias e sociedades.

O termo idadismo, ou etarismo (em inglês, *ageism*), foi cunhado em 1969 por Robert Butler, gerontólogo americano que foi o primeiro diretor do Instituto Nacional do Envelhecimento nos Estados Unidos. Apesar de o idadismo existir há séculos no mundo, o conceito é relativamente novo e ainda não existe em todos os idiomas. (OPAS, 2022b, p. XXI)

Ainda de acordo com a OPAS (2022b, p. XVII),

> O idadismo pode ser institucional, interpessoal ou contra si próprio. O idadismo institucional se refere às leis, regras, normas sociais, políticas e práticas institucionais que restringem injustamente as oportunidades e prejudicam sistematicamente indivíduos em função da idade deles. O idadismo interpessoal surge em interações entre dois ou mais indivíduos, enquanto o direcionado contra si próprio ocorre quando o idadismo é internalizado pela pessoa e usado contra ela mesma.

Observe a Figura 1.1 a seguir:

Figura 1.1 – Idadismo interpessoal, institucional e contra si próprio mutuamente entremeado e se reforçando entre si

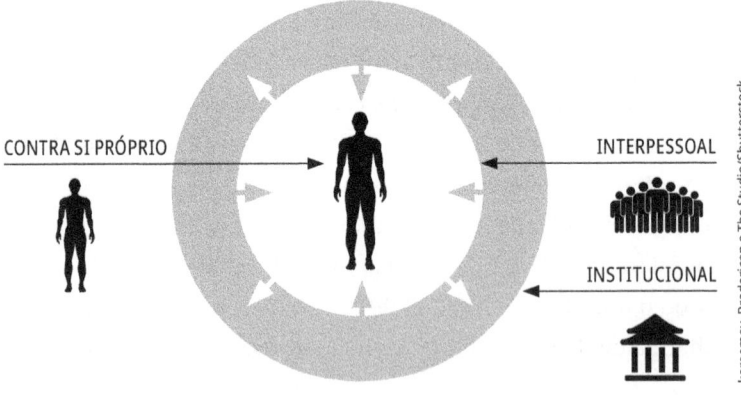

Fonte: OPAS, 2022b, p. 8.

Esse assunto não é recente, existe há longa data, sendo reforçado de maneira despercebida no cotidiano; como exemplo tem-se a compreensão que as pessoas idosas são frágeis e vulneráveis. O idadismo está presente nos estereótipos (a forma como pensamos), nos preconceitos (como nos sentimos) e na discriminação (como agimos), verificados em situações cotidianas.

A concepção que fomenta o idadismo começa na infância, sendo reforçada no decorrer dos tempos. Desde o início da vida, as crianças recebem e captam mensagens subentendidas, que são emitidas pelas pessoas de seu círculo, geralmente com estereótipos e preconceitos de sua cultura, mensagens internalizadas no decorrer do tempo. Posteriormente, esses estereótipos servem para fazer inferências e orientar sentimentos e/ou comportamentos em direção a pessoas idosas e a si próprias (OPAS, 2022b).

Também conforme o teor do relatório da OPAS (2022, p. 3),

> Os estereótipos são estruturas cognitivas que alojam nossas crenças e expectativas sobre as características dos membros de grupos sociais, e estereotipar é o processo de aplicar informações estereotípicas. [...]
>
> No idadismo, os estereótipos que as pessoas têm sobre a idade podem orientar as inferências sobre outras pessoas com base na idade delas, incluindo [julgamentos] sobre suas capacidades físicas e mentais, competências sociais e crenças políticas e religiosas. Essas inferências podem levar a generalizações excessivas que consideram que todas as pessoas de determinada faixa etária são iguais. Por exemplo, uma generalização excessiva e comum de que as pessoas idosas são frágeis [...].

Os estereótipos relacionados com a idade podem variar de positivos a negativos, porém prevalecem os de incompetência (negativos) (OPAS, 2022b).

> O preconceito é reação emocional ou sentimento, positivo ou negativo, dirigido à pessoa com base no grupo ao qual parece pertencer. O preconceito contribui para a criação ou manutenção de relações hierárquicas entre grupos. No caso do idadismo, o preconceito se dirige ao indivíduo ou grupo com base na percepção de sua idade. (OPAS, 2022b, p. 4)

Como exemplo de preconceito destacam-se sentimentos de pena ou dó com relação à pessoa idosa.

Já a discriminação, conforme a OPAS (2022b, p. 4):

> consiste em ações, práticas ou políticas, aplicadas às pessoas devido às suas afiliações, percebidas ou reais, a alguns grupos socialmente proeminentes e que impõem alguma forma de desvantagem (discriminação negativa) ou vantagem (discriminação positiva) sobre elas.
>
> Com relação ao idadismo, a discriminação está relacionada aos comportamentos [...] que são dirigidas [sic] às pessoas com base na idade que têm.

Como exemplo de discriminação tem-se a exclusão de empregos para pessoas idosas, consideradas incapazes para determinadas funções.

Para facilitar a compressão, apresentamos a Figura 1.2, com as três dimensões do idadismo: estereótipos, preconceitos e discriminação.

Figura 1.2 – Três dimensões do idadismo (estereótipos, preconceitos e discriminação)

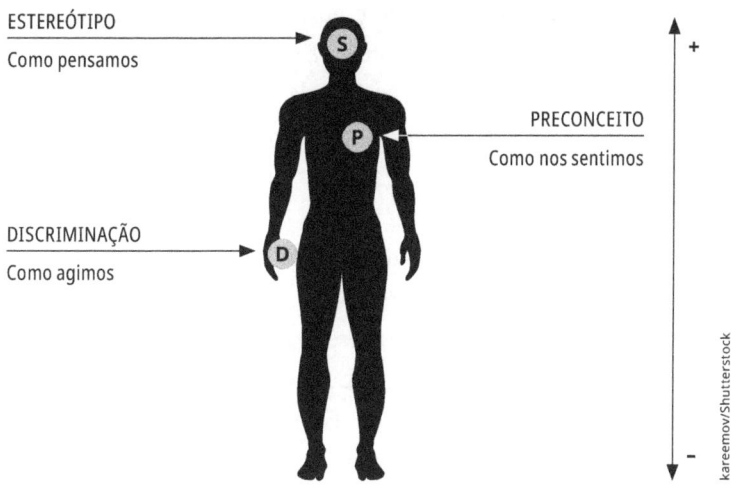

Fonte: OPAS, 2022b, p. 6.

Em suma, os estereótipos, os preconceitos e a discriminação no idadismo acarretam isolamento social e morte prematura e custam bilhões às economias. Nega-se às pessoas idosas seus direitos humanos e a habilidade de alcançar seu pleno potencial. Nesse contexto, o idadismo pode ter "duas formas de expressão – explícito (consciente) e implícito (inconsciente)" (OPAS, 2022b, p. 3). Infelizmente, esse estigma marca a sociedade de modo prevalente, sendo amplamente disseminado de maneira insidiosa, passando despercebido e incontestado. Nem sempre há compreensão ou percepção de que as ações desenvolvidas podem ser idadistas, que podem ser da pessoa contra si mesma ou contra outros.

Com o idadismo, a pessoa idosa sofre diversas consequências, inúmeras vezes graves e que trazem negatividades para saúde, bem-estar e direitos. As consequências desse estigma são: menor expectativa de vida, piora na saúde física e mental, lenta recuperação de incapacidade e aumento do declínio cognitivo. De modo geral, piora a qualidade de vida, levando ao isolamento e à solidão da pessoa idosa. Ademais, eleva o risco de violência e abuso contra essa parcela da população, bem como contribui para a pobreza e insegurança financeira (OPAS, 2022b).

Esse problema também interage com acúmulo de desvantagens, quando relacionado com o capacitismo (discriminação e o preconceito social contra pessoas com alguma deficiência), com o sexismo (discriminação de gênero é o preconceito ou discriminação baseada no gênero ou sexo de uma pessoa) e com o racismo (preconceito e na discriminação com base em percepções sociais baseadas em diferenças biológicas entre os povos) (OPAS, 2022b).

Em 2020, com a pandemia de covid-19, houve impacto devastador sobre as pessoas idosas, destacando-se e fortalecendo-se ações de idadismo, mediante utilização de vídeos, imagens e textos com destaque para o fator etário como único critério para exclusão, preconceito e discriminação, inclusive com racionamento de leitos para saúde (OPAS, 2022b).

Você já pensou quais são os determinantes do idadismo? Os fatores que aumentam o risco são: ter mais idade; ser dependente de cuidados; ter expectativa de vida saudável menor no país; trabalhar em certas profissões ou em determinados setores ocupacionais, como no setor de alta tecnologia ou hoteleiro; ser ansioso com relação à morte e ter menor grau de instrução; ser do sexo feminino. Os fatores que reduzem o risco estão relacionados ao maior contato intergeracional (OPAS, 2022b).

Agora, vejamos as três principais estratégias para combater o idadismo: 1) políticas e leis; 2) intervenções educacionais; 3) intervenções de contato intergeracional (OPAS, 2022b).

• **Estratégia 1: Políticas e leis.** Políticas e leis podem ser usadas para reduzir o idadismo em relação a qualquer faixa etária. Podem incluir, por exemplo, políticas e legislação que abordem a discriminação e a desigualdade por idade, bem como leis de direitos humanos. O fortalecimento das políticas e leis que visam ao idadismo pode ser conseguido por meio da adoção de novos instrumentos nos níveis local, nacional ou internacional e da modificação dos instrumentos existentes que permitem a discriminação por idade. Essa estratégia requer mecanismos de imposição e órgãos de monitoramento nos níveis nacional e internacional para assegurar a implementação efetiva das políticas e leis que abordem a discriminação, a desigualdade e os direitos humanos.

• **Estratégia 2: Intervenções educacionais.** As intervenções educacionais para reduzir o idadismo devem ser incluídas em todos os níveis e tipos de formação, do primário à universidade, e em contextos educacionais formais e informais. As atividades educacionais ajudam a melhorar a empatia, dissipar conceitos errôneos sobre diferentes faixas etárias e reduzir o preconceito e a discriminação ao fornecerem informações corretas e exemplos que combatam os estereótipos.

• **Estratégia 3: Intervenções de contato intergeracional.** Deve-se também investir em intervenções de contato intergeracional que visem a fomentar a interação entre pessoas de diferentes gerações. Tal contato pode reduzir o preconceito entre grupos e os estereótipos. As intervenções de contato intergeracional estão entre as mais eficazes para reduzir o preconceito contra as pessoas idosas [...]. (OPAS, 2022b, p. XIX, grifo do original)

O *Relatório mundial de combate ao idadismo* (OPAS, 2022b) apresenta, além dessas estratégias descritas, algumas recomendações de ações para ajudar a reduzir este estigma. Iniciando-se com o "compromisso político, participação de diferentes setores e atores, e adaptação específica para diferentes contextos" (OPAS, 2022b, p. XIX), bem como investir em estratégias com base científica para prevenir e combater o idadismo.

Para que haja impacto nas populações, essas estratégias apresentadas precisam ser ampliadas. É preciso adaptá-las e testá-las conforme as necessidades dos contextos (locais, regionais, nacionais e internacionais) e, em seguida, expandir sua implementação assim que seu funcionamento tenha evidência demonstrada no contexto. Além disso, deve-se desenvolver pesquisas para compreender melhor o idadismo e como reduzi-lo, para o que podem ser utilizadas escalas de avaliação do idadismo (OPAS, 2022b).

Todos devem estar envolvidos em construir movimento para mudar o discurso em torno da idade e do envelhecimento. Todos têm papel fundamental a desempenhar nesse desafio e na eliminação do idadismo. Governos, organizações da sociedade civil, agências da Organização das Nações Unidas (ONU), organizações para o desenvolvimento, instituições acadêmicas e de pesquisa, empresas e pessoas de todas as idades podem juntar-se ao movimento para reduzir o idadismo. Unindo-se é possível melhorar a colaboração e a comunicação entre as diferentes partes interessadas, promovendo ações de combate ao idadismo, incitando o respeito e a cidadania para as pessoas idosas (OPAS, 2022b).

O envelhecimento, ou a idade, não pode limitar oportunidades para que pessoas idosas tenham saúde, bem-estar e dignidade. O idadismo pode ser prevenido mediante pequenas mudanças na forma de pensar, sentir e agir com relação à idade e ao envelhecimento. Enfrentar o estigma da sociedade relacionado ao envelhecimento possibilita respeito e promove direitos humanos. Para tanto, políticas e leis que abordam o preconceito, atividades educativas que promovam a empatia e evitam equívocos de interpretação sobre as pessoas idosas, bem como ações intergeracionais são estratégias oportunas (OPAS, 2022b).

Nesse contexto, você já pensou que a solidariedade entre as gerações pode ser fundamental para combater o idadismo? Refletir sobre esse assunto torna-se essencial para que seja criado um mundo mais igualitário, "no qual a dignidade e os direitos de todos os seres humanos sejam respeitados e protegidos" (OPAS, 2022b, p. VII). Essa pretensão faz parte da Agenda 2030 para o Desenvolvimento Sustentável, acordo de países de todo o mundo, com objetivo de construção de um futuro de paz e prosperidade para todos, vivendo em um planeta saudável.

Essa compreensão evidencia a necessidade da cultura do envelhecimento, mediante mudança no discurso e na prática com relação à pessoa idosa e ao envelhecimento. Precisa-se aprender a viver e conviver na sociedade, incluindo as pessoas idosas e o envelhecimento, promovendo visibilidade e atenção às atitudes respeitosas, evitando comportamentos com exclusão etária. Desse modo, adotar estratégias de oposição ao estigma do envelhecimento é ação individual e coletiva, que deve ser fomentada por políticas integrais de apoio ao ciclo de vida.

Dizer não ao idadismo é responsabilidade de todos!

## 1.2 Aspectos socioculturais do envelhecimento humano

O envelhecimento, na perspectiva do curso de vida, tem influências individuais, familiares e sociais. Esses aspectos permitem interpretações associadas aos valores e papéis sociais de acordo com a idade cronológica. A natureza genético-biológica do

desenvolvimento humano se interrelaciona em um processo dinâmico com esses valores na sociedade ao longo do tempo. Dessa forma, compreende-se a heterogeneidade da experiência do envelhecer dependente da organização do indivíduo em função das circunstâncias históricas, culturais e sociais (OPAS, 2022a).

As experiências e trajetórias individual, familiar e social de um mesmo grupo etário podem variar de acordo com o momento histórico e o local no qual as pessoas convivem. Quantos de nós não nos deparamos com discursos que afirmam "no tempo dos nossos avós era diferente!", e de certa forma era. As sociedades e suas culturas influenciam e provocam alterações ao longo da história nos modos de se ver e vivenciar o processo de envelhecimento.

Na atualidade, ainda se percebe o envelhecimento como processo inevitável de sofrimento e de perdas, como da autonomia e independência. A OPAS apresentou como primeira área de atuação da Década do Envelhecimento Saudável nas Américas (2021-2030): mudar a forma como pensamos, sentimos e agimos com relação à idade e ao envelhecimento. É necessário compreender a velhice como uma etapa de aprendizado que tem início desde o nascimento e busca conhecer os determinantes de sua construção biográfica e social (OPAS, 2023b).

Partindo do pressuposto de que o processo de envelhecimento e a velhice são vivenciados distintamente nos mais diversos contextos, uma das variáveis importantes para a compreensão desse processo é o enfrentamento das perdas decorrentes do envelhecimento e da busca do envelhecimento bem-sucedido, principalmente no que diz respeito à autopercepção do indivíduo. A atenção é sobre os elementos que constituem a representação social do envelhecimento em seu significado (parte da dimensão informacional) e em seu caráter avaliativo (atitudinal). Alguns estudos apontam que as representações sociais de saúde na velhice podem estar atreladas a fatores relacionados a aspectos econômicos, sociais (como o acesso aos serviços de saúde) e subjetivos (como a aparência e o bem-estar) (Teixeira; Schulze; Camargo, 2002). O estilo de vida também influencia a forma como as pessoas chegam à velhice, justificando a necessidade de políticas para o envelhecimento saudável, as quais devem incentivar, além de recursos para cuidados com a saúde, a independência e a autonomia, proporcionando qualidade de vida (OMS, 2005). Para os pesquisadores da área do desenvolvimento humano, a percepção da qualidade de vida é entendida como avaliação subjetiva do indivíduo sobre seu funcionamento físico, psicológico, social e espiritual em qualquer domínio das competências comportamentais e de sua satisfação com relação aos diversos aspectos da vida (Neri, 2006).

Fator importante nessa questão são as redes de apoio social para a pessoa idosa, geralmente constituídas por amigos, familiares e vizinhos, que, somados à convivência intergeracional, contribuem para melhor percepção de qualidade de vida. Esses fatores vêm se tornando objeto de estudo na análise demográfica, especialmente pelo suporte dado pelas pessoas idosas às gerações mais novas.

O processo de envelhecimento também é percebido de maneira distinta por homens e mulheres, sendo a representação social do envelhecimento das mulheres caracterizada pela perda dos laços familiares, e dos homens, pela perda do ritmo de trabalho (Gutz, 2013).

## 1.3 Aspectos socioantropológicos do envelhecimento humano

O processo de envelhecimento é comum a todos os seres vivos, mas não é vivenciado da mesma maneira para todos. A heterogeneidade da experiência do envelhecer dependerá: da organização do indivíduo, em função das circunstâncias históricas, culturais e sociais; dos fatores ambientais e genéticos; e da incidência de doenças (Battini; Maciel; Finato, 2006). A velhice, até pouco tempo, era pensada unicamente sob os aspectos biológicos, recentemente essa visão de fato orgânico perdeu força, passando a velhice e o envelhecimento a se constituírem objetos de reflexão da antropologia (Uchôa; Firmo; Lima-Costa, 2002).

Pesquisadores buscam por estudos epidemiológicos para identificação dos problemas prioritários relacionados ao processo de envelhecimento a fim de identificar precocemente as intervenções que podem contribuir com esse processo. Entretanto, quando se direciona o interesse para a definição dos problemas prioritários em saúde, para as ações que devem ser privilegiadas para resolvê-los, os estudos antropológicos tornam-se essenciais. Intervenções mais assertivas estão relacionadas ao conhecimento sobre as características sociais e culturais da população idosa. Como as pessoas idosas envelhecem? Qual o significado que atribuem às suas experiências à medida que envelhecem? Como se percebem no curso de suas vidas é importante para se entender como resolvem os desafios que encontram nesse percurso (Uchôa, 2003).

O conhecimento antropológico, de modo geral, considera a velhice como estado ou classificação social para fase da vida e o envelhecimento como processo constante produzido no decorrer da história individual do ser (Barros; Peixoto; Alves, 2016). A classificação da população em categorias etárias é uma maneira de segmentar, mas também de estabelecer hierarquia entre os grupos estabelecidos. As diferentes realidades de sociedade constroem classes de idade distintas e que vão estabelecer direitos e deveres, poder e privilégios e definir relações entre as gerações (Debert, 2011).

Diferenças transculturais podem ser observadas quando realizamos a comparação do envelhecimento nas sociedades do Oriente e do Ocidente. As sociedades tradicionais chinesas valorizam as relações intergeracionais e cultuam a sabedoria e a autoridade concebidas com o avançar da idade. Enquanto os papéis desejados na cultura ocidental requerem eficiência, entusiasmo e transformação, os chineses priorizam a simplicidade, a paz e a moderação, habilidades essas que não apresentam redução com a idade. No entanto, a importância que cada cultura dedica a domínios específicos da vida, como modo de vida, personalidade, questões relacionadas a dinheiro, amizades, pode ser determinante ao identificar achados diversos nas percepções e atitudes em relação à pessoa idosa (Li Chu et al., 2020).

Nas diferenciações sociais, no entanto, os estudos antropológicos apontam alguns traços em comum, que transcendem as particularidades culturais. Todas as pessoas idosas desejam vida longa; chegar ao término da vida de maneira digna e sem sofrimento; encontrar ajuda e proteção para a redução progressiva das capacidades; ter a garantia de participação das decisões comunitárias; prolongar conquistas e direitos sociais com propriedade, autoridade e respeito (Minayo; Coimbra Júnior, 2002).

Entretanto, existem fatores físicos e sociais que são relatados como dificuldades quando se observa a velhice; entre eles estão a incapacidade, a aposentadoria, o sentimento de inutilidade, a exclusão por questões sagradas, a lentidão de raciocínio, o esquecimento, o desgaste físico e a redução da resistência. A lista é extensa e inclui doença, demência, degeneração física e mental, senilidade. Além disso, também têm influência os fatores relacionados à autoimagem e ao social, como surgimento de rugas, desrespeito às pessoas idosas, preconceito, assexualidade, rejeição familiar, isolamento, solidão, depressão, institucionalização e aproximação da morte. As recompensas percebidas com o avançar da idade foram o conhecimento, a experiência, a independência, a participação em grupos que não os familiares, a fila preferencial, o passe livre em transporte coletivo, a autonomia física e mental e o suporte familiar (Guerra; Caldas, 2010).

O envelhecimento é compreendido, por diversos autores, como fenômeno universal que acarreta problemas comuns, mas que podem ser solucionados de maneiras diferentes nas culturas vigentes. A cultura pode ser interpretada como o conjunto de significados capaz de permitir aos indivíduos do mesmo grupo a interpretação pessoal de suas experiências, guiando suas ações. Dessa maneira, as capacidades individuais e os recursos do meio auxiliam na promoção de estratégias para que o cidadão idoso seja agente ativo e resolutivo nas adaptações do processo de envelhecimento. Entretanto, não se pode reduzir a velhice e suas consequências ao âmbito individual, é necessário integrar recursos individuais e coletivos para garantir a melhor continuidade do envelhecimento, mesmo em condições de doenças graves (Uchôa; Firmo; Lima-Costa, 2002).

O processo de socialização envolve componentes familiares, educacionais, trabalho, políticas sociais e instituições. Ademais, o meio social rege obtenção de papéis e competências sociais relativas à idade cronológica, e as regras sociais afetam as trajetórias de desenvolvimento humano em contextos históricos de maior ou menor flexibilização. Surgem, assim, elementos como a pobreza na fase da infância, contribuindo com a desnutrição e ausência de oportunidades educacionais, prejudicando o desenvolvimento intelectual e a autoeficácia pessoal e coletiva. Durante toda a trajetória de vida, as mulheres são mais expostas à pobreza, a menores níveis de escolaridade e a escolhas ocupacionais inferiores em comparação aos homens, sujeitando-se a mais doenças, incapacidade, isolamento e sobrecarga como cuidadoras (Neri, 2006).

Além dos apoios sociais, a resiliência individual depende dos recursos de personalidade. A atenção integral na velhice proporciona a permanência da função psicossocial e subjetiva do bem-estar da pessoa idosa, mesmo diante das perdas cognitivas, biológicas e sociais do envelhecimento (Baltes, 1997). A velhice bem-sucedida, do ponto de vista psicológico, é fase da vida de sabedoria e libertação. Mesmo diante das fragilidades físicas, o psiquismo conquista a maturidade mental, e a pessoa idosa compreende os motivos essenciais da vida, reconhecendo capacidades e tornando-se harmoniosa consigo mesma e com o mundo. Desse modo, permite-se a superação de preconceitos, ampliando o sentido ético com relação à humanidade, aceitando a realidade e dispondo-se a compartilhar de si mesmo com a família e a sociedade. Essa visão contrapõe-se ao mito de que o cidadão idoso é apenas um destinatário passivo (Moraes; Moraes; Lima, 2010).

A concepção de antropologizar significa trazer para a sociedade novos significados com o objetivo de desconstruir estereótipos, propor novas formas de agir, questionar normas impostas e dar visibilidade, na busca de respeito e autonomia (Sanchez et al., 2019). A diversidade observada na velhice não é aleatória e indica a importância desse tema como objeto de estudo e mudanças dos profissionais de saúde, bem como de toda a sociedade. Nessa perspectiva, a Assembleia Geral das Nações Unidas propõe como ações coletivas, em seu documento *Década do envelhecimento saudável nas Américas (2021-2030)*, mudar as formas de pensamento, sentimento e ação relacionadas à idade e ao envelhecimento; desenvolver comunidades promotoras das habilidades da pessoa idosa; fomentar a prestação de cuidados integrados centrados no indivíduo e serviços de saúde primários que respondam à pessoa idosa; e proporcionar às pessoas idosas acesso a cuidados de longa duração de qualidade (OPAS, 2023b).

## 1.4 Aspectos biológicos do envelhecimento humano

O processo de envelhecimento evidencia alterações nos aspectos biológicos, influenciando diversos sistemas do corpo humano. No **sistema respiratório**, destacam-se o aumento na rigidez da caixa torácica, a perda de retração elástica dos pulmões, a diminuição significativa da força dos músculos respiratórios, com consequente redução progressiva da função pulmonar. As alterações observadas em decorrência do envelhecimento podem ser significativamente ampliadas em decorrência do histórico de tabagismo ou exposição ambiental (Ruivo et al., 2009).

O pulmão da pessoa idosa se constitui em campo propício para o desenvolvimento de complicações respiratórias, dadas as alterações fisiológicas que acompanham o envelhecimento, como maior rigidez e menor complacência torácica, enfisema pulmonar crônico senil, bronquite crônica, redução da vascularização, aumento da capacidade residual funcional, entre outras (Freitas; Py, 2017).

Considera-se que as complicações pulmonares são as mais comumente observadas no período pós-operatório, sobretudo em pacientes com doença pulmonar obstrutiva crônica associada ao fato de frequentemente apresentarem aumento de volume da secreção brônquica, diminuição da atividade ciliar do epitélio e tendência a acúmulo de secreções (Stracieri, 2008).

No que se refere ao **sistema imunológico**, verifica-se que a resposta imune é considerada ação coletiva, coordenada pela presença de substâncias estranhas no organismo, tais como micróbios e macromoléculas. Mecanismos de defesa para infecções estão também envolvidos na resposta às substâncias estranhas não infecciosas. O declínio da função imunológica, encontrado em pessoas idosas, está associado a alterações que podem ocorrer em cada etapa do desenvolvimento da resposta imune (Ewers; Rizzo; Kalil Filho, 2008).

A imunossenescência, alteração natural do envelhecimento no sistema imunológico, é caracterizada pela pouca efetividade e eficiência das respostas celulares e orgânicas em decorrência das agressões intrínsecas e extrínsecas do organismo, modificando a homeostase e causando desequilíbrio funcional. As características do sistema imunológico no processo de envelhecimento incluem: "diminuição da imunidade celular (linfócitos T); diminuição da atividade da célula T auxiliadora (que atacam os antígenos); aumento da atividade da célula T supressora (sistema imunológico compatível com a vida); função decrescente da célula B (produção de anticorpos circulantes) em razão de alterações na célula T" (Pinheiro et al., 2012, p. 177).

Quanto ao **sistema urinário**, o envelhecimento traz consigo inúmeras alterações físico-funcionais, dentre elas, as relacionadas com o sistema urinário, gerando importantes impactos à qualidade de vida e à saúde na pessoa idosa.

Nas mulheres, uma das principais alterações que pode ocorrer com o envelhecimento é a redução da pressão máxima de fechamento uretral, muitas vezes consequência de danos secundários às cirurgias, mas também podendo estar relacionadas a partos, radiação, tabagismo, obesidade, distúrbios neurológicos, da redução da vascularização e hipotrofia dos tecidos que revestem e envolvem a uretra, a bexiga, a vagina, entre outros. No caso dos homens, o aumento da próstata é, provavelmente, o principal fator responsável pelas alterações do fluxo urinário. Algumas alterações da função vesical e da uretra ocorrem em ambos os sexos e incluem a redução da contratilidade e capacidade vesical, o declínio da habilidade para retardar a micção, o aumento do volume residual (para não mais de 50 a 100 ml) e o aparecimento de contrações vesicais não inibidas pelo detrusor (Brasil, 2006c).

No que tange ao **sistema cardiovascular**, as alterações causadas pelo envelhecimento são principalmente redução do débito cardíaco, aumento da pressão arterial e diminuição da capacidade de adaptação aos fatores estressores. Essas alterações podem levar ao aumento da fadiga nas atividades e à demora na recuperação da frequência cardíaca (Smeltzer et al., 2014).

No coração da pessoa idosa ocorre a perda progressiva dos miócitos em decorrência do declínio progressivo da habilidade de duplicação das células-tronco cardíacas. Entretanto, observa-se aumento de seu volume celular. A diminuição da capacidade contrátil causa aumento do coração e que esconde a atrofia das células contráteis. Em aparente contradição, as câmeras cardíacas dilatadas e o coração senil, embora atrófico em número celular, morfologicamente, é hipertrófico. Há redução progressiva do número de células do nódulo sinusal. Comparada com uma pessoa de 20 anos, aos 75 anos permanecem somente 10% delas (Freitas; Py, 2017).

Entre as alterações no sistema cardiovascular, destaca-se a Hipertensão Arterial Sistêmica (HAS), importante fator de risco para o desenvolvimento de doenças cardiovasculares, cerebrovasculares e renal crônica, sendo responsável por pelo menos 40% das mortes por acidente vascular cerebral e por 25% das mortes por doença arterial coronariana. É fator determinante de morbidade e mortalidade, mas, quando adequadamente controlada, reduz significativamente as limitações funcionais e a incapacidade na pessoa idosa (Brasil, 2007b).

Reforça-se que a prevenção e o tratamento da fragilidade do sistema cardiovascular na pessoa idosa devem iniciar primariamente pela avaliação adequada e minuciosa por parte do enfermeiro, com o auxílio do processo de enfermagem, o qual é capaz de investigar a história de saúde, avaliar os sinais e sintomas, formulando diagnósticos de enfermagem para o planejamento das ações de cuidado, para posterior avaliação dos resultados (WHO, 2022).

Outro aspecto a ser considerado é o que se refere ao uso de medicamentos, pois os comumente utilizados pelas pessoas idosas são os que atuam no sistema cardiovascular, como anti-hipertensivos, diuréticos, digitálicos e anticoagulantes, representando aproximadamente 45% das prescrições. Cabe ressaltar que pessoas idosas são também grandes consumidoras de analgésicos pertencentes à classe dos anti-inflamatórios não esteroidais. Esse fato, associado ao declínio da função renal, pode desencadear distúrbios nos rins e prejudicar a excreção de outros medicamentos, sendo mais um foco de atenção da equipe de saúde (Brasil, 2007b).

O **sistema neurológico**, assim como os demais sistemas, tem suas peculiaridades e responde diferentemente ao processo de envelhecer, devendo considerar-se também os aspectos individuais, pois se acredita que as atividades intelectuais são inversamente proporcionais ao declínio cognitivo, isto é, o cérebro da pessoa idosa demora mais para perder suas conexões e, consequentemente, apresentar uma perda sintomática, tendo em vista sua capacidade plástica. O envelhecimento cerebral passa por alguns processos que vão interferir diretamente no estabelecimento de alterações neurológicas e cognitivas, podendo-se destacar a atrofia cerebral com dilatação de sulcos e ventrículos, perda de neurônios, degeneração de algumas estruturas, formação de corpos de Lewy[1] (Ribeiro, 2006).

Entre as principais alterações fisiológicas na estrutura e funcionamento cerebral, destacam-se: atrofia, hipotrofia dos sulcos corticais, redução do volume do córtex e do número de neurônios, espessamento das meninges, diminuição de neurotransmissores (Leme et al., 2011). O progressivo envelhecimento neurológico pode ocasionar declínio cognitivo, que se inicia a partir do déficit visuoespacial e visuoconstrutivo. Quanto às causas possíveis a serem investigadas na pessoa idosa para relacionar a perda cognitiva e o histórico de saúde, destacam-se acidente vascular encefálico, trauma craniano, encefalopatia metabólica, infecção, estado confusional agudo (perda momentânea), demências, alcoolismo, hipotireoidismo, câncer ou mesmo a utilização de alguns medicamentos (Bertolucci; Oliveira, 2014).

Com relação ao **sistema renal**, a redução da homeostase é característica do processo de envelhecimento e confere à pessoa idosa maior suscetibilidade ao estresse ambiental, menor adaptação às mudanças e prejuízo na recuperação da agressão ou injúria. As alterações fisiológicas que normalmente ocorrem

---

1 *Corpos de Lewy* são agregados de neurofilamentos que ficam nas células do sistema nervoso, concentrando-se principalmente em região do tronco encefálico chamada de *substância negra*, e difundindo-se pelo córtex cerebral nas demências por corpos de Lewy.

com o avançar da idade estão relacionadas ao equilíbrio da água e dos eletrólitos, com expressões renais anatômicas e funcionais pela perda substancial da massa renal total (de um peso de 250 a 340 gramas nos adultos jovens para 180 a 200 gramas aos 80-90 anos) (Dutra et al., 2014).

Há importante diminuição na taxa de filtração glomerular após a quarta década de aproximadamente 10 mL/min por década; entretanto, 30% das pessoas idosas normais não a exibem (Bastos; Kirsztajna, 2011). Apesar da diminuição na taxa de filtração glomerular, a creatinina sérica tende a permanecer constante em virtude da progressiva queda na massa muscular. Assim, os aspectos mais importantes do impedimento funcional dizem respeito à capacidade diminuída para produzir urina concentrada e limitada aptidão renal para excretar água, os eletrólitos e os radicais ácidos (Dutra et al., 2014).

## 1.5 Aspectos cronológicos do envelhecimento humano

Ao abordar o envelhecimento, considera-se que existe a caracterização da idade biológica, cronológica, funcional, psicológica e social.

Cronologicamente, compreende-se como idosas as pessoas com 60 anos ou mais em países em desenvolvimento e 65 anos ou mais em países desenvolvidos. Esse critério é comumente utilizado, sendo parâmetro social aceito na maioria das instituições e legislações, bem como é adotado geralmente em trabalhos científicos (Brasil, 2003a).

Esse parâmetro dificulta a compreensão sobre o envelhecimento como processo contínuo e dinâmico, destacando falsas interpretações que o início do envelhecimento ocorre aos 60 ou 65 anos. Há divergências entre os autores sobre quando se inicia esse processo de envelhecer; alguns defendem após a concepção, outros, no final da terceira década de vida, e outros, próximo ao final da existência do ser humano (Freitas; Py, 2017).

Esse aspecto necessita de ponderação associada aos marcadores biofisiológicos, justificando a necessidade de classificação da idade biológica além da cronológica. Também existe o conceito de idade funcional, que tem estreita relação com a idade biológica, e que pode ser definida como grau de conservação do nível de capacidade adaptativa em comparação com a idade cronológica (Freitas; Py, 2017).

Existe também o conceito de idade psicológica, que se assemelha à idade biológica, mas se refere à relação que existe entre a idade cronológica e as capacidades, tais como percepção, aprendizagem e memória, as quais prenunciam o potencial de funcionamento futuro do indivíduo. Paralelamente, na idade psicológica existe o senso subjetivo de idade, isto é, como cada pessoa avalia a presença de marcadores biológicos, sociais e psicológicos do envelhecimento, comparando-se com outros indivíduos de mesma idade. Sob esse aspecto, não é raro o encontro de pessoas idosas que procuram passar a impressão de que sua idade psicológica seja menor do que a cronológica e, com isso, procuram preservar a autoestima e a imagem social (Freitas; Py, 2017).

Além disso, Freitas e Py (2017) apontam que a idade social tem relação com a avaliação da capacidade de adequação do indivíduo ao desempenho de papéis e comportamentos esperados para as pessoas de sua idade, em dado momento da história de cada sociedade. Dessa forma, as experiências de envelhecimento e velhice podem variar no tempo histórico da sociedade, dependendo de circunstâncias econômicas.

Essas diversas compreensões sobre a pessoa idosa mesclam-se com as percepções individuais e coletivas sobre o que significa *envelhecimento, velhice, velho* ou *idoso*. O envelhecimento é fenômeno comum a todos os seres vivos animais, sendo processual e dinâmico. Trata-se do *continuum* que é a vida, sendo caracterizado por fases de desenvolvimento, com marcadores que representam a transição das etapas (Freitas; Py, 2017). Existe dificuldade em definir o que caracteriza o envelhecimento, em razão da multiplicidade de aspectos que o compõem.

A velhice é a última fase do ciclo de vida, caracterizada geralmente pela redução de capacidade funcional, trabalho e resistência, associando-se a perdas. Se o início exato da velhice é rigorosamente indefinido e, portanto, torna-se difícil tentar fixá-lo, maior dificuldade talvez resida nas diferentes formas como a sociedade vê o fenômeno e a pessoa idosa: preconceituosa com aqueles que têm origem em classes sociais mais baixas e benevolente com os que ocupam classes sociais mais elevadas (Neri, 2006).

Além dessas conceituações, é relevante destacar o envelhecimento comum, o envelhecimento bem-sucedido e o envelhecimento normativo.

No envelhecimento comum, os fatores extrínsecos (tipo de dieta, sedentariedade, causas psicossociais etc.) intensificaram os efeitos adversos que ocorrem com o passar dos anos, ao passo que, na forma de envelhecimento saudável, esses fatores extrínsecos não estariam presentes ou, quando existentes, seriam de pequena importância. A crença sobre a importância desses fatores se acha expressa na ênfase de que atualmente tem sido dada para a ação benéfica potencial dos exercícios, para a moderação da ingestão de bebidas alcoólicas, para a cessação do hábito de fumar, para a observância de dieta adequada, entre outras medidas (Papaléo Netto; Brito, 2001).

As principais condições associadas à velhice bem-sucedida são: baixo risco de doenças e de incapacidades funcionais relacionadas com as doenças; funcionamento mental e físico excelentes; e envolvimento ativo com a vida (OPAS, 2023a).

O envelhecimento normativo pode ser de dois tipos: primário e secundário. O primeiro seria universal, presente em todas as pessoas, geneticamente determinado ou pré-programado. O segundo seria resultante de algumas influências externas e variáveis entre indivíduos em diferentes meios; decorrente de fatores cronológicos, geográficos e culturais. Se tais fatores não forem considerados, as diferenças encontradas entre grupos de pacientes podem ser erroneamente atribuídas ao envelhecimento intrínseco ou primário, quando na verdade são consequentes de influências externas citadas (Freitas; Py, 2017).

Ainda nesse contexto, é oportuno diferenciar senescência e senilidade. A senescência resulta do somatório de alterações orgânicas, funcionais e psicológicas próprias do envelhecimento normal, e senilidade é caracterizada por modificações determinadas por afecções que frequentemente acometem a pessoa idosa, é, por vezes, extremamente difícil. O limite entre esses dois estados não é preciso e apresenta zonas de transição frequentes, o que dificulta discriminar cada um deles (Freitas; Py, 2017).

A diversidade de fatores que envolvem o envelhecimento, incluindo os aspectos cronológicos, dificulta a avaliação em relação à condição de ser uma pessoa idosa, bem como as interpretações próprias referentes a esse indivíduo em seu processo de envelhecimento. É necessário aprofundar informações e evoluir na compreensão das características que envolvem o envelhecimento humano, evitando a generalização, por exemplo, com o fator cronológico como único determinante.

## Para saber mais

Para saber mais sobre o envelhecimento humano, assista ao vídeo indicado a seguir, que traz abordagem do envelhecimento ativo, com reflexões sobre limitações e potencialidades da pessoa idosa:

ENVELHESCÊNCIA. Direção: Gabriel Martinez. Brasil: Distribuidora Lado B, 2015. Trailer. Disponível em: <https://www.youtube.com/watch?v=XRdRP7yKsHE>. Acesso em: 13 nov. 2023.

## Síntese

| | |
|---|---|
| Estigma da sociedade com relação ao envelhecimento | Idadismo, ageísmo |
| Aspectos socioculturais do envelhecimento humano | Experiência e trajetória de vida<br>Contextos<br>Rede de apoio |
| Aspectos socioantropológicos do envelhecimento humano | Velhice e experiências<br>Fase da vida<br>Diferenças transculturais<br>Socialização |
| Aspectos biológicos do envelhecimento humano | Sistema respiratório<br>Sistema imunológico<br>Sistema urinário<br>Sistema cardiovascular<br>Sistema neurológico<br>Sistema renal |
| Aspectos cronológicos do envelhecimento humano | Idade biológica<br>Idade cronológica<br>Idade funcional<br>Idade psicológica<br>Idade social |

## Questões para revisão

1. A antropologia deve situar as questões sobre o envelhecimento em específicos contextos sociais e culturais (Uchôa; Firmo; Lima-Costa, 2002). Com base na visão antropológica, analise as afirmativas a seguir.
   I) A antropologia identifica o processo de envelhecimento como processo unicamente individual.
   II) A antropologia identifica o processo de envelhecimento somente como biológico e individual.
   III) A antropologia identifica o processo de envelhecimento somente como cultural, histórico e social.
   IV) A antropologia identifica o processo de envelhecimento não somente como biológico, mas com características individuais que sofrem a interferência de fatores históricos, culturais e sociais.

   Assinale alternativa que apresenta a resposta correta:
   a) Apenas as afirmativas I, II, III e IV são corretas.
   b) Apenas as afirmativas I, II e III são corretas.
   c) Apenas as afirmativas II e IV são corretas.
   d) Apenas a afirmativa IV é correta.
   e) As alternativas I e II são corretas.

2. As diferentes sociedades constroem práticas e concepções sobre a velhice e a posição social das pessoas idosas (Minayo; Coimbra Júnior, 2002). Essas diferenças são influenciadas por diversos fatores, como por questões relacionadas com:
   a) dinheiro, personalidade e depressão.
   b) rejeição familiar, "enfeiamento" e depressão.
   c) gênero, nível de escolaridade e dinheiro.

d) amizades, autonomia e aproximação da morte.
e) aspectos biológicos, exclusão e preconceito.

3. Com base no conceito de antropologizar, assinale a alternativa correta em consonância com a temática velhice/envelhecimento:
   a) Diante da atual percepção de velhice, marcada por significados negativos, é importante ressignificar a compreensão, vê-la como a mais importante fase de aprendizagem, compreender que a pessoa idosa ainda apresenta muitas possibilidades. Esse novo entendimento deve ser passado a cada indivíduo e sociedade.
   b) É preciso redefinir o conceito de velhice e divulgar a existência de um envelhecimento saudável, que depende tão somente das características individuais. A biografia do envelhecimento é única e torna esse processo heterogêneo.
   c) É necessário o entendimento de como as classes envelhecidas do mundo observam, vivem, pensam e agem, para colocá-las no patamar superior da sociedade.
   d) É importante conseguir oferecer à sociedade uma nova forma de pensar, combatendo os estereótipos da velhice, bem como propor ações que visem à atenção às necessidades da pessoa idosa.
   e) O envelhecimento não está inserido na sociedade, dessa forma o idadismo é algo inerente à vida humana e faz parte da essência do ser humano.

4. Os estereótipos, os preconceitos e a discriminação podem estimular isolamento social e morte prematura?

5. Quais são os determinantes do idadismo e as estratégias para reduzi-lo?

## Questões para reflexão

1. Quais são as influências individuais, familiares e sociais do envelhecimento na perspectiva do curso de vida?
2. O que é idadismo?

**Capítulo 2**
# Aspectos da diversidade histórica e cultural no envelhecimento humano

Márcia Marrocos Aristides

Karina Silveira de Almeida Hammerschmidt

## Conteúdos do capítulo:

- Aspectos sociais do envelhecimento humano.
- Velhice e diversidade histórica e cultural.
- Envelhecimento produtivo e cidadania.
- Fatores ambientais e o envelhecimento.
- Meio ambiente e fatores relacionados ao envelhecimento.

## Após o estudo deste capítulo, você será capaz de:

1. identificar os aspectos sociais do envelhecimento humano;
2. reconhecer aspectos relacionados à velhice e sua diversidade histórica e cultural;
3. descrever envelhecimento produtivo e cidadania;
4. apontar os fatores ambientais relacionados com o envelhecimento humano;
5. compreender os fatores do meio ambiente relacionados ao processo de envelhecimento.

Nas últimas décadas, estão ocorrendo mudanças significativas na dinâmica demográfica em todo o mundo. O Brasil acompanha o ritmo dessa transição da demografia global, relacionada com o ritmo de crescimento da população e as alterações na estrutura etária, consequência da drástica queda da fecundidade e do aumento da longevidade brasileira. A demografia iniciou essa mudança com o rápido processo de urbanização e industrialização, principalmente na segunda metade do século XX.

Nos anos 1980, o censo brasileiro contava com 4,7 milhões de pessoas acima de 65 anos, o que representava apenas 4% de toda a população brasileira. Trinta anos depois, em 2010, esse número aumentou significativamente para 22,8 milhões, representando 11,7% do total da população. Apenas seis anos depois, em 2016, os dados da Pesquisa Nacional de Amostras de Domicílio já apontavam que o aumento do número de pessoas idosas acima de 60 anos atingiu 14,4% do total da população. Esses números continuam crescendo, e as projeções realizadas pelo Instituto Brasileiro de Geografia e Estatística (IBGE) apontam que, em 2050, 22% da população brasileira será idosa, podendo chegar a 30% segundo a Organização das Nações Unidas (ONU) (Sousa; Marquette, 2018). Atualmente se envelhece com maior longevidade em razão de melhores condições de vida, maior cuidado com a saúde, acesso a tecnologias e medicamentos.

## 2.1 Aspectos sociais do envelhecimento humano

Embora o envelhecimento seja um fenômeno verificado mundialmente, seu impacto é significativo, com repercussões não só na dinâmica demográfica, mas influenciando os contextos social, econômico, da saúde, da educação, político, jurídico e legislativo (Rocha, 2017). É necessário que todos os setores da sociedade adotem políticas públicas eficazes para o enfrentamento dos desafios do envelhecimento populacional, as quais incluam demandas sociais e políticas que respeitem especialmente esse grupo etário, como as econômicas e previdenciárias.

O aumento da longevidade significa transformação nas diferentes áreas sociais, portanto, essas necessitam ser acessíveis e promotoras de inclusão das pessoas idosas, conforme suas especificidades e capacidades funcionais. Vamos observar os efeitos dessas transformações em algumas das áreas sociais a seguir.

## 2.1.1 Área previdenciária

Na velhice, há redução da capacidade funcional, o que pode refletir na redução da capacidade de trabalho, podendo levar a limitações do potencial produtivo; se associadas a doenças crônicas podem impactar negativamente a autonomia do indivíduo. A pessoa idosa enfrenta competição desigual, o que pode gerar a marginalização com consequências na sua condição social (Papaléo Netto, 2007). A questão previdenciária é importante, e para se manter equilíbrio, é necessário que o número de trabalhadores seja compatível com os beneficiários e com envelhecimento populacional; isso tem sido desafiador para os governos e sociedade.

O sistema de seguridade social brasileiro, conforme prevê a Constituição Federal de 1988 (Brasil, 1988a), é composto pela Previdência Social e assistência social. No que diz respeito à assistência social, os benefícios não dependem de contribuição, são direcionados aos que necessitam; o sistema previdenciário exige contribuição do trabalho, para a pessoa ter direito à aposentadoria. Esse setor também constitui maior desafio para o setor público, visto que há o cidadão idoso com direitos e os trabalhadores ativos que fazem sua contribuição; essa proporção foi destacada por Costanzi e Ansiliero (2017), apontando que, em 2015, a contribuição do trabalho de 3,6 pessoas era necessária para cada beneficiário.

A projeção para o ano de 2100 é a de que seja necessária 1,1 pessoa (uma pessoa e um décimo) para suportar um beneficiário. A longevidade contribui para a atividade laboral e prolonga a permanência da pessoa idosa do mercado de trabalho, embora seja tímida a contratação de indivíduos mais velhos. O retorno da pessoa idosa ao mercado de trabalho é complexo, não só pela questão física, mas também pela produtividade, qualificação e competitividade do mercado. Além disso, evidencia-se que a idade avançada dificulta a existência de vagas para emprego formal, fato confirmado pela estatística, que aponta que 64% das pessoas idosas que trabalham são autônomas ou empregadoras (Rocha, 2017).

## 2.1.2 Envelhecimento e a saúde da pessoa idosa

Embora envelhecer não seja sinônimo de adoecer, há mudanças na estrutura social que produzem os mais diferentes efeitos. Pessoas idosas utilizam mais os serviços de saúde, têm internações hospitalares mais longas e frequentes. No entanto, a maioria das morbidades que acometem pessoas idosas não é grave, como mostra pesquisa realizada pela Organização Mundial de Saúde (OMS) em 2015, visto que se constituem de doenças crônicas, que geralmente podem ser prevenidas e necessitam de acompanhamento constante (OMS, 2015b). Quanto mais pessoas idosas, mais investimentos financeiros são necessários para manutenção da boa saúde, tornando-se desafio para os poderes públicos.

Vale ressaltar que o envelhecimento saudável é resultado do processo de adaptação às mudanças que ocorrem ao longo da vida, permitindo às pessoas idosas manter o bem-estar físico, mental e social. A OMS (2005) adotou o termo *envelhecimento ativo*; ativo não se refere apenas à capacidade física, mas também à participação na sociedade. Nesse contexto, quanto maior a qualidade de vida, mais a saúde pode ter resultados com ações de prevenção e promoção.

## 2.1.3 Área social

Geralmente, pessoas idosas tendem a diminuir seu círculo social. Enquanto desempenham atividades laborais ou de lazer, existe maior contato social, e, com a inatividade, a convivência social diminui gradativamente. A área social é um aspecto importante, uma vez que o bem-estar da pessoa idosa está intimamente relacionado com a cidadania social (Santos, 2011), ou seja, o direito de participar de todos os segmentos sociais, com liberdade e igualdade, mantendo ativo o relacionamento social.

## 2.1.4 Área do trabalho

A volta da pessoa idosa ao mercado de trabalho é complexa, não só pela questão física, mas também pela produtividade, qualificação e competitividade do mercado. Foi evidenciado, em estudo realizado por Rocha (2017), que o fator idade é empecilho para o emprego formal, confirmando que 64% das pessoas idosas que trabalham são autônomas ou empregadoras.

## 2.1.5 Área de consumo

Estudos apontam que pessoas idosas são mais cautelosas em suas preferências de consumo, fato que reflete nas atividades de lazer, principalmente viagens, passeios e excursões (Almeida, 2012). Portanto, entender as relações de consumo desse segmento é extremamente relevante, a fim de que os bens e serviços oferecidos proporcionem satisfação e melhoria da qualidade de vida de pessoas idosas.

## 2.1.6 Área da urbanização

Grande parcela da população idosa se concentra na área urbana, em razão da busca por atendimento de saúde, segurança e acessibilidade urbana. Muitos espaços urbanos já foram modificados para atender às necessidades de envelhecimento, com colocação de barras de apoio nos ambientes, criação de vagas especiais de estacionamento, transporte público gratuito para deslocamento de pessoas idosas ou espaços específicos para atividade física ao ar livre. Estudos de Lorenzetti e Lamounier (2017) confirmam que pessoas idosas, nos espaços urbanos, têm como principal forma de deslocamento o caminhar.

Muitas vezes, esse caminhar pode provocar acidentes, principalmente porque os equipamentos e as sinalizações existentes não atendem às normas de acessibilidade urbana para pessoas idosas que apresentam mobilidade reduzida. Desse modo, é relevante repensar espaços urbanos adaptados às necessidades específicas, melhorando o acesso, com criação de espaços seguros que proporcionem bem-estar às pessoas idosas.

Desse modo, é importante que as novas condições de vivência em sociedade incluam não apenas ações da própria pessoa idosa, mas também contribuição da família e comunidade, com atitudes de respeito à dignidade da pessoa idosa.

## 2.2 Velhice e diversidade histórica e cultural

A atual configuração demográfica direcionou a atenção para a velhice como fenômeno frequente na sociedade contemporânea. Estamos envelhecendo em maior quantidade e em ritmo acelerado. Com a rapidez dessas transições, a velhice nem sempre é alvo de preocupação, mudando de acordo com a perspectiva do momento histórico e político na sociedade.

Na Idade Média, o homem atingiu média de idade de 32 anos. No início do século, XX, a expectativa de vida era de 42 anos; aqueles que porventura conseguissem avançar e envelhecer eram valorizados, considerados sábios e tinham posição particular na sociedade. Na China antiga, a maioridade era considerada somente após os 50 anos. Na Grécia antiga, os Conselhos eram formados por pessoas acima de 60 anos. Artistas e escritores como Miguelângelo e Leopold Van Ranke trabalhavam em suas obras após os 70 anos (Stamato, 2007).

Percebe-se que, no decorrer da história, aspectos além da idade cronológica, como papéis, funções e atitudes conforme cada cultura, são determinantes da compreensão de "ser velho" entre as gerações.

A valorização de pessoas idosas e o tratamento a elas dedicado modificaram com as mudanças do modo de produção e de cultura em cada local. No século XIX, na França, quando os trabalhadores envelheciam, por conta da idade, eles eram expulsos de seus trabalhos sem direito a nada, eram lançados à própria sorte, não tinham famílias para os amparar na velhice (França, 2016).

Na França e, a partir do século XX, no Brasil, os velhos foram categorizados como grupo e etapa da vida distinta, compreendida pelo senso comum como fase da vida marcada pelas mudanças psicológicas, sociais, diminuição das capacidades e habilidades, além das características visíveis no corpo, tais como: rugas e cabelos brancos. A velhice "nasce" como categorização na metade do século XIX, marcada por etapa da vida caracterizada pela decadência e pela ausência de papéis sociais (Debert, 1999).

No Brasil, os estudos realizados por Debert (1999) e Goldenberg (2013) identificaram no imaginário social os estigmas em torno da velhice, como a conceituação do idoso frágil, senil e inútil. Nesse contexto, a velhice foi estigmatizada pelos padrões culturais; a sociedade pós-moderna transformou as pessoas em mercadorias, fixou idades, critérios para cada faixa etária da vida. Essas transformações sociais influenciam os hábitos familiares e alteram antigos costumes. Embora a velhice tenha muitos aspectos, de modo geral, a construção sociocultural foi marcada por fatores de ordem econômica, familiar, de gênero, estilo de vida e outras, sendo a idade um desses fatores (Debert, 1999; Goldenberg, 2013).

No que diz respeito à identidade, segundo Beauvoir (1990) e Debert (1999), no Brasil, poucas pessoas entendem-se como "velhos", na percepção da grande maioria, o termo *velho* é para os outros. Nos estudos realizados por Goldenberg (2013), a aparência física, para as mulheres, tem maior influência, em virtude da exigência aos padrões estéticos da jovialidade. Esse fenômeno impacta principalmente o consumo, em produtos cosméticos, vestuários, procedimentos estéticos e na linha de vestimentas; fomentando a negação da velhice, frequentemente aliada a estigmas negativos e preconceitos.

Os estereótipos da velhice são tendência contemporânea, visto a atual crescente de pessoas mais velhas, a projeção contínua de aumento quantitativo de pessoas idosas na população, a mercantilização, a valorização da utilidade e jovialidade, a desconsideração da cultura do envelhecimento (mudança no discurso e na prática com relação à pessoa idosa e ao envelhecimento, valorizando a pessoa idosa e fortalecendo o envelhecimento ativo, adotando estratégias de oposição ao estigma do envelhecimento). A participação social das pessoas idosas, o respeito e a dignidade possibilitam reconstruir a inclusão dessa população na sociedade, garantindo a implementação de seus direitos sociais.

A desvalorização da velhice está relacionada com o ostracismo social sobre a pessoa idosa, bem como com a opressão, vivenciada por essa parcela da população (Farias, 2022). Para além dos aspectos biológicos, a velhice perpassa pela trajetória e história de cada pessoa e, desse modo, a velhice poderá ser percebida como algo individual e heterogêneo. Nos últimos anos, verificou-se maior ênfase na população idosa em produções midiáticas, como filmes, novelas e séries, elementos que nos ajudam a identificar, projetar e classificar o que é ou deixa de ser velho (Farias, 2022).

Todos esses fatores contribuem para a diversidade de olhares sobre a velhice, de acordo com o momento histórico, tendo tendência de aumento no interesse das pessoas idosas em adquirirem novos conhecimentos e associarem-se a grupos, com vistas a ampliar sua participação social. As pessoas idosas que frequentam atividades em grupo, especialmente, vivenciam compartilhamento de vivências, fomentando fortalecimento de sua imagem como cidadãos, aumentando sua participação em questões que garantam a implementação de direitos sociais.

Associar a velhice ao processo de perdas e dependência física e social deve ser substituído pela compreensão de estágio de vida propício para novas conquistas, guiado pela busca do prazer, da dinamicidade, da satisfação pessoal e profissional, com a adoção de práticas corporais que possibilitem a funcionalidade do corpo idoso (Motta, 2012).

## 2.3 Envelhecimento produtivo e cidadania

A ideia da velhice como importante estádio de desenvolvimento humano é recente e contraria muitos dos estereótipos negativos sobre o envelhecimento. Doença, inatividade, depressão, solidão e incapacidade são algumas das representações distorcidas associadas às etapas mais avançadas da vida (Gonçalves, 2015). Essa visão negativa do envelhecer é fortemente discriminatória, sendo necessário discutir as potencialidades das pessoas idosas, defendendo a longevidade acompanhada da qualidade de vida.

O termo *envelhecimento produtivo* foi introduzido em 1982 por Robert Butler; em 1985, foi divulgado na obra de Butler e Gleason, intitulada *Productive ageing: Enhancing vitality in later life*. O termo surgiu em contraponto às imagens negativas frágeis, dependentes e não produtivas, usualmente veiculadas sobre as pessoas idosas (Simões, 2006).

Em 1993, Caro e Chen definiram envelhecimento produtivo como todo o tipo de atividade que contribui para produzir bens e serviços, ou que desenvolve a capacidade para produzi-los, sejam remuneradas ou não essas atividades. Em 1996, Morgan adotou a perspectiva eminentemente econômica, considerando como produtiva qualquer atividade que produz bens e serviços ou reduz a procura destes (Simões, 2006).

As atividades econômicas são consideradas aquelas com valor econômico, excluindo atividades físicas ou práticas religiosas, focando-se unicamente no âmbito do trabalho profissional, voluntariado, nas tarefas desempenhadas em favor dos membros da família, amigos e vizinhos (Küchemann, 2012; Gonçalves, 2015).

Em 2004, Rosario, Morrow-Howell e Hinterlong sugerem que um papel produtivo é todo aquele que produz bens ou serviços, quer seja remunerado ou não, considerando que seu desempenho protege a pessoa idosa, propiciando bem-estar a ela e aos outros (Martin et al., 2007).

Outra perspectiva bastante pertinente é a de Choi e Densi (1998), defendendo que as sociedades prejudicam o desenvolvimento de atividades produtivas por parte das gerações mais velhas, por meio do desenvolvimento de práticas excludentes; fomentando discretamente mecanismos que afastam os mais velhos da esfera produtiva, mesmo antes da idade legal de aposentadoria.

Quaresma (2007) reforça essa ideia, mas entende que a exclusão do mercado de trabalho é precoce, iniciando a partir dos 50 anos de idade. Não existe consenso na definição de envelhecimento produtivo. O aspecto que surge mais vezes e parece ser comum é a questão do valor econômico do envelhecimento produtivo, mas a própria definição do que tem valor econômico levanta discussão (Simões, 2006). No entanto, as definições conceitualizam o "envelhecimento sob perspectiva positiva, refutando estereótipos e valorizando o papel desempenhado pelos idosos, bem como os contributos que prestam" (Gonçalves et al., 2006, p. 13). Assim, o envelhecimento produtivo pode fomentar que pessoas idosas não vivam isoladas, porém, deve prevalecer o bem-estar e o exercício de cidadania (Braga, 2001; Gonçalves, 2015).

## 2.4 Fatores ambientais e o envelhecimento

Com o avanço da idade, o organismo passa por processo de modificações que se caracterizam por alterações bioquímicas, funcionais, morfológicas e psicológicas. Apesar de ser determinado por nossos genes, o envelhecimento sofre influência de diversos fatores, como os relacionados ao ambiente domiciliar e social, que podem interferir no processo de envelhecimento saudável.

O envelhecimento saudável é entendido como processo contínuo de otimização da habilidade funcional e de oportunidades para manter e melhorar a saúde física e mental da pessoa idosa (OPAS, 2022a), e para promovê-lo é necessário entender o impacto dos fatores ambientais na independência e na qualidade de vida no decorrer do tempo.

O ambiente é fundamental para a funcionalidade no envelhecimento e não está relacionado somente a barreiras arquitetônicas, mas também aos aspectos sociais e de relacionamentos, às políticas públicas e aos serviços, como proposto pela Classificação Internacional de Funcionalidade (CIF) (OMS, 2015a). Considera-se que diferentes ambientes têm impactos diversos sobre os indivíduos no processo de envelhecimento, podendo ser facilitadores ou barreiras, tanto para realização de atividades quanto para participação social das pessoas idosas.

O ambiente urbano e o ambiente rural afetam o comportamento e os hábitos das pessoas, da mesma forma que as pessoas também afetam o ambiente. Considerando que se trata de espaços utilizados pelas pessoas para locomoção, como ruas, calçadas, meios de transporte coletivo e individual, pensar em espaços públicos que favoreçam a prática de atividades, a convivência social e a segurança das pessoas deve ser preocupação de todos.

Quando os espaços não são pensados na perspectiva do envelhecimento populacional, principalmente considerando as alterações e limitações que a senilidade pode ocasionar, dificulta-se a realização das atividades cotidianas. O ambiente precisa estar condizente com as necessidades e especificidades dessa faixa etária para contribuir na execução das atividades de vida diárias, não expondo a pessoa idosa a eventuais riscos físicos, como quedas.

A queda representa desafio e problema de magnitude para as pessoas idosas, dadas as suas consequências (injúria, incapacidade, institucionalização e morte), que são resultado da combinação de alta incidência com alta suscetibilidade a lesões. Cerca de 30% das pessoas idosas caem a cada ano. Essa taxa aumenta para 40% entre pessoas idosas com mais de 80 anos e 50% entre as que residem em Instituições Longa Permanência para Idosos (ILPIs); as mulheres tendem a cair mais do que os homens até os 75 anos de idade, a partir dessa idade as frequências se igualam; e dos que caem, cerca de 2,5% requerem hospitalização, e destes últimos, apenas metade sobreviverá após um ano (Brasil, 2006c).

Os fatores de risco podem ser intrínsecos, que decorrem das alterações fisiológicas relacionadas ao avançar da idade, da presença de doenças, de fatores psicológicos e de iatrogenias, como as reações adversas de medicações em uso. Também podem ser extrínsecos, relacionados aos comportamentos e às atividades das pessoas idosas e ao meio ambiente. Ambientes inseguros e mal iluminados, mal planejados e construídos ou com barreiras arquitetônicas representam os principais fatores de risco para quedas; os fatores ambientais, quando preventivos para quedas, podem ser facilitadores para realização das atividades diárias e para a participação social da pessoa idosa.

Com relação aos espaços privados, especialmente deve-se atentar para aqueles relacionados ao ambiente de moradia e capacidade para continuar vivendo com autonomia no próprio domicílio na velhice. Nesse contexto, as políticas públicas podem ser planejadas e executadas, considerando o *ageing in place* – expressão comum em países europeus e nos Estados Unidos e que vem ganhando visibilidade no Brasil. Oriundo do idioma inglês, a tradução literal é "envelhecer em casa", ou seja, a capacidade de adaptação do ambiente físico e social à vida cotidiana residencial, mantendo a qualidade de vida da pessoa ao longo do tempo (OMS, 2015b).

A OMS (WHO, 2015) define o *ageing in place* como a condição de se ter saúde e apoio necessários para viver com segurança e de modo independente em casa ou na comunidade à medida que se envelhece, sem a necessidade de mudança para uma instituição de longa permanência para a pessoa idosa.

Evidências científicas apontam que a maioria das pessoas idosas deseja permanecer em um ambiente que seja acolhedor e familiar, no qual exista ligação afetiva e psicológica, com a manutenção da capacidade de manter e controlar sua rotina, seus cuidados pessoais e outras atividades significantes peculiares. O conceito traz a ideia da independência e autonomia da pessoa idosa, ao mesmo tempo que mantém as relações com a família e suporte social. Além disso, a ideia de permanecer em casa durante a velhice também propicia uma redução de custo ao evitar a institucionalização da pessoa idosa (OMS, 2015b).

No processo de *ageing in place*, é preciso ter adequação de cinco principais áreas: 1) pessoas; 2) lugar; 3) produtos; 4) serviços personalizados; 5) políticas de apoio social. No item *lugar*, o conceito de *design* universal pode ser aplicado, permitindo às pessoas idosas desenvolverem suas capacidades intrínsecas de acordo com o que lhes for mais significativo (Matias, 2016). A habitação está incluída nesse quesito, em que se considera fatores de aspecto físico, como número de pisos (escadas), qualidade da construção, existência e localização de banheiros e acessibilidade e segurança no interior da habitação e na vizinhança.

A necessidade de adaptação do ambiente (público e privado) às crescentes limitações físicas e funcionais pode ser desafio devido à diversidade das necessidades individuais e seus diferentes níveis de recursos e preferências. Por isso, é importante identificar as demandas com avaliação individualizada da habitação, considerando seus moradores e suas necessidades específicas.

O envelhecimento associado aos fatores ambientais pode limitar as pessoas idosas, requerendo abordagem interdisciplinar protagonizada pela gerontologia, que valoriza intervenções nos âmbitos: nacional, regional, comunitário e individual. O *ageing in place* não deve ser visto como recurso, mas como a primeira opção para as famílias, pelas vantagens de inclusão social e de recompensa emocional que traz associadas.

Evidências científicas apontam que, para se estabelecer o ambiente seguro para pessoas idosas, não é necessário grandes gastos ou mudanças radicais no âmbito da família. Pequenas modificações podem ser bastante úteis, como pisos antiderrapantes, barras de segurança, iluminação, reorganização do ambiente interno, bem como dispositivos de auxílio para locomoção, refletindo um ambiente seguro e confortável que lhes dê independência e pautado em uma vida no próprio domicílio com qualidade e dignidade (OMS, 2015b).

A projeção de ambientes com acessibilidade e segurança que permitam resposta às expectativas e às necessidades da população envelhecida precisa ser preocupação constante. Esses ambientes físicos influenciam o comportamento humano e a forma como o indivíduo interage com determinado espaço, podendo ser utilizados com vistas a favorecer o envelhecimento ativo, com repercussões na saúde, na autonomia, na qualidade de vida e no bem-estar da população idosa.

## 2.5 Meio ambiente e fatores relacionados ao envelhecimento

O envelhecimento populacional evidencia aumento das doenças físicas, mentais e sociais, com comprometimento da qualidade de vida das pessoas idosas. Nesse contexto, as questões ambientais são relevantes, em razão de sua reflexibilidade na saúde física e mental (Cassol, 2012).

Meio ambiente pode ser considerado como lugar determinado e/ou percebido que está em relações dinâmicas (com modificação constante), em constante interação com aspectos naturais e sociais. Essas relações acarretam processos de criação cultural e tecnológica e processos históricos e políticos de transformações da natureza e da sociedade (Reigota, 2009).

Segundo dados da Comissão Europeia, a interação entre ambiente e saúde é representativa; estima-se que 20% das doenças nos países industrializados decorrem de fatores ambientais (Meira; Carvalho, 2010). Desse modo, é cada vez mais intensa a preocupação dos cidadãos com os potenciais impactos que o ambiente tem sobre a saúde, ênfase realizada pela Estratégia Europeia de Ambiente e Saúde, que defende uma abordagem integrada na resolução dos assuntos de saúde ambiental (Parlamento Europeu, 2008).

Transformações econômicas, demográficas e sociais da sociedade fomentaram a relevância do envelhecimento populacional e a proteção ambiental, pois o potencial evolutivo da humanidade está assegurado à medida que os recursos naturais são preservados (Piato et al., 2014).

A Constituição Federal de 1988, o Estatuto da Cidade – Lei n. 10.257, de 10 de julho de 2001 (Brasil, 2001) e o Estatuto da Pessoa Idosa – Lei n. 10.741, de 1º de outubro de 2003 (Brasil, 2003a) – são instrumentos que possibilitam implementar espaços que contemplem a promoção do envelhecimento ativo e saudável, objetivando a qualidade de vida (Galon; Matos; Mantovaneli Junior, 2018). Essa questão é multifatorial e envolve relações sociais, meio ambiente, saúde (biopsicossocial), nível de independência, entre outros, almejando a sustentabilidade (Monteiro; Zazzetta; Araujo Júnior, 2015).

A sustentabilidade é expressada, principalmente, na Constituição Federal, art. 225, pois determina o seguinte:

> Art. 225. Todos têm direito ao meio ambiente ecologicamente equilibrado, bem de uso comum do povo e essencial à sadia qualidade de vida, impondo-se ao Poder Público e à coletividade o dever de defendê-lo e preservá-lo para as presentes e futuras gerações. (Brasil, 1988a)

Assim, com a sustentabilidade, estima-se alcançar caráter interdisciplinar e apresentar uma ação concreta que permita conciliação entre qualidade de vida e o limite ambiental (Silva; Veiga Júnior, 2011). Esse conceito propõe a descentralização nas tomadas de decisão e a solidariedade para as gerações futuras, sendo definido na Comissão Brundtland[1] como novo caminho de progresso social e econômico que atende às necessidades do presente sem comprometer a capacidade de as gerações futuras também atenderem às próprias necessidades (Pelicioni, 1998).

Essa abordagem resgata premissas de responsabilidade ambiental, participação e equidade social, promovendo a solidariedade entre gerações. Para o envelhecimento, esses itens são essenciais, pois promovem o equilíbrio de prioridades das necessidades presentes e futuras. Qualquer política dirigida à população idosa deve atentar-se para o desenvolvimento sustentável, objetivando bem-estar à sociedade (Galon; Matos; Mantovaneli Junior, 2018).

O meio ambiente é um bem coletivo, um bem de uso comum do povo; não deve ser destruído para atender a interesses econômicos privados que se chocam com o interesse público da coletividade, como poluição do ar, da água e dos alimentos (Viola, 1998). Assim, o ser humano deveria cuidar do próprio meio ecológico, vivenciá-lo com o coração, como o próprio corpo estendido e prolongado, e descobrir as razões para conservá-lo e fazê-lo desenvolver, obedecendo à dinâmica do ecossistema nativo (Boff, 1999).

**Para saber mais**

Para saber mais sobre o assunto, assista ao vídeo indicado a seguir, que aborda o envelhecimento humano:

MEU PAI. Direção: Florian Zelier. EUA: Califórnia Filmes, 2020. 98 min.

---

[1] Comissão Mundial sobre o Meio Ambiente e Desenvolvimento, que elaborou o Relatório Brundtland, apontando incompatibilidade entre desenvolvimento sustentável e os padrões de produção e consumo e trazendo a discussão sobre a relação ser humano-meio e ambiente.

Também sugerimos a leitura do artigo a seguir para fortalecer os conhecimentos sobre aspectos socioculturais relacionados ao envelhecimento:

MARTINS SILVA, D. et al. A inserção do idoso no mercado de trabalho como instrumento garantidor da dignidade. **Revista Vianna Sapiens**, Juiz de Fora, v. 12, n. 2, p. 438-468, jul./dez. 2021. Disponível em: <https://www.viannasapiens.com.br/revista/article/view/786/417>. Acesso em: 13 nov. 2023.

## Síntese

| | |
|---|---|
| Aspectos sociais do envelhecimento humano | Área previdenciária<br>Envelhecimento e saúde da pessoa idosa<br>Área social<br>Área de consumo<br>Área de urbanização |
| Velhice e diversidade histórica e cultural | Identidade<br>Preconceitos |
| Envelhecimento produtivo e cidadania | Envelhecimento produtivo<br>Cidadania |
| Fatores ambientais e o envelhecimento | Espaços e quedas<br>*Ageing in place* |
| Meio ambiente e fatores relacionados ao envelhecimento | Meio ambiente<br>Sustentabilidade |

# Questões para revisão

1. Com relação ao envelhecimento populacional, analise as afirmativas a seguir.

   I) Nos países emergentes, o impacto é maior, pois essa realidade de aumento significativo da população idosa modifica a dinâmica espacial, influenciando os contextos social, econômico, da saúde, da educação, político, jurídico e legislativo.

   II) Nos países emergentes, o impacto é menor, pois essa realidade de aumento significativo da população idosa modifica a dinâmica espacial, influenciando os contextos social, econômico, da saúde, da educação, político, jurídico e legislativo.

   III) Quanto à demografia no Brasil, as mudanças se relacionam com o ritmo de crescimento da população e de alterações na estrutura etária da população, consequência da drástica queda da fecundidade e do aumento da longevidade brasileira.

   IV) Quanto à demografia no Brasil, essas mudanças se relacionam com o ritmo de crescimento da população e de alterações na estrutura etária da população, consequência do aumento da fecundidade e da diminuição da longevidade brasileira.

   Assinale alternativa que apresenta a resposta correta:

   a) Apenas as afirmativas I e II são corretas.
   b) Apenas as afirmativas I e III são corretas.
   c) Apenas as afirmativas I, II e III são corretas.
   d) Todas as alternativas anteriores são corretas.
   e) Nenhuma alternativa anterior é correta.

2. Analise as afirmativas a seguir.

   I) Na área do trabalho, ainda que as pessoas idosas tenham limitações físicas, muitos são chamadas ao retorno ao trabalho por vezes pela necessidade material ou pela vontade de descobrir novas funções.

   II) Na área do trabalho, foi evidenciado que o fator idade é um grande empecilho para o emprego formal, confirmando que a maioria das pessoas idosas que trabalham é autônoma ou empregadora.

   III) Um dos maiores obstáculos apontado pelas famílias enquanto vivenciam o processo de cuidar é a impossibilidade de sair de casa, de realizar atividades de lazer, pois, de modo geral, os familiares ficam atrelados à responsabilidade e à preocupação diária com o cuidado da pessoa idosa.

   Assinale alternativa que apresenta a resposta correta:

   a) Apenas a afirmativa I é correta.
   b) Apenas as afirmativas I e II são corretas.
   c) Apenas a afirmativa II é correta.
   d) Apenas as afirmativas I, II e III são corretas.
   e) Apenas a afirmativa II é correta.

3. Analise as afirmações a seguir e indique V para as verdadeiras e F para as falsas, de acordo com o processo de *ageing in place*.

   ( ) Com a tradução literal de "envelhecer em casa", *ageing in place* é a capacidade de adaptação do ambiente físico e social à vida quotidiana residencial, mantendo a qualidade de vida da pessoa no decorrer do tempo.

   ( ) Com a tradução literal de "envelhecer em casa", *ageing in place* é a capacidade de adaptação do ambiente físico e social à vida quotidiana residencial, mantendo a qualidade de vida da pessoa pelo menos até 80 anos de idade.

( ) Com a tradução literal de "envelhecer em casa", *ageing in place* é a capacidade de adaptação do ambiente urbano e rural à vida quotidiana residencial, mantendo a qualidade de vida da pessoa no decorrer do tempo.

Agora, assinale a alternativa que apresenta a resposta correta:

a) V, V, F.
b) F, F, V.
c) V, F, V.
d) V, F, F.
e) F, V, V.

4. O que é o envelhecimento ativo e saudável?

5. Quais foram as mudanças na área urbana que influenciaram a acessibilidade das pessoas idosas?

## Questões para reflexão

É importante refletirmos sobre vivências da pessoa idosa como algo singular. No grupo etário com mais de 60 anos, temos indivíduos que estão iniciando novas carreiras, outros que estão aposentados e preferem dedicar-se a atividades de lazer, ou à família, assim como há aqueles que já não têm mais sua independência e sua autonomia preservadas e precisam de cuidados supervisionados; há ainda aqueles que, por questões de desigualdades sociais, são privados da possibilidade de viver um processo de envelhecimento saudável e com significados positivos. Desse modo, o exercício de direitos da pessoa idosa ainda necessita de muita pesquisa e educação gerontológica.

Considerando o exposto, responda às questões indicadas a seguir.

1. O que você compreende como cultura do envelhecimento?

2. Quais ações podem ser desenvolvidas para promover a inclusão de pessoas idosas, valorizando-as e prevenindo riscos de quedas?

# Capítulo 3
# Políticas sociais para a pessoa idosa

Maria Caroline Waldrigues

## Conteúdos do capítulo:

- O envelhecimento do ponto de vista social e psicológico.
- Direitos humanos para a pessoa idosa.
- O que são políticas públicas.
- Políticas públicas e sociais para população idosa.
- Desafios para a população idosa no Brasil.

## Após o estudo deste capítulo você será capaz de:

1. compreender os determinantes sociais que estão em torno do envelhecimento;
2. entender a importância dos direitos humanos para todos nós, inclusive para a população idosa;
3. definir o que são as políticas públicas;
4. descrever o que são as políticas sociais para as pessoas idosas;
5. identificar, no cenário atual, os desafios que circundam o processo de envelhecer populacional e as políticas públicas e sociais.

Neste capítulo, vamos aprofundar nosso conhecimento a respeito das políticas públicas e sociais, especificamente as que são direcionadas às pessoas idosas, bem como as correlações com os direitos humanos e os desafios que ainda devem ser superados.

Mas, antes de entrar na temática de políticas públicas, vamos analisar o envelhecimento humano do ponto de vista social e psicológico.

## 3.1 O envelhecer

Na esteira das ações em prol do envelhecimento saudável, a revisão e a reorganização do conjunto das políticas públicas devem ser consideradas com o máximo de atenção pelos gestores públicos, de modo a voltar os olhares não somente à preparação do sistema de saúde direcionado para a pessoa idosa, mas também aos cenários de pobreza e desigualdade social, de moradia, de transporte e mobilidade urbana, de acesso universal de qualidade a serviços e ações de saúde, de proteção social e garantia dos direitos humanos, bem como à promoção da educação, do esporte, do lazer e da cultura (Brasil, 2018).

Segundo Birren e Birren (1990), um dos primeiros trabalhos realizados sobre a psicologia do desenvolvimento durante o envelhecimento foi publicado no ano de 1922 por G. S. Hall, intitulado *Senecense: the second half of life*, que significa *Senecência: a segunda metade da vida*, publicação que tratou de questões psicológicas, biológicas, físicas, médicas, históricas, literárias e comportamentais, referindo-se à morte como uma questão do desenvolvimento inerente ao ser humano, de modo que a pessoa idosa deve ser analisada como um ser que interage com o ambiente e que está em constante processo de mudança.

Na mesma esteira, Siegler (1994) observa a questão do desenvolvimento da psicologia da saúde na fase do envelhecimento e destaca que, para se alcançar um atendimento consistente e coerente à pessoa idosa, há a necessidade de se integrarem os aspectos teóricos da psicologia do desenvolvimento, da psicofisiologia e da medicina comportamental.

Mas é importante destacar que um envelhecimento saudável depende de condições econômicas, sociais e culturais nas quais a pessoa idosa está inserida, e o que pode determinar a diferença entre a velhice saudável e a patológica é a forma como as pessoas avaliam as situações e tentam lidar com elas, pois as pessoas idosas também são responsáveis pelo que lhes ocorre na velhice (Teixeira, 1998).

Segundo Neri (1995, p. 34), a velhice "bem-sucedida" é uma condição individual e grupal de bem-estar físico e social, referenciada aos ideais da sociedade, às condições e aos valores existentes no ambiente em que o indivíduo envelhece, e às circunstâncias da história individual da pessoa idosa e de seu grupo etário, preservando o potencial individual para o desenvolvimento e respeitando os limites de transformação de cada um.

Dessa forma, é importante destacar que a velhice representa uma trajetória de acúmulos de experiências influenciadas pela hereditariedade e pela cultura, ocasionando mudanças, momentos de depressão, desânimo e um retorno às antigas lembranças que dão a sensação de ligação temporal entre o passado e o futuro e que proporcionam ao indivíduo uma visão integral de sua história e um motivo para dar prosseguimento à existência.

Por fim, compreender a importância da busca de uma expectativa de vida ativa é ponto determinante, pois a pessoa idosa se manterá produtiva, saudável e independente, e isso fará com que o temor do estado de invalidez seja minimizado e o receio do envelhecimento, diminuído (Sanfelice; Bassani, 2020).

Antigamente, envelhecer era sinônimo de adoecer, no entanto, se faz necessário oferecer às pessoas a possibilidade de elas se manterem ativas e participantes das atividades comuns às outras idades, pois é de extrema importância, além de ser um direito, que o cidadão se mantenha ativo, participando da vida em sociedade (Sanfelice; Bassani, 2020).

Mesmo agora sabendo que envelhecer não significa adoecer ou se tornar dependente e até mesmo incapaz, chamado de *senescência*, o processo de envelhecimento "traz consigo uma perda progressiva e lenta da reserva homeostática. A reserva homeostática é a capacidade do organismo de se defender das agressões tanto internas quanto externas" (Brasil, 2018, p. 30).

Nas idades mais avançadas, devem ser consideradas as especificidades da pessoa idosa e do processo de envelhecimento, de modo que haja um cuidado especial para as ações de promoção da saúde e de prevenção de doenças e agravos, tanto com as pessoas que apresentam casos mais graves quanto para aquelas que se encontram com suas capacidades intrínsecas e funcionais preservadas, promovendo-se, assim, uma qualidade de vida apropriada (Brasil, 2018).

É importante também que a pessoa idosa seja incentivada e convidada a participar de atividades comunitárias e sociais, festas, grupos de atuação política e cidadania em defesa de seus direitos e muitas outras coisas, sempre sendo respeitados suas necessidades e desejos (Brasil, 2018).

Nesse sentido, o Estatuto da Pessoa Idosa, Lei n. 10.741, de 1º de outubro de 2003 (Brasil, 2003a), em seu art. 8º, destaca que "O envelhecimento é um direito personalíssimo e a sua proteção um direito social", e o art. 9º da mesma lei destaca que "É obrigação do Estado, garantir à pessoa idosa a proteção à vida e à saúde, mediante efetivação de políticas sociais públicas que permitam um envelhecimento saudável e em condições de dignidade".

Mesmo com vários arcabouços legislativos, a sociedade insiste em colocar as pessoas idosas à margem de contextos que são importantes para o viver delas, há desconsiderações a despeito de cidadania e, portanto, faz-se necessário abordar a questão dos direitos humanos, pois só assim teremos subsídios para compreender que a velhice é sinônimo de dignidade, de qualidade de vida, de igualdade e de respeito.

## 3.2 Direitos humanos: história e implicações com as pessoas idosas

Você saberia dizer o que são os direitos humanos? Conseguiria explicar o contexto de sua origem? Pois bem, uma pesquisa realizada em 28 países, incluindo o Brasil, em 2018, intitulada *Human Rights in 2018*, constatou que 74% dos mais de 23 mil entrevistados acreditam que algumas pessoas obtêm vantagem injusta sobre direitos humanos. Vamos entender o que realmente são os direitos humanos? (IPSOS, 2018)

Antes de chegar ao ponto conceitual, é necessário dizer que os direitos humanos podem ser apreciados por vários contextos, um deles seria sobre o olhar da teoria crítica, para a qual "os direitos humanos seriam os resultados sempre provisórios das lutas sociais por dignidade" (Flores, 2008, p. 26), ou seja, marcadamente cunhado nas reivindicações das classes sociais, em especial, a classe trabalhadora.

Assim, os direitos humanos são os direitos essenciais a todos os seres humanos, sem que haja discriminação em razão de raça, cor, gênero, idioma, nacionalidade ou de qualquer outro motivo. A garantia dos direitos humanos universais é feita por lei, na forma de tratados e de leis internacionais, por exemplo.

Isso implicar dizer que:

> os direitos humanos seriam os resultados sempre provisórios das lutas sociais pela dignidade. Entenda-se por dignidade não o simples acesso aos bens, mas que tal acesso seja igualitário e não esteja hierarquizado "a priori" por processos de divisão do fazer que coloquem alguns, na hora de ter acesso aos bens, em posições privilegiadas, e outros em situação de opressão e subordinação. Mas, cuidado! Falar de dignidade humana não implica fazê-lo a partir de um conceito ideal ou abstrato. A dignidade é um fim material. Trata-se de um objetivo que se concretiza no acesso igualitário e generalizado aos bens que fazem com que a vida seja "digna" de ser vivida. (Flores, 2009, p. 37)

O início está correlacionado ao pós-Segunda Guerra Mundial, em que surge o Direito Internacional dos Direitos Humanos, cuja origem foi impulsionada pelas violações de direitos humanos do período de Adolf Hitler e pela crença de que parte dessas violações poderia ser prevenida se um efetivo sistema de proteção internacional de direitos humanos existisse (Piovesan, 2018).

Segundo Flores (2009), é essencial ponderar que os direitos humanos só podem ser efetivados, de fato, com a atuação conjunta de um sistema que proveja garantias nos âmbitos jurídicos, políticos, culturais, econômicos e sociais. Desse modo, no ano de 1948, a Assembleia Geral da Organização das Nações Unidas

(ONU) aprovou o documento base da luta universal contra a opressão e a discriminação, em defesa da igualdade e da dignidade das pessoas, de modo a reconhecer que os direitos humanos e as liberdades fundamentais devem ser aplicados a todo o ser humano. Esse documento ficou conhecido como Declaração Universal dos Direitos Humanos (DUDH) (ONU, 1948).

A DUDH proporcionou a expansão do processo de generalização da promoção e proteção aos direitos humanos no século XX, e os direitos humanos passaram a ser contextualizados como tema global, pois as violações a esses direitos não são apenas de interesse exclusivo dos Estados, mas também da comunidade internacional (Oliveira, 2016).

A primeira sessão regular da Comissão de Direitos Humanos das Nações Unidas e o início dos debates para a elaboração e implementação de instrumentos internacionais de proteção aos direitos humanos ocorreram em 1947, vindo a Declaração Universal dos Direitos do Homem a ser aprovada pela Assembleia Geral das Nações Unidas em 10 dezembro de 1948, em Paris, França (Oliveira, 2016).

É interessante destacar que a DUDH é tecnicamente uma resolução e como tal é um documento considerado apenas uma recomendação, não lhe sendo conferida força jurídica vinculante, como se fosse um tratado internacional (Oliveira, 2016).

Porém, para Piovesan (2013), apesar de a DUDH não ser um tratado, tem força jurídica obrigatória e vinculante, por se constituir na interpretação autorizada da expressão *direitos humanos* apresentada na Carta da ONU (ONU, 1948), destacando que a força jurídica vinculante decorre da transformação, no decorrer de mais de 50 anos, em direito costumeiro internacional e princípio geral do direito internacional.

Nesse contexto, uma das principais qualidades da DUDH é constituir-se em parâmetro e código de atuação para os Estados integrantes da comunidade internacional; e assim se dá início ao desenvolvimento do Direito Internacional dos Direitos Humanos, mediante a adoção de inúmeros tratados internacionais voltados à proteção de direitos fundamentais (Piovesan, 2018).

O art. 1º da DUDH de 1948 destaca que: "Todos os seres humanos nascem livres e iguais em dignidade e direitos. São dotados de razão e consciência e devem agir em relação uns aos outros com espírito de fraternidade" (ONU, 1948, p. 2), e aqui podemos arrazoar que os direitos humanos se consolidam no respeito às diferenças, bem como na valorização dessa diversidade humana – isso implica pensar em como nossa sociedade foi formada e como está organizada, considerando as heranças históricas e as disputas acirradas nos campos social, econômico e político.

Destaca-se, ainda, o art. 2º, que diz o seguinte:

> Todos os seres humanos podem invocar os direitos e as liberdades proclamados na presente Declaração, sem distinção alguma, nomeadamente de raça, de cor, de sexo, de língua, de religião, de opinião política ou outra, de origem nacional ou social, de fortuna, de nascimento ou de qualquer outra situação. (ONU, 1948, p. 2)

Assim, a liberdade e o "direito de ser ter direito" – como direito humano, é muito mais do que uma conquista individual, está no campo da transformação social, da coletividade, com redução das desigualdades sociais e reconhecimento das singularidades e pluralidades que marcam a sociedade.

De modo geral, acerca dos dois primeiros artigos da DUDH, Piovesan (2018, p. 382) destaca que o primeiro artigo afirma o direito à igualdade, enquanto o segundo artigo trata da proibição da discriminação de qualquer espécie, e o binômio "igualdade/não discriminação" impacta todo sistema normativo global de proteção dos direitos humanos.

É importante entender que no âmbito internacional, ou seja, no âmbito externo, utiliza-se a denominação *direitos humanos*, e quando aplicada no âmbito interno dos países, como, por exemplo, em suas constituições, a denominação utilizada para os direitos humanos é indicada como *direitos fundamentais*.

No Brasil, os direitos humanos são assegurados por meio da Constituição Federal, em especial, destacamos o art. 5º, que trata dos direitos fundamentais:

> Art. 5º Todos são iguais perante a lei, sem distinção de qualquer natureza, garantindo-se aos brasileiros e aos estrangeiros residentes no País a inviolabilidade do direito à vida, à liberdade, à igualdade, à segurança e à propriedade. (Brasil, 1988a)

E não menos importante é o inciso IV do art. 3º da Constituição Federal, que destaca o seguinte: "Art. 3º Constituem objetivos fundamentais da República Federativa do Brasil: [...] IV – promover o bem de todos, sem preconceitos de origem, raça, sexo, cor, idade e quaisquer outras formas de discriminação" (Brasil, 1988a).

Percebam que um dos objetivos fundamentais da nossa Constituição é promover o bem de todos, indistintamente, com destaque aqui para o fator idade, pois é um elemento determinante para caracterização de um indivíduo idoso, e que também foi amplamente discutido na Convenção Interamericana sobre a Proteção dos Direitos Humanos dos Idosos, que ocorreu em 2015 (OEA, 2015).

Para além da Constituição Federal, há outras estruturas legislativas que somam e asseguram os direitos fundamentais as pessoas idosas, a saber: a Política Nacional do Idoso – Lei n. 8.842, de 4 de janeiro de 1994 (Brasil, 1994), a Lei de Prioridade de Atendimento às Pessoas com Deficiência, aos Idosos, Gestantes e Lactantes – Lei n. 10.048, de 8 de novembro de 2000 (Brasil, 2000a), o Estatuto da Pessoa Idosa – Lei n. 10.741/2003, o Benefício de Prestação Continuada – Decreto n. 6.214, de 26 de setembro de 2007 (Brasil, 2007a) e o Fundo Nacional do Idoso – Lei n. 12.213/2010 (Brasil, 2010), além das políticas voltadas para a assistência social e a habitação.

De maneira geral, é possível inferir que os direitos humanos e sua regulamentação, em especial quando incluída a população idosa, não são processos distintos, são constituições individuais e coletivas oriundas da tensão das lutas sociais que se estabelecem em torno da igualdade e dignidade e, portanto, também de reconhecimento.

No entanto, segundo o Ministério dos Direitos Humanos e da Cidadania (MDH), no painel de dados da Ouvidoria Nacional de Direitos Humanos, que trata disponibilizar dados de violação de direitos humanos no Brasil, até o mês de março 2023 já foram feitas 21.349 denúncias/relatos e que continham cerca de 158.501 violações para as pessoas idosas. Em 2020, foram mais de 78 mil denúncias (Brasil, 2023b). Assim, estima-se, segundo uma pesquisa conduzida em 2017, que a cada seis pessoas idosas, uma tem a violação de seus direitos em todo o mundo (Yon et al., 2017) – desse modo, o desafio está em fazer "valer" os direitos estabelecidos no campo teórico para a prática, para vida.

Você saberia dizer como um direito é colocado em prática?

Agora, vamos iniciar um novo tema dentro deste capítulo. Você saberia como um direito é colocado em prática? Ou qual a ligação dos direitos humanos com as políticas públicas? Você saberia dizer o que é uma política pública?

## 3.3 Políticas públicas: o que são?

Ao indagar os cidadãos, a população em geral, bem como acadêmicos em suas diversas formações, será que teríamos condições de conceituar o que é uma política pública, como foi proposto do tema do subtítulo? Acreditamos que todos nós, de modo geral, em diversos níveis, apresentaríamos certa dificuldade para nos expressar e conceituar.

Ao nos debruçarmos na pesquisa do conceito de *política pública*, verificamos que a origem como área de conhecimento e disciplina acadêmica ocorreu nos Estados Unidos, com quatro fundadores, tendo cada um contribuições específicas, conforme apontado a seguir:

> Laswell (1936) introduz a expressão *policy analysis* (análise de política pública [...] como forma de conciliar conhecimento científico/acadêmico com a produção empírica dos governos e também como forma de estabelecer o diálogo entre cientistas sociais, grupos de interesse e governo.

> Simon (1957) introduziu o conceito de racionalidade limitada dos decisores públicos (*policy makers*), argumentando, todavia, que a limitação da racionalidade poderia ser minimizada pelo conhecimento racional. [...]

> Lindblom (1959; 1979) [...] propôs a incorporação de outras variáveis à formulação e à análise de políticas públicas, tais como as relações de poder e a integração entre as diferentes fases do processo decisório o que não teria necessariamente um fim ou um princípio. [...].

Easton (1965) contribuiu para a área ao definir a política pública como um sistema, ou seja, como uma relação entre formulação, resultados e o ambiente. (Souza, 2006, p. 23-24)

Assim, parte-se da premissa que o conceito de política pública:

**é algo complexo, pois não há uma teoria completa e definida sobre o tema, mas sim vários conceitos que formam o que pode ser traduzido como política pública.** As políticas públicas estão diretamente associadas ao Estado. Contudo, há outros atores que agem na construção delas, tanto de cunho privado como público. (Gianezini et al., 2018, p. 1070)

Desse modo, houve inúmeras contribuições de vários estudiosos e pesquisadores na constituição de uma definição ao longo das sociedades e dos tempos. Souza (2006, p. 24) aponta vários conceitos sobre o que é política pública:

> Mead (1995) a define como um campo dentro do estudo da política que analisa o governo à luz de grandes questões públicas e Lynn (1980), como um conjunto de ações do governo que irão produzir efeitos específicos. Peters (1986) segue o mesmo veio: política pública é a soma das atividades dos governos, que agem diretamente ou através de delegação, e que influenciam a vida dos cidadãos. Dye (1984) sintetiza a definição de política pública como "o que o governo escolhe fazer ou não fazer". A definição mais conhecida continua sendo a de Laswell, ou seja, decisões e análises sobre política pública implicam responder às seguintes questões: quem ganha o quê, por quê [sic] e que diferença faz.

O mesmo autor, ao analisar todos esses conceitos e suas imbricações, propõe de maneira abreviada compendiar o conceito de política pública como:

campo do conhecimento que busca, ao mesmo tempo, "colocar o governo em ação" e/ou analisar essa ação (variável independente) e, quando necessário, propor mudanças no rumo ou curso dessas ações (variável dependente). A formulação de políticas públicas constitui-se no estágio em que os governos democráticos traduzem seus propósitos e plataformas eleitorais em programas e ações que produzirão resultados ou mudanças no mundo real. (Souza, 2006, p. 26)

Um destaque importante a ser feito é que, para além da questão do conjunto organizativo de ações e decisões em políticas públicas realizadas pelo Governo, nas esferas municipal, estadual ou federal, os entes federados devem conhecer a razão da prática de tais ações e decisões, ou seja, devem dar respostas aos problemas reais que são encontradas e sinalizados pela sociedade.

Assim, para Bucci (2002, p. 241), o conceito de política pública é tido como "programas de ação governamental visando coordenar os meios à disposição do Estado e as atividades privadas, para a realização de objetivos socialmente relevantes e politicamente determinados", com desígnio de ampliar os direitos e cidadania dos sujeitos, e que envolve questões importantes, como: planejamento, alocação de recursos e envolvimento dos atores sociais.

Mas agora você deve estar a se perguntar: Mas as políticas sociais, em que ponto se localizam nesse cenário tão amplo e conceitual? Bem, há uma proposição que foi realizada por Theodor Lowi (1964), o qual desenvolveu a tipologia sobre política pública, propondo quatro formatos de acordo com as arenas de inserção, a saber: a) políticas distributivas, b) políticas regulatórias, c) políticas redistributivas e d) políticas constitutivas.

Na figura a seguir, podemos verificar o objetivo de cada um dos formatos das tipologias[1], pois "cada arena tende a desenvolver sua própria estrutura política, processo político, elites e relações de grupo" (Lowi, 1964, p. 689-690):

Figura 3.1 – Tipologia das políticas públicas

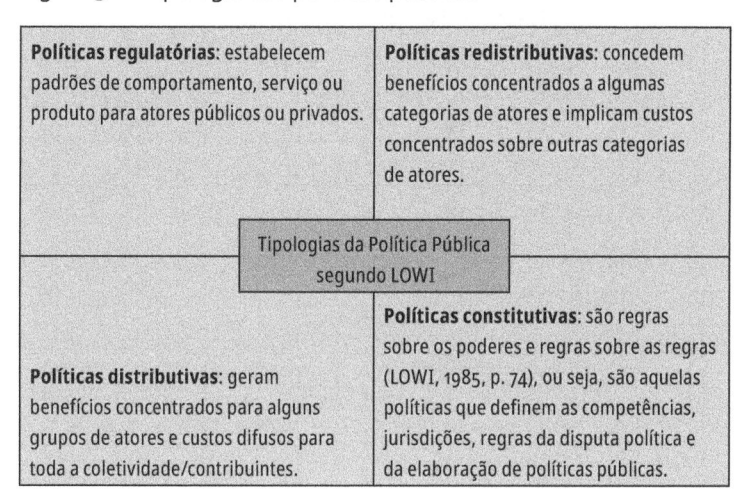

| Políticas regulatórias: estabelecem padrões de comportamento, serviço ou produto para atores públicos ou privados. | Políticas redistributivas: concedem benefícios concentrados a algumas categorias de atores e implicam custos concentrados sobre outras categorias de atores. |
|---|---|
| | Tipologias da Política Pública segundo LOWI |
| Políticas distributivas: geram benefícios concentrados para alguns grupos de atores e custos difusos para toda a coletividade/contribuintes. | Políticas constitutivas: são regras sobre os poderes e regras sobre as regras (LOWI, 1985, p. 74), ou seja, são aquelas políticas que definem as competências, jurisdições, regras da disputa política e da elaboração de políticas públicas. |

Fonte: Secchi, 2014, p. 18.

E, por fim, a política pública é colocada em ação por meio de outra tipologia denominada *ciclo da política pública*, a qual prevê "a política pública como um ciclo deliberativo, formado por vários estágios e constituindo um processo dinâmico e de aprendizado" (Souza, 2006, p. 29).

---

1   É importante destacar que há outras tipologias de políticas públicas, como propostas pelos autores: James Quinn Wilson, Gormley, Gustafsson e Bozeman e Pandey; cada qual aborda a dimensão de conteúdo, pois "a ciência política tradicional sempre encarou as policies [políticas] como um resultado das dinâmicas de enfrentamento, disputa de poder e resolução de interesses" (Secchi, 2014, p. 8).

Esse ciclo de cadeia foi proposto Paul Spicker (2014) em sete estágios. A seguir, apresentamos uma figura que trata desse processo desde sua concepção até sua implantação:

Figura 3.2 – Ciclo das políticas públicas

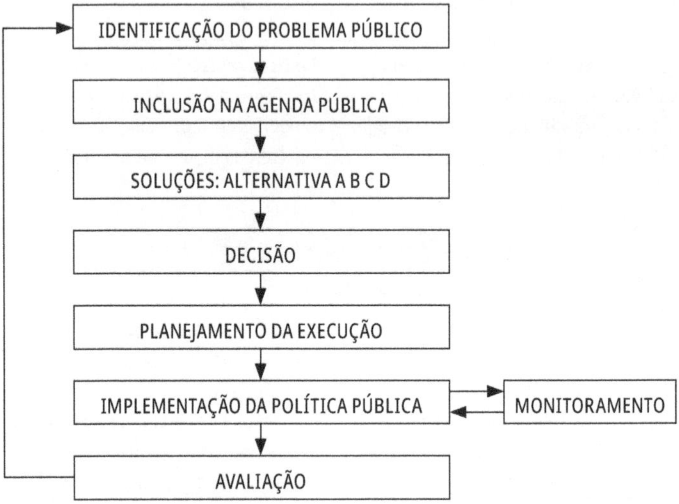

```
IDENTIFICAÇÃO DO PROBLEMA PÚBLICO
            ↓
    INCLUSÃO NA AGENDA PÚBLICA
            ↓
   SOLUÇÕES: ALTERNATIVA A B C D
            ↓
          DECISÃO
            ↓
   PLANEJAMENTO DA EXECUÇÃO
            ↓
IMPLEMENTAÇÃO DA POLÍTICA PÚBLICA ← MONITORAMENTO
            ↓
         AVALIAÇÃO
```

Fonte: Gianezini et al.; 2018, p. 1.073.

## Para saber mais

Há autores que propõem outras etapas para os ciclos. Recomendamos a leitura do livro *Políticas públicas: princípios, propósitos e processos*, de Reinaldo Dias e Fernanda Costa Matos:

DIAS, R.; MATOS, F. **Políticas públicas**: princípios, propósitos e processos. São Paulo: Atlas, 2012.

Retomando a pergunta do início do capítulo, acreditamos que teríamos dificuldade em apresentar uma conceituação tão robusta acerca do que são as políticas públicas, não é mesmo? Isso nos remete a ponderar que devemos ampliar o espaço de diálogo sobre essa temática, não somente nos espaços acadêmicos, mas em toda a sociedade, em toda comunidade, considerando o coletivo de atores sociais.

Afinal, as políticas públicas são a aplicação de ações e programas que são desenvolvidos pelo Estado para garantir os direitos previstos na Constituição Federal (CF) de 1988[2], assim como em outras leis.

Aqui destacamos que o planejamento, a criação e a execução das políticas públicas são desenvolvidos por um trabalho em conjunto, que envolve diversos atores sociais, conforme demonstra a figura a seguir.

---

2 Também conhecida como Constituição Cidadã, a CF de 1988, construída a muitas mãos pela Assembleia Constituinte de 1987-1988, ao final da época de Ditadura Militar, início da redemocratização do Brasil, é o instrumento legal que determina os direitos e os deveres dos atores da política na nossa sociedade, bem como institui os direitos fundamentais.

Figura 3.3 – Atores sociais das políticas públicas

Atores individuais: políticos, magistrados, jornalistas, artistas, influenciadores digitais, entre outros.

Atores coletivos: organizações da sociedade civil e movimentos sociais.

Atores privados: centros de pesquisa, organizações do terceiro setor, mídias, entre outros.

Atores informais: movimentos sociais, empresas, sindicatos e meios de comunicação.

Atores formais: presidente da República, deputados, senadores, governadores, prefeitos, equipes de governo e Poder Judiciário.

Atores públicos: atores que ocupam postos no governo.

Fonte: Elaborado com base em Dias; Matos, 2012.

É importante considerar que a CF de 1988 foi um marco na sociedade democrática de direito, pois garantiu a questão da participação popular na gestão e o controle social das políticas públicas, bem como instituiu instrumentos legais para concretização dessas questões, como audiências públicas, orçamento participativo, conselhos, conferências e fóruns.

Assim, o controle social é aquele referente às ações do Estado por meio da sociedade civil, a qual pode participar das etapas de construção de uma política pública, em sua elaboração, implementação, execução e fiscalização por meio dos conselhos de direitos.

> **Para saber mais**
>
> Para saber mais sobre controle social, consulte o artigo a seguir indicado:
>
> ANDRADE NETO, E. B. Controle social: o que você tem a ver com isso? **Politize!**, 12 set. 2018. Disponível em: <https://www.politize.com.br/controle-social-o-que-voce-tem-a-ver>. Acesso em: 13 nov. 2023.

Acreditamos que, como cidadãos que todos nós somos, é imprescindível saber sobre essa temática, e apesar de não nos considerarmos "conhecedores a fio da lei", sempre há tempo para retomarmos nossos estudos. Agora, que tal seguirmos para a temática de políticas sociais? Você saberia dizer em qual das tipologias propostas por Lowi ela se encaixaria? E a população idosa, será que é envolvida pelas políticas sociais?

## 3.4 Políticas sociais para a pessoa idosa

Antes de abordarmos especificamente as políticas sociais para a pessoa idosa, é importante considerar o contexto histórico e social do surgimento das políticas sociais, assim, há que se relevar que a transição do regime feudal para o regime capitalista de produção trouxe transformações sociais, institucionais e econômicas.

Uma dessas mudanças ocorreu na arena das relações de trabalho, em que as capacidades intelectuais e físicas da pessoa, bem como seu tempo, seriam elementos que constituiriam o sustento, de maneira parcial, obviamente, pois o lucro do trabalho ficaria de posse do agente que a assalariou. E, assim, as relações de trabalho foram modificadas no decorrer do tempo, em outro termo, *mercantilizadas*, para relações de compra e venda.

Desse modo, nessa disputa por maiores lucros, os burgueses submeteram o proletariado a condições degradantes e insalubres de trabalho com jornadas exaustivas, em condições precárias e com salários miseráveis – o que não possibilitava condições mínimas de sustento ao indivíduo e sua família.

Com o processo da Revolução Industrial no século XIX, as condições de trabalho não eram regulamentadas e as pessoas não tinham nenhum sistema de proteção social que garantisse, no caso de algum infortúnio como doença, velhice, algum amparo social.

Um dos primeiros movimentos de trabalhadores, conhecido como Plano Bismarckiano, ocorreu na Alemanha, tendo como característica o seguro social mediante contribuição dos trabalhadores. Posteriormente, na Inglaterra, surgiu o Plano Beveridge, de caráter universal, considerando todas as pessoas, independentemente de contribuição, e abrangendo atendimento à saúde, assistência social e demais direitos relacionados às necessidades básicas (Costa, 2019).

E, diante desse cenário, em inúmeros países, houve um levante de trabalhadores, por meio de greve, que entoavam uma voz única por melhores condições de vida e de trabalho.

É nesse contexto que nascem as políticas sociais, como um caminho de ampliação dos direitos dos trabalhadores, mas que, por um outro viés, mantinham tais direitos como um instrumento de manutenção de força de trabalho e meio de troca pela burguesia, a elite dominante.

A expansão não ocorreu de modo uniforme nos países, porque dependia essencialmente de como a classe trabalhadora estava organizada para esse fim, bem como do nível de desenvolvimento industrial. Desse modo, segundo Azevedo (1996, p. 8) "o Estado passou a intervir e, para isso, utilizou-se de um papel de 'neutralidade' entre burguesia e proletariado em prol da sociedade como um todo, que também tinha por objetivo a manutenção e o avanço da política econômica capitalista".

Um marco na história mundial aconteceu após a crise de 1929, na década de 1930, que ficou conhecida como *Welfare State* ou Estado de bem-estar, quando ocorreu a concretização dos direitos dos trabalhadores, sendo:

> pelo Estado Bem-Estar que o Estado garante ao cidadão a oportunidade de acesso gratuito a certos serviços e a prestação de benefícios mínimos para todos. Nos Estados Unidos, esses benefícios dependem de critérios rigorosos de pobreza e os serviços de saúde não são estatizados, havendo serviços de saúde para os velhos e pobres. O "acesso geral" à educação, à saúde e à justiça existente na Europa decorre de direitos estabelecidos numa vasta legislação que se justifica em nome da cidadania. O cidadão é um sujeito de direitos sociais que tem igualdade de tratamento perante as políticas sociais existentes. (Faleiros, 1991, p. 20)

É importante destacar a ampliação da função do Estado, o qual assume as despesas sociais e as controla. Desse modo, essa condição efetivou-se muito bem nos países europeus e nos Estados Unidos, mas na América Latina aconteceu de maneira parcial e morosa. No Brasil, os estudos realizados por Silva (2010, p. 157-158) contam que:

> no desenvolvimento da Política Social brasileira tem-se um conjunto amplo e variado, mas descontínuo e insuficiente, de programas sociais direcionados para segmentos empobrecidos da população. [...]
>
> Esse quadro começa a ser alterado com a instituição da Seguridade Social, introduzida na Constituição Federal de 1988, em decorrência de lutas sociais pela ampliação e universalização de direitos sociais. (Silva, 2010, p. 157-158)

Assim a partir da previsão constitucional dos direitos, buscou-se implementar políticas sociais setoriais que atendessem às demandas dos segmentos da sociedade – como crianças, mulheres e pessoas idosas – envolvendo atores sociais nos processos de decisão e implementação das políticas sociais, respondendo a demandas em torno da descentralização e da democratização do Estado brasileiro.

Assim, as políticas sociais:

> se referem a ações que determinam o padrão de proteção social implementado pelo Estado, voltadas, em princípio, para a redistribuição dos benefícios sociais visando a diminuição das desigualdades estruturais produzidas pelo desenvolvimento socioeconômico. As políticas sociais têm suas raízes nos movimentos populares do século XIX, voltadas aos conflitos surgidos entre capital e trabalho, no desenvolvimento das primeiras revoluções industriais. (Höfling, 2001, p. 31)

Assim, a política pública social pode ser compreendida como uma forma de efetivação dos direitos humanos e universais, e a partir da Constituição de 1988 é que esse conjunto de direitos sociais foi estabelecido, tendo como caminho a estrutura jurídica antemão instituída.

Quando nos remetemos a pensar nos direitos sociais das pessoas idosas no Brasil, faz-se necessário contextualizar que, durante o percurso da história, o envelhecer passou por mudanças quanto à classificação da idade do mercado de trabalho, da qualidade de vida e da prevenção e proteção da saúde. Essas mudanças temporais corroboram os dados do Instituto Brasileiro de Geografia e Estatística (IBGE) sobre a elevação do número de pessoas idosas no Brasil: em 2019, chegou ao expressivo número de 32,9 milhões de pessoas idosas, e o número de indivíduos com 60 anos ou mais no país já é superior ao de crianças com até 9 anos de idade (IBGE, 2020).

Você deve estar se perguntando: O que isso quer dizer? O que devemos pensar? Para além de um quantitativo considerável de pessoas idosas, fenômeno que ocorre globalmente, deve-se pensar nos determinantes sociais que envolvem esse processo de envelhecimento populacional, e que também é decorrente do envelhecimento humano, afinal, considera-se que "o processo de envelhecimento seja extremamente complexo e possa ser interpretado de várias perspectivas, trata-se de um processo universal, gradual e irreversível de mudanças e de transformações que ocorrem com a passagem do tempo" (Lima, 2010, p. 14).

Assim, pensar sobre as questões peculiares que circundam a tensão do processo de equilíbrio saúde-doença na população idosa, bem como as determinantes sociais que tratam do viver e do cuidado exigido pela rede de apoio e família, a moradia, a alimentação, a questão previdenciária e tantos outros elementos que estão inseridos nesse processo de viver e envelhecer, por vezes mais acentuados quando da chegada da "velhice", sim "velhice" – uma etapa do ciclo de vida humano – torna-se imprescindível.

Assim, ao serem encontradas situações problemáticas, bem como preconceitos ou desigualdades de direitos, segundo Boneti (1997), já se cria uma justificativa crível para o desenvolvimento de políticas públicas que atendam às demandas da sociedade, ou parte de dela como um grupo, no caso em tela, das pessoas idosas, a fim de amenizar os problemas sociais expostos.

No caso da população idosa no Brasil, as políticas públicas sociais vêm apresentando um crescente, portanto, vamos saber um pouco de cada uma dessas políticas, as quais, na contemporaneidade, podem ser consideradas neoliberais, visto que o Estado e o setor privado são corresponsáveis por garantir a proteção às pessoas que se consideram idosas.

### 3.4.1 Política Nacional de Assistência Social

A CF de 1988, no Título VIII, *Da ordem social*, versa sobre o bem-estar social e a justiça social; assim, no art. 194, trata da seguridade social com o tripé: saúde como direito de todos, a Previdência Social de caráter contributivo e de filiação obrigatória, e a assistência social para quem dela necessitar.

Dessa forma, a assistência social deixa de ser uma ajuda, caridade, e passa a ser um direito social que, ao longo do processo histórico, organiza-se pela Política Nacional de Assistência Social (PNAS), em 2004 (Brasil, 2005c), e pelo Sistema Único da Assistência Social (SUAS), em 2005 (Prates, 2019), vindo este último a assumir um caráter descentralizado, participativo no campo da proteção social e também pela tipificação dos serviços socioassistenciais de 2009, contendo os serviços específicos da proteção social básica e especial da PNAS, especificando os usuários dos serviços socioassistenciais, famílias em situação de vulnerabilidade social, pessoas com deficiência e/ou pessoas idosas que vivenciam situações de vulnerabilidade e risco.

Após essa breve introdução, vamos tratar da PNAS. O Ministério do Desenvolvimento Social e Combate à Fome e o Conselho Nacional de Assistência Social elaboraram a PNAS, que foi publicada na Resolução n. 145, de 15 de outubro de 2004 (Brasil, 2005c).

Essa política pública de assistência social realiza-se de maneira integrada às demais políticas setoriais, de modo a levar em considerando as desigualdades socioterritoriais, a garantia dos mínimos sociais, o provimento de condições para atender às contingências sociais e à universalização dos direitos sociais. Assim, com essas considerações, a política pública apontou os seguintes objetivos:

- Prover serviços, programas, projetos e benefícios de proteção social básica e, ou, especial para famílias, indivíduos e grupos que deles necessitarem.
- Contribuir com a inclusão e a equidade dos usuários e grupos específicos, ampliando o acesso aos bens e serviços socioassistenciais básicos e especiais, em áreas urbana e rural.
- Assegurar que as ações no âmbito da assistência social tenham centralidade na família, e que garantam a convivência familiar e comunitária. (Brasil, 2005c, p. 33)

Em conformidade com que está disposto na Lei Orgânica da Assistência Social (LOAS) – Lei n. 8.742, de 7 de dezembro de 1993 (Brasil, 1993b), a PNAS observa os seguintes princípios:

I – Supremacia do atendimento às necessidades sociais sobre as exigências de rentabilidade econômica;

II – Universalização dos direitos sociais, a fim de tornar o destinatário da ação assistencial alcançável pelas demais políticas públicas;

III – Respeito à dignidade do cidadão, à sua autonomia e ao seu direito a benefícios e serviços de qualidade, bem como à convivência familiar e comunitária, vedando-se qualquer comprovação vexatória de necessidade;

IV – Igualdade de direitos no acesso ao atendimento, sem discriminação de qualquer natureza, garantindo-se equivalência às populações urbanas e rurais;

V – Divulgação ampla dos benefícios, serviços, programas e projetos assistenciais, bem como dos recursos oferecidos pelo Poder Público e dos critérios para sua concessão. (Brasil, 2005c, p. 32)

A referida PNAS, fundamentada na CF de 1988 e na LOAS, tem as seguintes diretrizes:

I – Descentralização político-administrativa, cabendo a coordenação e as normas gerais à esfera federal e a coordenação e execução dos respectivos programas às esferas estadual e municipal, bem como a entidades beneficentes e de assistência social, garantindo o comando único das ações em cada esfera de governo, respeitando-se as diferenças e as características socioterritoriais locais;

II – Participação da população, por meio de organizações representativas, na formulação das políticas e no controle das ações em todos os níveis;

III – Primazia da responsabilidade do Estado na condução da política de assistência social em cada esfera de governo;

IV – Centralidade na família para concepção e implementação dos benefícios, serviços, programas e projetos. (Brasil, 2005c, p. 32-33)

Assim, ao compreendermos como se organiza, quais os objetivos e princípios da PNAS, não podemos deixar de falar sobre a relevância do atendimento das equipes que atuam nos equipamentos CRAS (Centro de Referência da Assistência Social) e do CREAS (Centro de Referência Especializado da Assistência Social) à pessoa idosa, contidos na tipificação dos serviços socioassistenciais.

O serviço de proteção social básica descreve o atendimento no domicílio para a pessoa idosa, com foco no fortalecimento dos vínculos familiares, materializando a matricialidade sociofamiliar do (PAIF) Serviço de Proteção e Atendimento Integral à Família.

Na proteção social especial de média complexidade, temos o Serviço de Proteção e Atendimento Especializado a Famílias Indivíduos (PAEFI) o qual deve assegurar proteção social e atendimento às pessoas e famílias com direitos violados, e especificamente para a pessoa idosa há o Serviço de Proteção Social Especial para Pessoas com Deficiência, Idosas e suas famílias, o qual visa à segurança da acolhida, do convívio familiar, comunitária e social e o desenvolvimento da autonomia.

E no serviço de proteção social de alta complexidade, temos o Serviço de Acolhimento Institucional para aquelas situações em que os vínculos familiares foram rompidos ou estão fragilizados.

Acolhimento para idosos(as) com 60 anos ou mais, de ambos os sexos, independentes e/ou com diversos graus de dependência.

A natureza do acolhimento deverá ser provisória e, excepcionalmente, de longa permanência quando esgotadas todas as possibilidades de autossustento e convívio com os familiares.

É previsto para idosos(as) que não dispõem de condições para permanecer com a família, com vivência de situações de violência e negligência, em situação de rua e de abandono, com vínculos familiares fragilizados ou rompidos.

Idosos(as) com vínculo de parentesco ou afinidade – casais, irmãos, amigos etc., devem ser atendidos na mesma unidade. Preferencialmente, deve ser ofertado aos casais de idosos o compartilhamento do mesmo quarto. Idosos(as) com deficiência devem ser incluídos nesse serviço, de modo a prevenir práticas segregacionistas e o isolamento desse segmento. (Brasil, 2009, p. 31)

Esses são alguns dos serviços prestados à pessoa idosa pelas equipes de profissionais do SUAS que atendem nos equipamentos da PNAS, aqui denominados CRAS e CREAS.

## Para saber mais

Quer saber mais sobre essa organização? Sugerimos a leitura a seguir:

BRASIL. Ministério do Desenvolvimento Social e
Combate à Fome. **Tipificação nacional dos serviços socioassistenciais**. Brasília, 2014. Disponível em: <https://www.mds.gov.br/webarquivos/publicacao/assistencia_social/Normativas/tipificacao.pdf>. Acesso em: 13 nov. 2023.

## 3.4.2 Política Nacional do Idoso (PNI)

Em 1994, foi criada a Lei Federal n. 8.842/1994, a qual dispõe sobre a PNI. A finalidade dessa lei está descrita em seu art. 1º, conforme se lê: "Art. 1º A política nacional do idoso tem por objetivo assegurar os direitos sociais do idoso, criando condições para promover sua autonomia, integração e participação efetiva na sociedade" (Brasil, 1994).

A Lei n. 8.842/1994 elencou diversos princípios, e Miguel Reale (1986) esclarece o que eles são e representam:

> Princípios são, pois, verdades ou juízos fundamentais, que servem de alicerce ou de garantia de certeza a um conjunto de juízos, ordenados em um sistema de conceitos relativos à dada porção da realidade. Às vezes também se denominam princípios certas proposições, que apesar de não serem evidentes ou resultantes de evidências, são assumidas como fundantes da validez de um sistema particular de conhecimentos, como seus pressupostos necessários. (Reale, 1986, p. 60)

Os princípios que regem a PNI estão descritos no art. 3º da Lei n. 8.842/1994, conforme apresentamos a seguir:

> Art. 3º A política nacional do idoso reger-se-á pelos seguintes princípios:
>
> I – a família, a sociedade e o estado têm o dever de assegurar ao idoso todos os direitos da cidadania, garantindo sua participação na comunidade, defendendo sua dignidade, bem-estar e o direito à vida;
>
> II – o processo de envelhecimento diz respeito à sociedade em geral, devendo ser objeto de conhecimento e informação para todos;

III – o idoso não deve sofrer discriminação de qualquer natureza;

o idoso deve ser o principal agente e o destinatário das transformações a serem efetivadas através desta política;

IV – as diferenças econômicas, sociais, regionais e, particularmente, as contradições entre o meio rural e o urbano do Brasil deverão ser observadas pelos poderes públicos e pela sociedade em geral, na aplicação desta lei. (Brasil, 1994)

Mais uma vez, constatamos que a legislação brasileira destaca que o dever de assegurar os direitos à pessoa idosa pertence à família, à sociedade e ao Estado, os quais devem proteger o cidadão idoso de qualquer tipo de discriminação, de modo que ele seja o principal agente e destinatário das transformações que vierem a se efetivar por meio da política nacional.

As diretrizes da PNI se constituem pela viabilização de formas alternativas de participação, ocupação e convívio da pessoa idosa, com vistas a proporcionar sua integração com as demais gerações, com destaque à participação da pessoa idosa na formulação, implementação e avaliação das políticas, planos, programas e projetos a serem desenvolvidos (Lei n. 8.842/1994).

Ainda, o atendimento à pessoa idosa deve ser prioridade no seio da própria família, em detrimento do atendimento asilar, salvo exceções destacadas na legislação. Ademais, as áreas de geriatria e gerontologia e a prestação de serviços devem passar por capacitação e reciclagem dos seus recursos humanos (Lei n. 8.842/1994).

Quando a pessoa idosa se encontrar desabrigada e sem família, ela deve ter seu atendimento priorizado nos órgãos públicos e privados prestadores de serviços, no entanto, caso seja portadora de doença que necessite de assistência médica ou de enfermagem permanente, sua permanência será vedada em instituições asilares de caráter social (Lei n. 8.842/1994).

Na mesma esteira, o benefício de prestação continuada da assistência social devido à pessoa com deficiência ou à pessoa idosa foi regulamentado pelo Decreto n. 6.214/2007. Esse benefício havia sido instituído pelo art. 20 da Lei n. 8.742/1993.

É importante destacar que o Decreto n. 9.893, de 27 de junho de 2019 (Brasil, 2019a), revogou o Decreto n. 5.109, de 17 de junho de 2004 (Brasil, 2004a), dispondo sobre o Conselho Nacional dos Direitos da Pessoa Idosa. O art. 1º, parágrafo único, da Lei n. 9.893/2019 diz o seguinte:

> Art. 1º Este Decreto dispõe sobre o Conselho Nacional do Direitos da Pessoa Idosa.
>
> Parágrafo único. O Conselho Nacional do Direitos da Pessoa Idosa é órgão permanente, paritário e de caráter deliberativo, integrante da estrutura organizacional do Ministério da Mulher, da Família e dos Direitos Humanos, com a finalidade de colaborar nas questões relativas à política nacional do idoso. (Brasil, 2019a)

As deliberações do Conselho Nacional dos Direitos da Pessoa Idosa são aprovadas por meio de resoluções, inclusive aquelas relativas ao seu regimento interno, e a Secretaria-Executiva do Conselho Nacional dos Direitos da Pessoa Idosa será exercida pela Secretaria Nacional de Promoção e Defesa dos Direitos da Pessoa Idosa do Ministério da Mulher, da Família e dos Direitos Humanos.

Destinado a financiar os programas e as ações relativas à pessoa idosa com vistas a assegurar seus direitos sociais e criar condições para promover sua autonomia, integração e participação efetiva na sociedade, foi criado o Fundo Nacional do Idoso por meio da Lei n. 12.213/2010, a qual:

> Institui o Fundo Nacional do Idoso e autoriza deduzir do imposto de renda devido pelas pessoas físicas e jurídicas as doações efetuadas aos Fundos Municipais, Estaduais e Nacional do Idoso; e altera a Lei no 9.250, de 26 de dezembro de 1995. (Brasil, 2010)

### 3.4.3 Estatuto da Pessoa Idosa

No ano de 2003, foi publicada a Lei Federal n. 10.741/2003, lei conhecida principalmente como Estatuto da Pessoa Idosa e que busca dar maior proteção e amparo à pessoa idosa, pois seu art. 1º destaca que o Estatuto da Pessoa Idosa é "destinado a regular os direitos assegurados às pessoas com idade igual ou superior a 60 (sessenta) anos" (Brasil, 2003a).

O art. 2º do Estatuto da Pessoa Idosa (Lei n. 10.741/2003) faz um importante destaque aos direitos fundamentais, de modo que toda a pessoa idosa goza de todos os direitos inerentes à pessoa humana.

> Art. 2º A pessoa idosa goza de todos os direitos fundamentais inerentes à pessoa humana, sem prejuízo da proteção integral de que trata esta Lei, assegurando-se-lhe, por lei ou por outros meios, todas as oportunidades e facilidades, para preservação de sua saúde física e mental e seu aperfeiçoamento moral, intelectual, espiritual e social, em condições de liberdade e dignidade. (Brasil, 2003a)

Ao assegurar à pessoa idosa todas as oportunidades e facilidades, bem como a preservação integral de sua saúde, esse estatuto implementa uma obrigação coletiva para que os direitos fundamentais da pessoa idosa sejam garantidos. Assim prevê o art. 3º da Lei n. 10.741/2003.

Art. 3º É obrigação da família, da comunidade, da sociedade e do poder público assegurar à pessoa idosa, com absoluta prioridade, a efetivação do direito à vida, à saúde, à alimentação, à educação, à cultura, ao esporte, ao lazer, ao trabalho, à cidadania, à liberdade, à dignidade, ao respeito e à convivência familiar e comunitária.

§ 1º A garantia de prioridade compreende:

I – atendimento preferencial imediato e individualizado junto aos órgãos públicos e privados prestadores de serviços à população;

II – preferência na formulação e na execução de políticas sociais públicas específicas;

III – destinação privilegiada de recursos públicos nas áreas relacionadas com a proteção à pessoa idosa;

IV – viabilização de formas alternativas de participação, ocupação e convívio da pessoa idosa com as demais gerações;

V – priorização do atendimento da pessoa idosa por sua própria família, em detrimento do atendimento asilar, exceto dos que não a possuam ou careçam de condições de manutenção da própria sobrevivência;

VI – capacitação e reciclagem dos recursos humanos nas áreas de geriatria e gerontologia e na prestação de serviços às pessoas idosas;

VII – estabelecimento de mecanismos que favoreçam a divulgação de informações de caráter educativo sobre os aspectos biopsicossociais de envelhecimento;

VIII – garantia de acesso à rede de serviços de saúde e de assistência social locais.

IX – prioridade no recebimento da restituição do Imposto de Renda. (Brasil, 2003a)

Do art. 8º ao art. 42 do Estatuto da Pessoa Idosa são contemplados os direitos fundamentais propriamente ditos à pessoa idosa, que são: direito à vida, direito à liberdade, direito ao respeito e à dignidade, direito a alimentos, à saúde, à educação, à cultura, ao esporte e lazer, direito à profissionalização e ao trabalho, à Previdência Social, à assistência social, à habitação e ao transporte.

Um importante apontamento ao ponto em que o estatuto destaca que o envelhecimento é um direito personalíssimo e sua proteção um direito social, de modo que "É obrigação do Estado, garantir à pessoa idosa a proteção à vida e à saúde, mediante efetivação de políticas sociais públicas que permitam um envelhecimento saudável" e digno (Lei n. 10.741/2003, art. 9º, Brasil, 2003a).

Enfim, percebemos que os direitos humanos da pessoa idosa estão ancorados em nossa legislação pátria, desde a nossa lei maior, que é a CF de 1988, até a legislação específica de proteção à pessoa idosa, que é nosso Estatuto da Pessoa Idosa.

## 3.4.4 Política Nacional de Habitação (PNH)

Em 2005, o governo federal publicou a Lei n. 11.124, de 16 de junho de 2005 (Brasil, 2005a), a qual "Dispõe sobre o Sistema Nacional de Habitação de Interesse Social – SNHIS, cria o Fundo

Nacional de Habitação de Interesse Social – FNHIS e institui o Conselho Gestor do FNHIS".

O art. 2º da Lei n. 11.124/2005 apresentou os objetivos da PNH, que são:

> I – viabilizar para a população de menor renda o acesso à terra urbanizada e à habitação digna e sustentável;
>
> II – implementar políticas e programas de investimentos e subsídios, promovendo e viabilizando o acesso à habitação voltada à população de menor renda; e
>
> III – articular, compatibilizar, acompanhar e apoiar a atuação das instituições e órgãos que desempenham funções no setor da habitação.

Contudo, a principal finalidade da PNH foi a busca pela retomada do processo de planejamento do setor habitacional com vistas a garantir novas condições institucionais para promover o acesso à moradia digna a todos os segmentos da população.

## 3.4.5 Política Nacional de Saúde da Pessoa Idosa (PNSPI)

Em 2006, o Ministério da Saúde publicou a Portaria n. 2.528, de 19 de outubro de 2006 (Brasil, 2006b), a qual aprovou a PNSPI. Segundo esse documento, a finalidade dessa política é:

> recuperar, manter e promover a autonomia e a independência dos indivíduos idosos, direcionando medidas coletivas e individuais de saúde para esse fim, em consonância com os princípios e diretrizes do Sistema Único de Saúde [SUS]. É alvo

dessa política todo cidadão e cidadã brasileiros com 60 anos ou mais de idade.

A PNSPI enfatiza que o Brasil envelhece de maneira rápida e intensa e, a cada ano, aproximadamente 650 mil pessoas se tornam idosas, fator que repercute na área da saúde com relação à necessidade de (re)organizar os modelos assistenciais (IBGE, 2020).

Vejamos a seguir as diretrizes da PNSPI:

a. promoção do envelhecimento ativo e saudável;b) atenção integral, integrada à saúde da pessoa idosa;
b. estímulo às ações intersetoriais, visando à integralidade da atenção;
c. provimento de recursos capazes de assegurar qualidade da atenção à saúde da pessoa idosa;
d. estímulo à participação e fortalecimento do controle social;
e. formação e educação permanente dos profissionais de saúde do SUS na área de saúde da pessoa idosa;
f. divulgação e informação sobre a Política Nacional de Saúde da Pessoa Idosa para profissionais de saúde, gestores e usuários do SUS;
g. promoção de cooperação nacional e internacional das experiências na atenção à saúde da pessoa idosa; e
h. apoio ao desenvolvimento de estudos e pesquisas.

Portanto, de acordo com a política em destaque, as diretrizes definidas implicam o desenvolvimento de um amplo conjunto de ações, que requerem o compartilhamento de responsabilidades com outros setores.

Observe a figura a seguir.

Figura 3.4 – Políticas sociais das políticas públicas

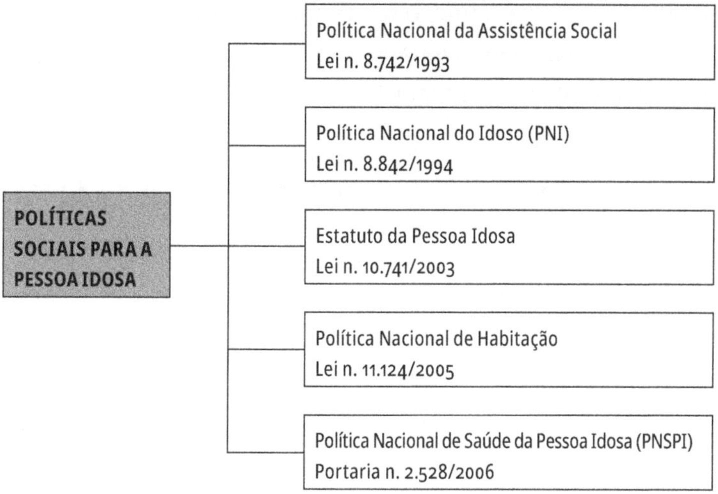

**POLÍTICAS SOCIAIS PARA A PESSOA IDOSA**
- Política Nacional da Assistência Social
  Lei n. 8.742/1993
- Política Nacional do Idoso (PNI)
  Lei n. 8.842/1994
- Estatuto da Pessoa Idosa
  Lei n. 10.741/2003
- Política Nacional de Habitação
  Lei n. 11.124/2005
- Política Nacional de Saúde da Pessoa Idosa (PNSPI)
  Portaria n. 2.528/2006

Agora que já conhecemos as políticas voltadas para as pessoas idosas, vejamos a seguir os desafios políticos e sociais para essa população no Brasil.

## 3.5 Desafios políticos e sociais para a população idosa no Brasil

Diante dos diversos assuntos inerentes à política social da pessoa idosa, ao aprofundarmos nosso conhecimento acerca do envelhecimento da pessoa idosa, é importante destacar que esse grupo necessita de políticas públicas considerando sua vulnerabilidade e suas necessidades peculiares à idade e, portanto, segundo Braga et al. (2008), são necessários dados que transmitam entendimento a respeito do envelhecimento e das dificuldades encontradas para que se desenvolvam intervenções adequadas à velhice.

Então, quais são os desafios para um envelhecimento digno e saudável? Vejamos a seguir.

## 3.5.1 Propostas da Década do Envelhecimento Saudável nas Américas (2021-2030)

Em 2020, a ONU declarou a Década do Envelhecimento Saudável nas Américas (2021-2030) como estratégia para alcançar e apoiar ações de construção de uma sociedade para todas as idades. É uma iniciativa global que "reúne os esforços dos governos, da sociedade civil, das agências internacionais, das equipas profissionais, da academia, dos meios de comunicação e do setor privado para melhorar a vida das pessoas idosas, de suas famílias e de suas comunidades" (OPAS, 2023b).

Essa estratégia tem quatro áreas de atuação da década, indicadas na figura a seguir.

Figura 3.5 – As quatro áreas de ação da década do envelhecimento (2020-2030)

| 1 | 2 | 3 | 4 |
|---|---|---|---|
| Mudar a forma como pensamos, sentimos e agimos com relação à idade e ao envelhecimento. | Garantir que as comunidades promovam as capacidades das pessoas idosas. | Entregar serviços de cuidados integrados e de atenção primária à saúde centrados na pessoa e adequados à pessoa idosa. | Propiciar o acesso a cuidados de longo prazo às pessoas idosas que necessitem. |

Fonte: OPAS, 2023b.

Agora, vamos conhecer os desafios de cada uma dessas áreas? É importante deixar expresso que em cada um desses pilares há propostas para serem atingidas e que movimentam todo o mundo!

**Área de ação I: Mudar a forma como pensamos, sentimos e agimos com relação à idade e ao envelhecimento**

Não obstante as contribuições e obras que as pessoas idosas realizam e já realizaram para suas comunidades e seus familiares, há ainda inúmeros estereótipos (como pensamos), preconceito (como nos sentimos) e discriminação (como agimos) com relação às pessoas de acordo com sua idade, de modo que a discriminação por idade afeta pessoas de todas as faixas etárias, mas tem efeitos prejudiciais especialmente na saúde e no bem-estar das pessoas idosas (OPAS, 2023a).

Visando à proteção da pessoa idosa, a Assembleia-Geral da Organização dos Estados Americanos (OEA), juntamente do apoio da Organização Pan-Americana da Saúde (OPAS) e da Organização Mundial de Saúde (OMS), aprovou, no ano de 2015, a Convenção Interamericana sobre a Proteção dos Direitos Humanos dos Idosos, a qual defende especificamente a importância de garantir:

- a independência e a autonomia das pessoas idosas;
- o consentimento informado em relação à saúde;
- o reconhecimento igualitário da lei;
- a seguridade social, a acessibilidade e a mobilidade pessoal;
- muitos outros direitos humanos fundamentais.

Em 2022, o órgão do Ministério Público Federal denominado Procuradoria Federal dos Direitos do Cidadão (PFDC) solicitou à Câmara dos Deputados a urgência na aprovação do Projeto de Decreto Legislativo n. 863/2017, pois esse projeto trata da internalização da Convenção Interamericana sobre a Proteção dos Direitos Humanos dos Idosos, assim, além de a convenção promover nacionalmente a implementação de políticas públicas voltadas para a pessoa idosa, certamente norteará a definição das responsabilidades dos Estados, fortalecendo a inclusão, a integração e a participação da pessoa idosa na sociedade por meio do fomento à promoção de iniciativas que garantam a autonomia, a mobilidade, o acesso à informação e aos serviços, a segurança e a saúde preventiva (MPF, 2022).

Portanto, o desafio é o Congresso Nacional aprovar a Convenção Interamericana sobre a Proteção dos Direitos Humanos dos Idosos, pois a adoção dessa convenção promove os compromissos econômico, social, político, educacional e cultural às pessoas idosas, e, dessa forma, é mister que "os marcos legais em todo o mundo promovam e protejam ainda mais a população idosa vulnerável e em rápida expansão em seus respectivos países" (OPAS, 2023a).

## Área de ação II: Garantir que as comunidades promovam as capacidades das pessoas idosas

Nessa área, são contemplados os ambientes rurais e urbanos, sejam físicos, sejam sociais e econômicos, os quais, segundo a OPAS (2023a), são fundamentais e decisivos para um do envelhecimento saudável, pois esses ambientes exercem grande influência no processo de envelhecimento.

É notório que, em ambientes em que as pessoas idosas se conhecem e firmam laços de amizade, elas se sentem mais acomodadas, mais à vontade, e isso reflete positivamente em diversas áreas de sua vida, proporcionando melhores condições de crescer, viver, trabalhar, brincar e envelhecer. Assim, uma comunidade amigável é benéfica à pessoa idosa e lugar melhor para todas as pessoas e idades (OPAS, 2023a).

Segundo a OPAS, apenas no ano de 2019, foram adicionadas pela Rede Global da OMS de Cidades e Comunidades Amigas das Pessoas Idosas 186 comunidades das Américas. Atualmente, as Américas têm mais comunidades aprovadas na rede do que qualquer região, de modo que elas representam mais da 50% de todas as comunidades membros em todo o mundo (OPAS, 2023a).

O desafio de aderir à rede não significa apenas ter um título de cidade amiga, mas conjectura com o compromisso das cidades em escutar as necessidades de sua população envelhecida, avaliar e monitorar a acessibilidade de suas instalações e trabalhar com as pessoas idosas de maneira colaborativa, bem como criar ambientes físicos e sociais amigáveis à pessoa idosa, como compartilhar experiências, conquistas e lições que são exemplos a serem seguidos por outras comunidades (OPAS, 2023a).

## Áreas de ação III: Entregar serviços de cuidados integrados e de atenção primária à saúde centrados na pessoa e adequados à pessoa idosa

Conforme a OPAS (2023a), os sistemas de saúde devem estar preparados para oferecer uma assistência de saúde apropriada e de qualidade às pessoas idosas, procurando unificar os setores saúde e social em uma abordagem focada na pessoa, além da implantação de serviços voltados à manutenção e melhoria da capacidade funcional, o que se mostra eficaz para se conseguir alcançar um envelhecimento saudável.

Definida como os "atributos relacionados à saúde que permitem que as pessoas sejam e façam aquilo que valorizam", essa capacidade funcional consiste na "capacidade intrínseca do indivíduo, que é definida como 'todas as habilidades físicas e mentais das quais um indivíduo dispõe', do ambiente do indivíduo e das interações entre esses dois componentes" (OPAS, 2023a).

Sendo assim, a OPAS criou e disponibilizou um curso virtual intitulado "Acreditação Internacional de Competências para Atenção à Saúde da Pessoa Idosa (ACAPEM)" exclusivo para profissionais de saúde da atenção primária. O referido curso ACAPEM-B abrange os seguintes tópicos:

- Mudando os cuidados das pessoas idosas;
- Avaliação Geriátrica Ampla na Atenção à Saúde da Pessoa Idosa;
- Critérios para Intervenção em Saúde nas Pessoas Idosas; [...]
- Otimizando a Atenção em Saúde nos Pacientes Idosos. (OPAS, 2023a)

O desafio é capacitar ainda mais os profissionais de saúde para um atendimento adequado às pessoas idosas, de modo que haja efetivamente acesso ao sistema de saúde, bem como atendimento das reais demandas das pessoas idosas, além do desenvolvimento de programas que traduzam ações de promoção de saúde, prevenção de doenças e reabilitação de processos de adoecimento, para enfim alcançar a qualidade de vida.

## Áreas de ação IV: Propiciar o acesso a cuidados de longo prazo às pessoas idosas que necessitem

A origem das instituições de longa permanência teve como precedentes o que já chamamos de *asilos*, que eram locais geralmente administrados pelas instituições religiosas, exatamente pela ausência de uma política pública.

Hoje, a configuração que temos é, caso haja necessidade de institucionalização de uma pessoa idosa, em razão da ausência de vínculo familiar, ou se encontre em situação de abandono ou sem condições de prover sua própria subsistência (alimentação, saúde, convívio social), essa pessoa será encaminhada para a modalidade asilar de longa permanência, as Instituições Longa Permanência para Idosos (ILPIs).

Segundo Camarano e Kanso (2010), há no Brasil mais de 3 mil ILPIs, das quais aproximadamente 65% são de natureza filantrópica, e pouco mais de 6,5% são de natureza pública.

O desafio é que a pessoa idosa tenha acesso a um atendimento de longo prazo de boa qualidade dentro dessas instituições, sendo essencial a manutenção da capacidade funcional, o desfrutar dos direitos humanos básicos e o viver com dignidade (OPAS, 2023a).

## 3.5.2 Desafios para o cumprimento das leis

Oportunamente, é imprescindível destacar o papel da CF de 1988, a qual foi pioneira em apresentar em seu texto o Título VIII, que trata *Da Ordem Social*, momento que se versa sobre seguridade social, saúde, Previdência Social, assistência social etc., com destaque ao Capítulo VII, que trata da família, da criança, do adolescente, do jovem e da pessoa idosa, em seu art. 230, que "A família, a sociedade e o Estado têm o dever de amparar as pessoas idosas, assegurando sua participação na comunidade, defendendo sua dignidade e bem-estar e garantindo-lhes o direito à vida" (Brasil, 1988a).

Outro importante documento voltado para a proteção dos direitos da pessoa idosa foi o Estatuto da Pessoa Idosa, Lei n. 10.741/2003, o qual trouxe novas regras processuais com a definição de crimes e penalidades.

Esses importantes instrumentos trouxeram novas perspectivas para uma velhice amparada e protegida dentro da lei. No entanto, um dos desafios é tornar o Estatuto da Pessoa Idosa conhecido pelas pessoas, pois ele ainda é desconhecido por grande parte da população brasileira (Braga et al., 2008).

## 3.5.3 Desafios da Previdência Social

Você saberia dizer quantas reformas da Previdência Social já ocorreram? Desde a CF de 1988, foram sete reformas, sendo a primeira delas em 1993, com a Emenda Constitucional n. 3, de 17 de março de 1993 (Brasil, 1993a), que estabeleceu a contribuição previdenciária de servidores públicos, e a mais recente foi em 2019, com a Emenda Constitucional n. 103, de 12 de novembro de

2019 (Brasil, 2019b), que extinguiu a aposentadoria por tempo de contribuição e elevou a idade mínima para homens e mulheres.

As possíveis justificativas dessa última reforma estão atreladas ao envelhecimento da população e ao déficit do sistema previdenciário[3], segundo a Agência Senado (2023), há mais de um século atrás havia treze indivíduos em idade ativa para cada pessoa idosa, hoje a proporção é de quatro para um.

Assim, o desafio da Previdência Social está em manter seu sistema de repartição e aprimorá-lo, reinventá-lo dentro de sua própria natureza, de modo que o Estado depende da redução de suas despesas de custeio (Felix, 2012).

### 3.5.4 Desafio para a moradia

Segundo o art. 6º da CF de 1988, a moradia é um direito social, o qual é fundamental para a dignidade da pessoa humana. Para Stefaniak (2010), o direito à moradia vai além do direito do cidadão de se fixar em uma propriedade, pois a moradia é uma condição básica que favorece qualidade de vida e segurança à pessoa.

De acordo com Monteiro et al. (2017), para que uma moradia seja considerada ideal, vários aspectos devem ser considerados, por exemplo, a subjetividade e a preservação da identidade de cada um com as diferentes etnias, culturas e experiências de vida.

Assim, independentemente do aspecto físico do local, o importante é o respeito quanto à necessidade da pessoa idosa e seu sentimento de pertencimento à moradia, para que se sinta

---

3   Segundo informações obtidas na página da Agência Senado (2023), em 1945, o Brasil tinha apenas 200 mil aposentados, atualmente, tem cerca de 19 milhões, e conforme o último *Boletim Estatístico da Previdência Social*, o número de benefícios pagos em novembro de 2022 – incluindo aposentadorias, auxílios e pensões – superou os 37,5 milhões.

acolhida no local e possa criar e fortalecer o vínculo com as outras pessoas de seu convívio; além disso, se necessário for, a moradia deve passar por ajustes em seus ambientes físicos, a fim de atender à necessidade individual de cada pessoa idosa (Monteiro et al., 2017).

Outro olhar sobre essa temática diz respeito às políticas habitacionais para as pessoas idosas. Embora tais políticas dependam da vontade dos poderes Executivo e Judiciário, é importante que os agentes políticos priorizem os planos diretores das cidades, os quais devem estabelecer metas para que os investimentos públicos estejam ajustados com a questão do envelhecimento populacional (Gandini; Barione; Souza, 2012).

## 3.5.5 Desafio na área da saúde

É sabido que muitas ações de promoção da saúde de pessoas idosas ocorrem em todo o Brasil, especialmente por intermédio do SUS. Em seu estudo, Schenker e Costa (2019, p. 1.374) destacam que o principal desafio enfrentado por uma equipe da Estratégia Saúde da Família (ESF) é o estabelecimento de uma conexão com a pessoa idosa, de modo que o vínculo criado tenha como base relações de afetividade e confiança capazes de gerar um potencial terapêutico.

Assim, um dos desafios na atenção à pessoa idosa é oferecer oportunidades para que ela possa redescobrir possibilidades de viver com a máxima qualidade, mesmo que as limitações progressivamente possam ocorrer (Brasil, 2006c).

Sob outro ponto de vista, que diz respeito às políticas públicas de saúde para as pessoas, segundo Veras (2016), já existe maior procura das pessoas idosas pelos serviços de saúde, bem como essa população apresenta características peculiares, como:

internamentos hospitalares frequentes, tempo de ocupação de leito maior, maior carga de doenças e, que consequentemente, geram mais incapacidades.

Assim, o desafio na área da saúde está, segundo Almeida et al. (2020, p. 2.214), na "reconfiguração dos serviços, com readequação da oferta e qualificação de recursos humanos, garantindo acesso para atendimento das necessidades de saúde dessa população", afinal de contas, o envelhecimento rápido, quando comparado aos países mais desenvolvidos, traz essa urgência em alterações nas políticas públicas, uma vez que as pessoas idosas são usuárias com constância no sistema de saúde.

### 3.5.6 Desafio no mercado de trabalho

Ultimamente, o trabalho realizado pela pessoa idosa tem aumentado no Brasil. Segundo dados da Pesquisa Nacional por Amostra de Domicílios Contínua (PNAD-Contínua), do IBGE, são mais de 7,5 milhões de pessoas idosas que estão trabalhando e o número crescente de pessoas idosas que necessitam ou desejam continuar ativas no mercado de trabalho é uma realidade (Ramos; Sousa; Caldas, citados por Fernandes-Eloi et al., 2019).

O Estatuto da Pessoa Idosa (Lei n. 10.741/2003) já garante às pessoas idosas o direito ao exercício da atividade profissional, respeitadas suas condições físicas, intelectuais e psíquicas, proibindo a discriminação e a fixação de limite máximo de idade, exceto quando o cargo exigir.

Portanto, é fundamental a discussão da necessidade de se construir estratégias inclusivas específicas para a pessoa idosa no contexto do mercado de trabalho (Fernandes-Eloi et al., 2019).

## 3.5.7 Desafio para o fortalecimento dos direitos da pessoa idosa

Outro desafio relevante foi apresentado pela Secretaria Nacional de Promoção e Defesa dos Direitos da Pessoa Idosa (SNDPI), órgão ligado ao Ministério dos Direitos Humanos e da Cidadania do Governo Federal e que, em 2021, propôs o Pacto Nacional dos Direitos da Pessoa Idosa (PNDPI), uma política que visa ao fortalecimento dos direitos da pessoa idosa, com o objetivo geral de "assumir um compromisso formal entre os governos federal, estadual e municipal, de implementarem as principais políticas públicas que visam à promoção e à defesa dos direitos das pessoas idosas" (Brasil, 2021b).

O PNDPI apresentou as seguintes propostas:

- Difundir a Política Nacional dos Direitos da Pessoa Idosa, em especial o Estatuto do Idoso, em território nacional;
- Ampliar o número de Conselhos dos Direitos das Pessoas Idosas;
- Reduzir o índice de violência contra a pessoa idosa;
- A criação do Fundo Estadual e Municipal do Idoso; e
- A criação da Rede de Cuidados e Proteção. (Brasil, 2021b)

E assim, segundo Chiarelli e Batistoni (2022), para que as premissas globais e as iniciativas nacionais possam ser alcançadas, faz-se necessário um planejamento acerca das características da população idosa brasileira e o desenvolvimento de ações que produzam benefícios reais, a fim de que, atuando em harmonia, os diversos níveis de governos promovam ações assertivas.

## Síntese

Em razão do aumento da população idosa, a sociedade como um todo se debruça em prol de condições para um envelhecer saudável, e para isso ocorrer depende-se de determinantes sociais, econômicos e culturais nas quais a pessoa idosa está inserida, pois o envelhecimento é um direito personalíssimo e sua proteção um direito social, conforme preconiza o Estatuto da Pessoa Idosa.

Um importante marco dos direitos humanos foi a DUDH, a qual proporcionou a expansão do processo de generalização da promoção e proteção aos direitos humanos no século XX, e mesmo não sendo considerada um tratado internacional, segundo Piovesan (2018), tem força jurídica obrigatória e vinculante por se constituir na interpretação autorizada da expressão *direitos humanos*, de modo que os direitos fundamentais da pessoa idosa são assegurados pela legislação brasileira.

Outro fator imprescindível é a criação de políticas públicas, se que trata da aplicação de ações e programas que são desenvolvidos pelo Estado para garantir os direitos previstos na CF de 1988 e em outras leis; e assim seja possível refletir que políticas públicas para a pessoa idosa devem ser uma prioridade.

Contudo, ressaltamos que a população idosa tem diversos desafios políticos e sociais e, segundo a Década do Envelhecimento Saudável nas Américas (2021-2030) declarada pela ONU, quatro ações devem ser alcançadas, que são: mudar a forma como se pensa, sente ou age com relação à idade e ao envelhecimento, garantir que as comunidades promovam a capacidade das pessoas idosas, entregar serviços de cuidados integrados e de atenção primária à saúde, bem como propiciar acesso a cuidados de longo prazo às pessoas idosas.

Além dos desafios apontados pela ONU, outros desafios precisam ser superados, como a observância e o cumprimento das leis que amparam e protegem a pessoa idosa, o aprimoramento e a manutenção do sistema de Previdência Social, o acolhimento da pessoa idosa em uma moradia na qual ela se sinta acolhida e pertencente ao local, a disponibilidade de um serviço de saúde adequado e qualificado para essa população, uma reconstrução do mercado de trabalho para que apresente estratégias inclusivas especificas para a pessoa idosa e, por fim, o desafio para que os direitos da pessoa idosa seja fortalecido com a implementação de políticas públicas que visam à promoção e à defesa dos direitos das pessoas idosas.

Finalmente, que as políticas sociais para a pessoa idosa no Brasil sejam, de fato, implementadas, e que essa parcela da população possa ser cuidada e dignificada.

## Questões para revisão

1. Segundo Birren e Birren (1990), um dos primeiros trabalhos realizados sobre a psicologia do desenvolvimento durante o envelhecimento foi publicado no ano de 1922 por G. S. Hall, intitulado *Senecense: the second half of life*, que significa *Senecência: a segunda metade da vida*. De que tratou essa publicação?
   a) Questões psicológicas, biológicas, físicas, médicas, históricas, literárias e comportamentais.
   b) Questões integrativas, fisiológicas, sobre bem-estar, médicas, históricas e comportamentais.
   c) Questões culturais, hereditárias, físicas e procedimentais.
   d) Questões físicas, fisiológicas, bem-estar e médicas.
   e) Questões psiquiátricas, culturais, históricas e hereditárias.

2. É interessante destacar que a DUDH é tecnicamente uma resolução, por isso é um documento considerado apenas uma recomendação, não lhe sendo conferida força jurídica vinculante, como se fosse um tratado internacional (Oliveira, 2016). Para Flávia Piovesan (2013), mesmo não sendo um tratado, qual a força da DUDH?
   a) Força jurídica obrigatória e desvinculante.
   b) Força jurídica não obrigatória.
   c) Força jurídica obrigatória e vinculante.
   d) Força jurídica não vinculante.
   e) Não tem força jurídica.

3. Em 1964, Theodor Lowi (1964) desenvolveu a tipologia sobre política pública, propondo quatro formatos de acordo com as arenas de inserção. Quais foram os quatro formatos propostos?
   a) Políticas comportamentais, políticas públicas, políticas de categorias e políticas municipais.
   b) Políticas de Estado, políticas de governo, políticas inclusivas e políticas de aproximação.
   c) Políticas municipais, políticas estaduais, políticas federais e políticas de governo.
   d) Políticas inclusivas, políticas de governo, políticas de concentração e políticas públicas.
   e) Políticas distributivas, políticas regulatórias, políticas redistributivas e políticas constitutivas.

4. Como Lima (2010, p. 14) considera o processo de envelhecimento humano?

5. Quanto ao desafio para o fortalecimento dos direitos da pessoa idosa, quais foram as propostas apresentadas pelo PNDPI?

# Questões para reflexão

1. É sabido que os direitos humanos são os direitos essenciais a todos os seres humanos, assim, é importante destacar que a DUDH é tecnicamente uma resolução e, como tal, segundo Oliveira (2016), é um documento considerado apenas uma recomendação, não lhe sendo conferida força jurídica vinculante, como se fosse um tratado internacional. No entanto, Piovesan (2013) apresenta um entendimento diferente de Oliveira. Descreva qual é o entendimento de Piovesan no que se refere à DUDH.

2. Quando se destaca o conceito *política pública*, verificamos que a origem como área de conhecimento e disciplina acadêmica se deu nos Estados Unidos e teve quatro fundadores: Laswell (1936), Simon (1957), Lindblom (1959;1979) e Easton (1965). Discorra sobre o conceito de racionalidade criado por Simon (1957).

**Capítulo 4**
# Políticas de seguridade social

Maria Caroline Waldrigues

Adriane Bührer Baglioli Brun

## Conteúdos do capítulo:

- Trajetória do sistema brasileiro de proteção social e da Previdência Social.
- Processo de construção do sistema brasileiro de proteção social e da Previdência Social.
- Financiamento previdenciário.
- Política de saúde à pessoa idosa.
- Política Nacional de Assistência Social (PNAS) e os direitos sociais.

## Após o estudo deste capítulo, você será capaz de:

1. acompanhar a trajetória da proteção social e da Previdência Social a partir das primeiras iniciativas, seus princípios e objetivos;
2. identificar os sistemas e regimes da Previdência Social e sua estrutura administrativa, bem como conhecer a legislação que dispõe sobre a organização da seguridade social e o tripé: previdência, saúde e assistência social e os planos de benefícios da Previdência Social;
3. abordar conceitos básicos sobre os benefícios previdenciários, as aposentadorias, a pensão por morte e o auxílio-reclusão, assim como fatores, regras e critérios de acesso;
4. elencar as responsabilidades e as tecnologias de informação e ações da Previdência Social;
5. contextualizar a Política Nacional de Assistência Social (PNAS) e sua tipificação no atendimento da pessoa idosa.

Vamos abordar, neste capítulo, o sistema de proteção social brasileiro, especificamente o sistema previdenciário, sua forma de organização, seus princípios, seus objetivos e sua operacionalização. No entanto, para que possamos avançar nas especificidades, é necessário contextualizar os fundamentos da política social considerando as relações sociais da sociedade capitalista, o que envolve a luta de classes.

## 4.1 Trajetória da proteção social e da Previdência Social a partir das primeiras iniciativas, de seus princípios e de seus objetivos

O estudo das políticas sociais deve considerar suas várias determinações: histórica, política, econômica, cultural e social. Do ponto de vista histórico, seu surgimento está estreitamente relacionado com a questão social e suas diversas expressões, como a pobreza e o desemprego, fatores esses determinantes para sua origem. Dito isso, no fator econômico, as políticas sociais assumem um caráter regulador de produção e reprodução da vida das pessoas e, na perspectiva política, "Preocupa-se em reconhecer e identificar as posições tomadas pelas forças políticas em confronto, desde o papel do Estado até a atuação de grupos que constituem as classes sociais e cuja ação é determinada pelos interesses da classe em que se situam" (Behring; Boschetti, 2011, p. 43).

Todos esses elementos são fundamentais para que se possa compreender a articulação das determinações historicamente construídas da política social e como as dimensões se alteram e se reconfiguram com a própria dinâmica da vida social.

Outra análise importante neste contexto é compreender o papel do Estado na regulamentação, implementação e relação das políticas sociais com os interesses junto às classes sociais e à política econômica do país. Considerando que a política econômica é responsável pela destinação dos recursos, investimentos para a ampliação e regulação dos direitos sociais da classe trabalhadora e por atender às exigências dos órgãos internacionais, há de se considerar os interesses que se beneficiam com as ações do Estado.

Existe ainda, na sociedade, a polaridade na figura dos sujeitos em relação às classes sociais que ocupam e às suas ideologias, o que pode impactar o resultado das políticas sociais vigentes. Nesse conjunto de elementos que norteiam a dinâmica das políticas sociais e o próprio sistema de proteção social, vale ressaltar a dimensão cultural "que está relacionada à política, considerando que os sujeitos políticos são portadores de valores e do *ethos*[1] de seu tempo" (Behring; Boschetti, 2011, p. 45).

Isso significa dizer que a dimensão cultural parte de valores de aspectos morais de grupos societários, os quais divergem e, em alguns momentos, são fortemente influenciados por vertentes ideológicas, como as liberais e neoliberais, culpabilizando as pessoas pela sua condição de vulnerabilidade, como a pobreza.

Quando pensamos no sistema de proteção social, estamos nos referindo a um conjunto de ações para atender às demandas sociais, principalmente agravadas pelo processo da Revolução Industrial e pelo aumento do número de pessoas pobres a partir do século XVIII.

---

1 *"Ethos* é uma palavra com origem grega, que significa '**caráter moral**'. É usada para descrever o conjunto de **hábitos ou crenças** que definem uma comunidade ou nação" (Behring; Boschetti, 2011, p. 46, grifo nosso).

Aqui, vamos trazer alguns componentes da história mundial para contextualizar o sistema de proteção social até chegarmos no Brasil, visto a forte influência evidenciada no modelo brasileiro. Historicamente, tivemos algumas iniciativas de Estado para a proteção social mínima, como na Inglaterra, em 1975, conhecida como *Speenhamland Law*, com caráter de abono salarial; reconhecendo o direito a um mínimo de subsistência às pessoas, a base do valor estava relacionada ao preço do pão (Pereira, 2011).

A lei assegurava aos empregados ou desempregados a assistência social, concedendo o abono para os que recebessem abaixo dos rendimentos estabelecidos, mas proibia a mobilidade do trabalhador para outras cidades (Pereira, 2011).

Assim, considera-se que, no período da industrialização e com o crescimento desordenado das cidades, o índice de pobreza e miséria era altíssimo. A *Speenhamland Law* sucede à Lei dos Pobres (*PoorLaw*), que tinha como caráter a gestão da pobreza de maneira punitiva e coercitiva: todas as pessoas eram obrigadas a trabalhar, era proibido a mendicância e um conjunto de medidas severas e autoritárias foram instituídas.

Com o avanço do processo de industrialização, a força de trabalho era um suprimento necessário para a expansão capitalista, a *Speenhamland Law* "Proclamava o princípio que nenhum homem precisava temer a fome porque a paróquia o sustentaria e à sua família por menos que ganhasse [...] foi duramente criticada a partir do final do século XVIII, por constituir um incômodo obstáculo à formação de um proletariado industrial" (Pereira, 2011, p. 105).

A partir desse contexto, instituiu-se a Nova Lei dos Pobres de 1834, com uma proposta mais liberal, abolindo a proibição de mobilidade e a servidão paroquial. Assim, as relações de trabalho tornam-se competitivas e impõe-se um imperativo de liberdade nas negociações da venda da força de trabalho entre o proletariado e seu empregador, cada vez mais explorado e desprotegido pelo Estado (Pereira, 2011).

Esse novo ordenamento social, conhecido como *liberal*, cria como diz Polanyi, citado por Pereira (2011, p. 106), "condições para a construção de uma sociedade favorável ao desenvolvimento e consolidação de uma economia de mercado e para o confronto ideológico, de cunho moralista, entre assistência social e trabalho". Dessa feita, para os liberais, a proteção social reconhecida por lei estimulava a pobreza, visto considerarem a tutela do Estado paternalista e nociva à liberdade individual.

Os princípios liberais que embasavam a retórica sobre a não intervenção estatal por meio de políticas sociais eram, segundo Behring e Boschetti (2011): o predomínio do individualismo; o bem-estar individual maximiza o bem-estar coletivo; o predomínio da liberdade e competitividade; a naturalização da miséria; o predomínio da lei da necessidade; a manutenção de um Estado mínimo; as políticas sociais estimulam o ócio e o desperdício; a política social deve ser um paliativo.

Considerando as relações sociais e seus interesses, a classe trabalhadora se mobiliza para alterar a lógica liberal, conseguindo, a partir do final do século XIX e início do século XX, que algumas demandas fossem incorporadas às agendas pautadas "na luta pela emancipação humana, na socialização da riqueza e na instituição de uma sociabilidade não capitalista, [...] direito ao voto, organização de sindicatos e partidos e livre expressão e manifestação" (Barbalet, citado por Behring; Boschetti, 2011, p. 64).

Com a organização do movimento dos trabalhadores e as pressões exercidas por meio de greves e dos sindicatos, os direitos sociais e políticos foram se reorganizando em uma relação tensionada pelos interesses antagônicos do Estado capitalista e do proletariado.

Uma das primeiras iniciativas de instituir medidas de políticas sociais com a lógica de seguro social foi na Alemanha, entre 1883 e 1889, com o chamado *modelo bismarkiano*, o qual atendia a uma camada de trabalhadores que contribuíam para as caixas de aposentadorias e caixas de seguro saúde e que garantia seguro de acidente de trabalho, seguro saúde e aposentadoria. Novamente destacamos que esse modelo foi implantado com o interesse de conter a massa de trabalhadores em suas reivindicações e na dimensão política, pois na época a Alemanha era o centro das ideias socialistas da social-democracia, o que preocupava o governo conservador de Otto von Bismarck (Pereira, 2011).

Já na Inglaterra, em 1942, temos o Plano Beveridge, que se distingue do modelo bismarkiano por ser unificado e universal, e considera o contingente de pessoas além dos trabalhadores, sendo um sistema de proteção social pautado no direito para a garantia das necessidades básicas. Assim, a partir desse contexto,

> foi possível definir e/ou aperfeiçoar projetos de política de seguridade social em três principais direções: a) estendendo a seu alcance, a fim de abranger pessoas excluídas da proteção social pública; b) ampliando os seus objetivos de cobertura de riscos e c) aumentando as taxas de benefícios. (Pereira, 2011, p. 18)

O Plano Beveridge foi um marco na seguridade social e na configuração dos modelos de proteção social em diversos países inclusive na América Latina, como Brasil, Argentina, Uruguai e Chile.

De acordo com o contexto histórico apresentado nesse breve apontamento sobre o sistema de proteção social, foi possível identificar as vertentes adotadas em cada período e que estão intrinsecamente relacionadas ao início do modo de produção capitalista, e sua consolidação, atrelado às relações sociais e tensões entre a classe trabalhadora e a burguesia. Assim segundo Vianna (2002), podemos considerar três modelos de proteção social conhecidos historicamente:

    a. **Pobreza como foco**: Num contexto de consolidação do modo de produção capitalista, a pobreza se tornou visível e passou a condicionar as ações governamentais por meio das chamadas *leis dos pobres*, que no fundo buscavam proteger a sociedade das ameaças representadas pela pobreza e pelos próprios pobres;

    b. **Foco no trabalho assalariado**: ações para fazer frente aos riscos sociais oriundos do trabalho assalariado tornaram-se predominantes no sistema de proteção social. Essa fase, que teve início a partir do modelo alemão bismarckiano (1880), cujo objetivo central era estabelecer o controle social, por parte dos estados nacionais, sobre o mundo do trabalho, porém sem sequer tocar nos problemas centrais da classe trabalhadora. [sic]

    c. **Do seguro para a seguridade social**: as reformas realizadas pelos países desenvolvidos em seus sistemas de proteção social no pós-guerra apontaram na direção da universalidade como mecanismo de construção da cidadania. A partir de sistemas públicos universais buscou-se garantir os direitos sociais de todos os cidadãos, naquilo que ficou conhecido como *Estado de bem-estar social*. (Vianna, 2002, p. 56, grifo do original)

Essa classificação dos modelos de proteção social se desdobram para outra análise, a da tipologia das ideologias políticas que ordenam o chamado *Estado de bem-estar-social* no mundo, a qual

Esping-Andersen (1995) categoriza em três grupos: (1) **modelo liberal** – com foco no trabalho, modelo em que o mercado assume o controle, busca atender as pessoas excluídas do processo econômico e a política social assume um caráter focalizado; (2) **modelo conservador** – com base na hierarquia social e consequentemente na divisão de classes, o foco não é diminuir as desigualdades e sim desmobilizar a classe trabalhadora, com políticas públicas limitadas; (3) **modelo social-democrata** – predomínio do Estado como agente de proteção social da garantia dos direitos de maneira universal e cidadã.

Neste momento, você pode estar se perguntando: E no Brasil, qual modelo foi adotado? Em qual período histórico? Temos o mesmo modelo na atualidade? Podemos afirmar que temos uma mescla dos modelos. Pereira (2011), com base nas contribuições de Esping-Andersen, coloca que no Brasil tivemos:

> Intervenções públicas tópicas e seletivas – próprias dos modelos liberais –; adoção de medidas autoritárias e desmobilizadoras dos conflitos sociais – típicas dos modelos conservadores –; e ainda estabelecimentos de esquemas universais e não contributivos de distribuição de benefícios e serviços – regime social-democratas. (Esping-Andersen, citado por Pereira, 2011, p. 127)

A autora ressalta, nos períodos históricos brasileiros, as práticas clientelistas, paternalistas e populistas. Até a consolidação da Constituição Federal de 1988 (Brasil, 1988a), muitos foram os caminhos percorridos no campo das políticas sociais, compreendendo as forças políticas, ideológicas, sociais e econômicas.

A primeira lei brasileira que tratou da Previdência Social foi a Lei Eloy Chaves, de janeiro de 1923, que cria a Caixa de Aposentadoria e Pensões por categorias de trabalhadores – os primeiros foram os ferroviários e os marítimos. O sistema público brasileiro teve início em 1933, com o Instituto de Aposentadorias e Pensões (IAPs) – embasado na lógica contributiva, assegura a cobertura como auxílio-doença, invalidez, morte e velhice. Contudo, somente teria direito quem contribuísse, incluindo nesse período o direito à saúde (Pereira, 2011).

O período da Era Vargas, com a promulgação da Constituição de 1937 (Brasil, 1937), demarca o reconhecimento das categorias de trabalhadores pelo Estado, sendo referendada a Consolidação das Leis Trabalhistas (CLT) de 1943, "que sela o modelo corporativista e fragmentado do reconhecimento dos direitos no Brasil, o que Santos (1987) caracterizou como 'cidadania reguladora'" (Behring; Boschetti, 2011, p. 108).

Houve, nos períodos subsequentes, tensões do movimento operário, dos sindicatos. O período de 1946 a 1964 foi marcado pela disputa de projetos societários, pela luta de classes e pelas propostas de um sistema previdenciário, como a Lei Orgânica da Previdência Social (LOPS) – Lei n. 3.807, de 26 de agosto de 1960 (Brasil, 1960), aprovada em 1960; já em 1966 tivemos a organização do Instituto Nacional de Previdência Social (INPS).

Os adventos históricos, como o suicídio de Vargas, a renúncia de Jânio Quadros e o golpe militar de 1964, diminuíram a expansão dos direitos sociais e da discussão das políticas sociais no Brasil. Somente após 20 anos, com a Assembleia Nacional Constituinte de 1987 e com a promulgação da Constituição Federal de 1988, o sistema de proteção social brasileiro foi ordenado no Capítulo II, *Dos direitos sociais*, como um direito do cidadão e um dever do Estado.

Contextualizada a trajetória da proteção social e da Previdência Social, podemos avançar para a análise da organização da seguridade social, bem como dos sistemas e regimes de Previdência Social.

## 4.2 O processo de construção do sistema brasileiro de proteção social previdenciário, normas legais e diretrizes

Vamos apresentar a política de seguridade social no Brasil após a Constituição Federal de 1988 com a intenção de identificar os sistemas e regimes da Previdência Social e sua estrutura administrativa, bem como de conhecer a legislação que dispõe sobre a organização da seguridade social e o tripé: previdência, saúde e assistência social e os regimes previdenciários.

O processo de redemocratização ocorrido no Brasil, a partir de 1987, articulou várias camadas da sociedade brasileira que, enaltecidas pelo compromisso com princípios democráticos e sociais, na garantia de uma Constituição Cidadã, pautada na igualdade, na liberdade e na justiça social, participaram e se organizaram para que os direitos sociais fossem assegurados.

Assim, o Capítulo II da Constituição de 1988 descreve os direitos sociais como:

> Art. 6º São direitos sociais a educação, a saúde, a alimentação, o trabalho, a moradia, o transporte, o lazer, a segurança, a previdência social, a proteção à maternidade e à infância, a assistência aos desamparados, na forma desta Constituição. (Brasil, 1988a)

Dessa forma, a seguridade social afiança aos brasileiros patamares mínimos de suas necessidades para a garantia da estabilidade na sociedade por meio dos direitos sociais. O art. 194 da Constituição de 1988 define:

Art. 194. A seguridade social compreende um conjunto integrado de ações de iniciativa dos Poderes Públicos e da sociedade, destinadas a assegurar os direitos relativos à saúde, à previdência e à assistência social. (Brasil, 1988a)

De acordo com Simões (2011, p. 105):

> A seguridade constitui, assim, uma instituição político-estatal, com a participação das entidades da sociedade civil, por meio de convênios ou consórcios administrativos com o Poder Público, com o objetivo da ação social que, na saúde, na previdência e na assistência social, assegure à população os denominados mínimos sociais.

Ainda se faz necessário considerar os princípios constitucionais para assegurar os objetivos e direitos da seguridade social, sendo eles os seguintes:

- **Universalização de cobertura e atendimento** – Garantia a todas as pessoas dos mínimos sociais[2], considerando a situação social prevista na igualdade formal: no entanto, estabelece as diferenças sociais por meio da seletividade.
- **Uniformidade e equivalência das prestações** – Benefícios e serviços devem ser iguais para toda a população, sem distinção urbana ou rural.
- **Seletividade e distributividade** – Delimita grupos sociais por requisitos, considerando o princípio da equidade, segundo o qual os desiguais devem ser tratados desigualmente, "exigindo da lei ordinária a discriminação das situações de

---

[2] Falar dos mínimos sociais, segundo Pereira (2011, p. 26), significa considerar um conceito controverso e duas perspectivas, a da "provisão de bens, serviços e direitos e as necessidades a serem providas, considerando as necessidades básicas (alimentação, saúde, segurança)".

desigualdade social para a outorga de benefícios e serviços mediante comprovação da necessidade" (Simões, 2011, p. 110), tornando assim seletivas por atender grupos sociais distintos e certos requisitos; já a "distributividade visa reduzir as desigualdades sociais e regionais" (Simões, 2011, p. 11) com intuito de universalizar a igualdade forma. Ambos os princípios são de redistribuição de renda.

- **Irredutibilidade dos valores dos benefícios** – Os valores dos benefícios não podem ser diminuídos, não será possível a redução do valor nominal de benefício da seguridade social.
- **Equidade na participação do custeio** – Todos os trabalhadores são responsáveis pelo custeio da seguridade social, considerando a proporcionalidade de sua renda.
- **Diversidade na base de financiamento** – O custeio que ocorre por meio de contribuições sociais não deve vir apenas de uma fonte, assim, trabalhadores, empresas ou pessoas físicas compõem esse grupo de contribuintes, os quais irão compor as dotações orçamentárias da União, dos estados e municípios e os respectivos fundos.
- **Participação da comunidade na gestão administrativa** – De extrema relevância política, a participação da sociedade civil na gestão administrativa por meio dos conselhos de direito. O art. 194 da Constituição de 1988, inciso VII do parágrafo único, estabelece um dos objetivos da seguridade social: "VII – caráter democrático e descentralizado da administração, mediante gestão quadripartite, com a participação dos trabalhadores, dos empregadores, dos aposentados e do Governo nos órgãos colegiados" (Brasil, 1988a).

Esse conjunto de direitos da seguridade social deve ser compreendido considerando algumas particularidades quanto ao seu acesso: a assistência social é um direito universal, não contributivo e, segundo o art. 203 da Constituição de 1988, "será prestada a quem dela necessitar, independentemente da contribuição", garantindo os mínimos sociais (Brasil, 1988a).

Desse modo, propõe-se uma reflexão necessária, visto o contingente de pessoas em vulnerabilidades sociais demandadas pelo processo de desigualdade social típico da sociedade de classes, advindos das relações sociais do sistema capitalista. Desse modo, pode-se afirmar que a política de assistência social consegue atender na integralidade os direitos sociais de quem dela necessita? Essa necessidade básica descrita na LOAS (Lei Orgânica da Assistência Social) – Lei n. 8.742, de 7 de dezembro de 1993 (Brasil, 1993b) – é uma forma de controle social do Estado para manter a ordem social?

Essas são algumas provocações para que seja possível pensar o direito à assistência social como uma forma cidadã e emancipatória, e não como uma forma de humanizar o capital.

Outro direito fundamental que compõe a seguridade social é o direito à saúde, de caráter universal e não contributivo, segundo o art. 196 da Constituição de 1988:

> Art. 196. A saúde é direito de todos e dever do Estado, garantido mediante políticas sociais e econômicas que visem à redução do risco de doença e de outros agravos e ao acesso universal e igualitário às ações e serviços para sua promoção, proteção e recuperação. (Brasil, 1988a)

Antes da Constituição de 1988, a saúde priorizava o atendimento do trabalhador, com intuito de manter e perpetuar os interesses econômicos para assegurar os meios de produção e acelerar o processo de industrialização.

A partir dos preceitos constitucionais, a saúde passou a ser organizada por meio do Sistema Único de Saúde (SUS), instituição que, por seu caráter hierarquizado, regionalizado e descentralizado, deve assegurar o atendimento integral a toda população. Para tanto, é necessária a organização de políticas públicas que abranjam programas, projetos e ações voltados para a vigilância sanitária e epidemiológica da saúde do trabalhador e a assistência terapêutica integral com acesso a medicamentos.

Mesmo com toda essa organização, podemos afirmar que o SUS alcança efetividade para o acesso universal dos direitos do cidadão nos estados e municípios? Os recursos públicos são empregados na forma da garantia desse direito social? Como a sociedade civil, por meio dos Conselhos Municipais de Saúde, pode exercer o controle social?

Esses questionamentos são necessários para que não se perca de vista a capacidade crítica e reflexiva diante da forma como o Estado neoliberal trata a saúde pública em nosso país, principalmente com o avanço das privatizações e a expansão da saúde como mercadoria; trata-se de um espaço polarizado em que um grupo defende a responsabilidade estatal, e outro, a iniciativa privatista.

Agora, vamos tratar da Previdência Social, universal e de caráter contributivo, pois tem a finalidade de estabelecer a proteção nas situações de impossibilidade de trabalhar (temporárias e permanentes), lógica do seguro social; assim, não é facultativa e considera-se um sistema solidário de proteção social em que todos contribuem.

Segundo o art. 201 da Constituição de 1988, "A previdência social será organizada sob a forma do Regime Geral de Previdência Social, de caráter contributivo e de filiação obrigatória, observados critérios que preservem o equilíbrio financeiro e atuarial" (Brasil, 1988a). Ou seja, a Previdência Social consiste em uma poupança forçada, imposta ao cidadão para que ele tenha condições financeiras para manter sua capacidade de consumo quando não mais tiver capacidade para trabalhar (Camarano; Fernandes, 2016).

Nessa lógica, a Previdência Social institui uma forma organizativa de proteção a todas as pessoas que contribuem para manter o seguro social, garantindo, assim, o sustento delas quando ocorre algum risco na redução permanente ou temporária das questões laborais, como o auxílio-doença, o auxílio-acidente e as aposentadorias por idade, contribuição ou invalidez.

No Brasil, temos três regimes de Previdência Social:

- **Regime Geral de Previdência Social** – É de caráter obrigatório de contribuição para os trabalhadores regidos pela CLT – Lei n. 8.212, de 24 de julho de 1991 (Brasil, 1991a).
- **Regime Próprio de Previdência Social** – É de caráter obrigatório para os servidores públicos de cargos efetivos dos estados, municípios e da União.
- **Regime de Previdência Complementar** – É facultativo, privado, com intuito de complemento de renda, mas sob fiscalização do Poder Público.

Os dois primeiros regimes são de direito público e de filiação obrigatória, o regime complementar pode ser constituído para a suplementação dos demais regimes, sendo assim, não é obrigatória a filiação e recorre-se à iniciativa privada para contratar o fundo de pensões.

Com as várias configurações no mundo do trabalho e das formas de contratação, como aumento do número de pessoas autônomas, MEI (microempreendedor individual) e de contrato temporário, vemos diminuir o índice de pessoas que contribuem para a Previdência Social, o que nos leva a pensar sobre como será o processo de aposentadoria para as pessoas idosas, considerando o caráter solidário do sistema previdenciário. A pessoa idosa, ao se aposentar, consegue manter os mínimos sociais? Esses questionamentos são necessários, considerando a reforma previdenciária elencada pela Proposta de Emenda à Constituição (PEC) n. 6/2019, promulgada pela Emenda n. 103, de 12 de novembro de 2019 (Brasil, 2019b), a qual impacta a vida de toda classe trabalhadora e principalmente da pessoa idosa. Assim, sugerimos a leitura Ementa Constitucional n. 103/2019.

A seguir, vamos abordar os conceitos básicos sobre os benefícios previdenciários, assim como sobre o sistema de financiamento previdenciário.

## 4.3 Sistema de financiamento e contribuições previdenciárias

Caro leitor, você sabia que os primeiros direitos sociais no Brasil foram descritos na Constituição de 1824 (Brasil, 1824)? Sim, quando tratamos do tema relacionado a benefícios previdenciários, cabe primeiramente destacar que os primeiros direitos sociais no Brasil foram descritos na citada Constituição, em especial no art. 179, que destacava que aos cidadãos se garantia o direito aos denominados *socorros públicos*, como se observa a seguir na íntegra:

> Art. 179. A inviolabilidade dos Direitos Civis, e Políticos dos Cidadãos Brazileiros, que tem por base a liberdade, a segurança individual, e a propriedade, é garantida pela Constituição do Império, pela maneira seguinte: [...]
>
> XXXI – A Constituição também garante os socorros públicos. (Brasil, 1824)

Desse modo, a Constituição Federal promulgada em 1988 apresentou uma conquista importante ao estabelecer um sistema de seguridade social; o que antes era apenas um seguro social, transformou-se em um grande sistema de proteção social, com a finalidade de dar suporte ao cidadão para sua convivência digna em sociedade (Araújo, 2020).

Outro destaque relevante a ser considerado nesse âmbito é que a Previdência Social faz parte do sistema de seguridade social, de modo que sua principal característica é ser um seguro social ao qual toda a categoria profissional, trabalhadores rurais ou autônomos, pode ter acesso, desde que realize a contribuição (Araújo, 2020).

Assim, no que diz respeito ao sujeito beneficiário da Previdência Social, intitulados *segurados*, também reconhecidos como *contribuintes*, estes podem ser organizados em obrigatórios e facultativos. Outra possibilidade é que, na falta do segurado, seus dependentes também podem se tornar beneficiários (Alcântara, 2018).

Vamos compreender? Os segurados obrigatórios são dispostos em categorias, de modo que, segundo Alcântara (2018), em cada categoria há várias situações em que se pode encaixar o trabalhador. Veja a seguir quais são essas categorias:

- empregado;
- empregado doméstico;
- contribuinte individual;
- trabalhador avulso;
- segurado especial.

Já quando falamos de segurados facultativos, são considerados todos aqueles que não fazem parte das categorias de segurados obrigatórios, porém, os segurados facultativos devem ser maiores de 14 anos de idade e, mediante contribuição, devem optar por filiar-se ao Regime Geral de Previdência Social (Alcântara, 2018).

Alcântara (2018) destaca, ainda, que podem ser também beneficiários os dependentes do contribuinte, desde que na falta do segurado. A Lei n. 8.213, de 24 de julho de 1991 (Brasil, 1991b) divide esses dependentes em três classes, como consta em seu art. 16:

> Art. 16. São beneficiários do Regime Geral de Previdência Social, na condição de dependentes do segurado:
>
> I – o cônjuge, a companheira, o companheiro e o filho não emancipado, de qualquer condição, menor de 21 (vinte e um) anos ou inválido ou que tenha deficiência intelectual ou mental ou deficiência grave;
>
> II – os pais;
>
> III – o irmão não emancipado, de qualquer condição, menor de 21 (vinte e um) anos ou inválido ou que tenha deficiência intelectual ou mental ou deficiência grave; (Brasil, 1991b)

Portanto, os benefícios disponibilizados pela Previdência Social podem ser acessados pelas pessoas que desejarem, e assim o fazendo, tornam-se segurados mediante contribuição prévia, mas o trabalhador assalariado irá contribuir de modo obrigatório (Araújo, 2020).

Você deve estar a se perguntar o que esses trabalhadores assalariados devem fazer, não é mesmo? Para garantir que o segurado tenha direito aos benefícios, ele necessita de um número mínimo de contribuições mensais, e esse tempo de contribuição será comprovado pelo registro dos contratos de trabalho registrados na Carteira de Trabalho e Previdência Social (CTPS), no caso de trabalhador.

Vejamos, a seguir, alguns benefícios previdenciários ofertados ao segurado, assim como ao dependente.

- **Aposentadoria por idade** – Benefício concedido ao trabalhador que contribuiu por um longo período de sua vida. A Emenda Constitucional n. 103/2019 estabeleceu novas regras para aposentadoria: para homens, a idade mínima é 65 anos, e para mulheres, 62 anos, como pode-se averiguar a seguir:

> Art. 201. A previdência social será organizada sob a forma do Regime Geral de Previdência Social, de caráter contributivo e de filiação obrigatória, observados critérios que preservem o equilíbrio financeiro e atuarial, e atenderá, na forma da lei, a:
>
> [...]
>
> § 7º É assegurada aposentadoria no regime geral de previdência social, nos termos da lei, obedecidas as seguintes condições:
>
> I – 65 (sessenta e cinco) anos de idade, se homem, e 62 (sessenta e dois) anos de idade, se mulher, observado tempo mínimo de contribuição;
>
> II – 60 (sessenta) anos de idade, se homem, e 55 (cinquenta e cinco) anos de idade, se mulher, para os trabalhadores rurais e para os que exerçam suas atividades em regime de economia familiar, nestes incluídos o produtor rural, o garimpeiro e o pescador artesanal.
>
> § 8º O requisito de idade a que se refere o inciso I do § 7º será reduzido em 5 (cinco) anos, para o professor que comprove tempo de efetivo exercício das funções de magistério na educação infantil e no ensino fundamental e médio fixado em lei complementar.

§ 9º Para fins de aposentadoria, será assegurada a contagem recíproca do tempo de contribuição entre o Regime Geral de Previdência Social e os regimes próprios de previdência social, e destes entre si, observada a compensação financeira, de acordo com os critérios estabelecidos em lei. (Brasil, 1988a)

- **Pensão por morte** – "É um benefício previsto aos dependentes do segurado em razão de morte, e para seu recebimento deve ocorrer a morte do segurado, desde que comprovado junto ao INSS" – Instituto Nacional do Seguro Social (Araújo, 2020, p. 86).
- **Aposentadoria especial** – "Trata-se de um benefício concedido ao trabalhador em virtude de exposição permanente de risco à saúde física ou mental, de modo que o tempo de exposição aponta o grau do risco" (Araújo, 2020, p. 87-88).
- **Aposentadoria por invalidez** – "Benefício concedido ao trabalhador que, devido a doença ou acidente, é considerado incapaz de exercer suas atividades. O laudo que irá declarar a incapacidade do trabalhador é realizado pela perícia médica da Previdência Social" (Alcântara, 2018, p. 191).
- **Auxílio-doença** – "Benefício concedido ao trabalhador [...] por motivo de doença ou por ter sofrido um acidente. Em até 15 dias de afastamento, a obrigação da remuneração é do empregador" (Alcântara, 2018, p. 195). É importante destacar que, caso o trabalhador necessite de afastamento superior há 15 dias, a remuneração será realizada pela Previdência Social, no entanto, será necessário passar pela perícia médica para comprovar a incapacidade.
- **Salário-maternidade** – "Benefício concedido à trabalhadora gestante por um período de 120 dias. Quem adotar uma

criança ou ganhar a guarda judicial também poderá usufruir do mesmo benefício" (Alcântara, 2018, p. 196).

- **Auxílio-reclusão** – "O auxílio-reclusão é concedido aos dependentes do segurado que se encontrar preso, em regime fechado ou semiaberto, e será pago durante todo o período que o segurado se encontrar recluso [...]" (Simões, 2011, p. 171).

Assim, conhecemos alguns benefícios previdenciários concedidos ao trabalhador ou aos seus dependentes, lembrando sempre que os requisitos exigidos por lei para a concessão do benefício solicitado devem estar preenchidos.

Portanto, é fundamental que o segurado não deixe de contribuir caso seja um beneficiário facultativo, pois, para que ele tenha direito à aposentadoria por idade, também deverá ter o tempo mínimo de contribuição.

É importante destacar que a Emenda Constitucional n. 103/2019 estabeleceu novas regras para aposentadoria, de modo que a aposentadoria por tempo de contribuição deixou de existir, no entanto, por se tratar de um benefício irrevogável, irretratável e irrenunciável, não existe uma data específica para o término desse benefício (Araújo, 2020).

A questão financeira em torno de valores deve obedecer a critérios e, desse modo, o valor do benefício que será pago ao beneficiário corresponde a um percentual incidente sobre a média dos salários recebidos pelo trabalhador (Simões, 2011).

Pois bem, a pergunta que se faz é a seguinte: Como realmente ocorre o financiamento da seguridade social? O financiamento da seguridade social está definido na Constituição Federal de 1988, e o *caput* do art. 195 descreve que:

Art. 195. A seguridade social será financiada por toda a sociedade, de forma direta e indireta, nos termos da lei, mediante recursos provenientes dos orçamentos da União, dos Estados, do Distrito Federal e dos Municípios, e das seguintes contribuições sociais:

I – do empregador, da empresa e da entidade a ela equiparada na forma da lei, incidentes sobre:

a) a folha de salários e demais rendimentos do trabalho pagos ou creditados, a qualquer título, à pessoa física que lhe preste serviço, mesmo sem vínculo empregatício;

b) a receita ou o faturamento;

c) o lucro;

II – do trabalhador e dos demais segurados da previdência social, podendo ser adotadas alíquotas progressivas de acordo com o valor do salário de contribuição, não incidindo contribuição sobre aposentadoria e pensão concedidas pelo Regime Geral de Previdência Social;

III – sobre a receita de concursos de prognósticos;

IV – do importador de bens ou serviços do exterior, ou de quem a lei a ele equiparar.

Compreendido que o sistema de financiamento da seguridade social tem amparo legal na Constituição Federal, Fazio (2016, p. 80) destaca que "o regime financeiro é o mecanismo que indica como as fontes de receita (as contribuições) custeiam as obrigações (os benefícios) do plano previdenciário".

E os regimes básicos adotados pelo sistema previdenciário são dois: o regime de repartição simples e o regime de capitalização. Vejamos cada um deles a seguir.

## 4.3.1 Regime financeiro de repartição simples

Originário do Plano Beveridge, que constituiu um dos pilares do *Welfare State*, ou Estado de bem-estar, e representou a recomposição e reorganização de medidas de proteção social existentes na Grã-Bretanha dos anos 1940 (Costa, 2019), o regime de repartição simples (ou *pay as you go*) é guiado pelo princípio da solidariedade (Castro; Lazzari, 2010).

Em razão de elaborar sua estratégia orçamentária alicerçado nas receitas e despesas previstas para determinado período, esse regime também é conhecido como *regime orçamentário* (Fazio, 2016).

Nesse modelo, que é o adotado pelo Brasil no RGPS (Regime Geral de Previdência Social), Fazio (2016) destaca que as contribuições, ou seja, as receitas, devem assegurar o pagamento dos benefícios concedidos.

Para Castro e Lazzari (2010), esse sistema está fundamentado no pacto geracional ou pacto entre as gerações, pois os trabalhadores em atividade pagam as atuais aposentadorias, e assim ocorrerá de geração em geração.

Percebe-se que a aposentadoria da pessoa idosa é custeada pelas pessoas contribuintes e ativas profissionalmente e, segundo Weintraub (2002), a repartição simples estaria alicerçada em uma situação demográfica em que a pirâmide etária seria sempre uma pirâmide, ou seja, sua base seria sempre mais larga, em outras palavras, nessa pirâmide o número de jovens sempre seria muito maior do que o número de pessoas idosas.

Entretanto, em decorrência da maior expectativa de vida da sociedade, a quantidade de pessoas idosas vem aumentando, alterando a base da pirâmide, a qual vem adquirindo um formato mais linear, e estudos indicam que, no ano de 2060, pessoas com mais de 65 anos de idade passarão a ser 25,5% de toda a população (Brito; Alvarenga, 2019).

Segundo diversos estudiosos, esse envelhecimento da sociedade faz com que o regime de repartição simples seja alvo de duras críticas, pois, a longo prazo, ele se tornará insustentável, uma vez que o aumento da população idosa e a diminuição da população jovem irá inviabilizar o pacto entre gerações. Para Fazio (2016), esse regime seria sensível conforme a proporção entre os números de aposentados (geração passada) e de trabalhadores em atividade (geração atual).

Dessa forma, Fichtner (2011) destaca que esse regime seria ideal apenas para benefícios considerados de risco, como o imprevisível auxílio-doença ou a aposentadoria por invalidez, e benefícios como a aposentadoria por tempo de contribuição, que são considerados benefícios programados, deveriam ser regidos pelo sistema de capitalização, pois o valor acumulado pelo contribuinte durante sua vida laboral seria repassado de modo mais eficiente.

Para uma melhor compreensão sobre o tema ora estudado, vejamos agora o segundo regime básico adotado por nosso sistema previdenciário.

## 4.3.2 Regime financeiro de capitalização

O regime financeiro de capitalização trata-se de uma única contribuição paga pelo segurado, e isso faz com que ela funcione como uma espécie de poupança individual, pois seu conceito-chave está alicerçado na individualidade, sendo as contribuições aplicadas em mercados de capitais, financeiro etc., e no futuro financiarão apenas a aposentadoria do próprio contribuinte (Bohnen, 2019).

De acordo com Fichtner (2011, p. 20), nesse modelo de sistema, "os beneficiários recebem exatamente o montante que pagaram acrescidos de rendimentos e descontadas as taxas de administração". Bohnen (2019, p. 26) esclarece que as instituições privadas administram o fundo e "o valor do benefício no futuro dependerá exclusivamente do valor acumulado pelo segurado no decorrer dos anos e da rentabilidade das aplicações financeiras no mercado financeiro".

Porém, esse modelo apresenta alguns riscos, por exemplo, o elevado custo e as falhas da gestão, o que pode acarretar a falência das instituições privadas que administravam o fundo previdenciário (Izerrougene, 2009).

Para Fazio (2016), o modelo de capitalização seria uma alternativa benéfica, pois o pagamento do benefício do aposentado não dependeria de novas contribuições ou novos contribuintes, já que a garantia do pagamento da aposentadoria ocorreria pelo fundo acumulado pelo próprio aposentado.

Por fim, o regime de capitalização é visto por Castro e Lazzari (2010) como uma mera poupança individual obrigatória, e esse regime é defendido por muitos em razão da extinção das contribuições sociais empresariais destinadas à seguridade, o que pode acarretar o desamparo de muitas pessoas caso o Estado não garanta uma previdência pública.

Destaca-se que, até momento, foram apresentadas questões que envolvem o sistema previdenciário, bem como sua origem, funcionamento e financiamento.

Vamos seguir agora com a análise de outro elemento importante, que compõe o tripé da proteção social, denominado *política de saúde para a pessoa idosa*.

## 4.4 Políticas públicas de saúde para a pessoa idosa

Ao tratar-se sobre o envelhecimento populacional na atualidade, deve-se considerar que é, de fato, um acontecimento mundial, dito de outro modo, há um destaque majoritário crescente da população idosa quando comparada com outras faixas etárias. Segundo o relatório *World Population Prospects*, da Organização das Nações Unidas (United Nations, 2022), são cerca de 705 milhões de pessoas com 65 anos ou mais no mundo todo.

No Brasil, o Instituto Brasileiro de Geografia e Estatística (IBGE) apontou que o número de pessoas com mais de 60 anos no país já é superior ao de crianças com até 9 anos de idade. E as projeções de longo prazo, pelo mesmo instituto, indicam que o número de pessoas com 65 anos ou mais praticamente triplique, podendo alcançar cerca de 58,2 milhões em 2060 – o que será equivalente a 25,5% da população (IGBE, 2018).

Você deve estar se perguntando como é que a Previdência Social se articula com a temática da saúde, não é mesmo? Ora, ela é parte do tripé da seguridade social, tão vastamente escrita neste capítulo, e quando direcionamos a população idosa, há que se considerar que se conveniou o fator cronológico para determinar a chegada ao último ciclo de vida, a velhice.

Buscando maior proteção e um envelhecimento digno e ativo, o Estatuto da Pessoa Idosa, Lei n. 10.741, de 1º de outubro de 2003 (Brasil, 2003a), define que a saúde é um direito fundamental da pessoa idosa e deve ser prestada gratuitamente, com qualidade, garantindo o acesso universal e igualitário, como podemos observar a seguir:

Art. 15. É assegurada a atenção integral à saúde da pessoa idosa, por intermédio do Sistema Único de Saúde (SUS), garantindo-lhe o acesso universal e igualitário, em conjunto articulado e contínuo das ações e serviços, para a prevenção, promoção, proteção e recuperação da saúde, incluindo a atenção especial às doenças que afetam preferencialmente as pessoas idosas.

§ 1º A prevenção e a manutenção da saúde da pessoa idosa serão efetivadas por meio de:

I – cadastramento da população idosa em base territorial;

II – atendimento geriátrico e gerontológico em ambulatórios;

III – unidades geriátricas de referência, com pessoal especializado nas áreas de geriatria e gerontologia social;

IV – atendimento domiciliar, incluindo a internação, para a população que dele necessitar e esteja impossibilitada de se locomover, inclusive para as pessoas idosas abrigadas e acolhidas por instituições públicas, filantrópicas ou sem fins lucrativos e eventualmente conveniadas com o poder público, nos meios urbano e rural;

V – reabilitação orientada pela geriatria e gerontologia, para redução das sequelas decorrentes do agravo da saúde. (Brasil, 2003a)

Segundo Hack (2019, p. 197), é preciso compreender que:

a concepção de saúde para a pessoa idosa significa envelhecer com saúde, de forma ativa e livre, fatores que demandam promoção da saúde em todas as idades, não somente após a pessoa ser considerada idosa, pois, mesmo com a falta de recursos, muitos brasileiros envelheceram ou envelhecem, aos quais também lhes falta cuidados específicos de promoção de saúde, qualidade de vida, bem como prevenção de agravos.

É notório que o processo de envelhecimento apresenta "necessidades específicas de saúde devido ao aumento da frequência e gravidade de problemas, sobretudo os crônicos, que perduram por toda a vida do indivíduo" (Torres et al., 2020, p. 3).

Diante dessas considerações, é sabido por todos que a pessoa idosa apresenta mudanças significativas, irreversíveis, próprias desse ciclo de vida, e, portanto, exigem maior necessidade de atendimento em saúde (Hack, 2019).

Com a promulgação da Constituição Federal de 1988, o direito à saúde foi conquistado pela sociedade e reafirmado com a criação do SUS, por meio da Lei Orgânica da Saúde, Lei n. 8.080, de 19 de setembro de 1990 (Brasil, 1990b), portanto, a família, a sociedade e o Estado têm o dever de amparar as pessoas idosas, assegurando sua participação na comunidade, defendendo sua dignidade e bem-estar e garantindo-lhes o direito à vida (Torres et al., 2020).

Assim, esse direito à saúde é concretizado por meio da Atenção Primária em Saúde (APS), considerada o acesso central para o SUS, sendo realizados contatos regulares e contínuos com intenção de promover a saúde e a prevenção de doenças, bem como monitoramentos dos agravos já ocorridos, viabilizando ações de cuidado que privilegiem a recuperação (Brasil, 2015a).

É importante destacar que a APS também é o núcleo de comunicação com a Rede de Atenção à Saúde (RAS), que são "organizações poliárquicas de conjuntos de serviços de saúde, vinculados entre si por uma missão única, por objetivos comuns e por uma ação cooperativa e interdependente" (Mendes, 2010, p. 2.300), que viabilizam a oferta de atenção à saúde de maneira integral e continua à população.

Outro marco importante nessa trajetória de consolidação de cuidados à saúde da pessoa idosa foi a implementação da Lei

n. 8.842, de 4 de janeiro de 1994 (Brasil, 1994), que trata da Política Nacional do Idoso (PNI), e tem como objetivo "assegurar os direitos sociais do idoso, criando condições para promover sua autonomia, integração e participação efetiva na sociedade" (art. 2º).

No que tange à saúde, em seu art. 10, inciso II, alínea "a", a Lei n. 8.842/1994 dispõe que, quando de sua implementação, os órgãos e entidades públicos têm, na área da saúde, a competência de "garantir ao idoso a assistência à saúde, nos diversos níveis de atendimento do Sistema Único de Saúde" (Brasil, 1994).

A PNI tratou de questões importantes, até então não discutidas na sociedade, e que foram traduzidas na composição de suas diretrizes, a saber:

> I – a família, a sociedade e o estado têm o dever de assegurar ao idoso todos os direitos da cidadania, garantindo sua participação na comunidade, defendendo sua dignidade, bem-estar e o direito à vida;
>
> II – o processo de envelhecimento diz respeito à sociedade em geral, devendo ser objeto de conhecimento e informação para todos;
>
> III – o idoso não deve sofrer discriminação de qualquer natureza;
>
> IV – o idoso deve ser o principal agente e o destinatário das transformações a serem efetivadas através desta política;
>
> V – as diferenças econômicas, sociais, regionais e, particularmente, as contradições entre o meio rural e o urbano do Brasil deverão ser observadas pelos poderes públicos e pela sociedade em geral, na aplicação desta lei. (Brasil, 1994, art. 3º)

O autor Faleiros (2016, p. 544) descreve que a "PNI constitui uma inovação na formulação de um paradigma de política para a pessoa idosa, definindo princípios que contribuem para a mudança da cultura e da superestrutura jurídico-política, conforme a CF/1988", bem como "superou uma visão apenas securitária da velhice, vinculada às contribuições prévias para um fundo de benefícios" (Faleiros, 2016, p. 563).

No entanto, o mesmo autor apontou uma fragilidade, pois o Decreto n. 1.948, de 3 de julho de 1996 (decreto que regulamentou a Lei n. 8.842/1994 – PNI), não considerou diretrizes importantes relacionadas à participação contidas na lei, bem como, segundo Neumann e Albert (2018) e Ribeiro (2016), também não considerou limitações para colocar em prática as ações estabelecidas atreladas à provisão orçamentária, falta de coordenação e vontade política, mesmo com a criação de um plano integrado de ação governamental, com o objetivo de "desenvolver ações preventivas, curativas e promocionais no âmbito de políticas sociais voltadas à pessoa idosa" (Torres et al., 2020, p. 5).

Em 2002, a Organização Mundial de Saúde (OMS) desenvolveu um documento intitulado *Active ageing: apolicy framework*, que propõe um pensar sobre um "processo de otimização de oportunidades para a saúde, participação e segurança, no sentido de aumentar a qualidade de vida ao longo do processo de envelhecimento" (WHO, 2002, p. 12), o qual foi apresentado na II Assembleia Mundial sobre Envelhecimento, realizada em Madri.

Os países-membros das Nações Unidas, presentes na II Assembleia Mundial sobre Envelhecimento, adotaram o II Plano de Ação Internacional para o Envelhecimento, tendo por princípios: participação ativa das pessoas idosas na sociedade, no desenvolvimento e na luta contra a pobreza; fomento da saúde e bem-estar na velhice: promoção do envelhecimento saudável;

e criação de um entorno propício e favorável ao envelhecimento (ONU, 2003).

As assembleias mundiais sobre envelhecimento, associadas ao movimento social, somadas à falta de efetividade da PNI, corroboraram para uma ambiência favorável para a sanção do Estatuto da Pessoa Idosa, considerado um marco na proteção da pessoa idosa, instituído pela Lei n. 10.741/2003, regula os direitos assegurados às pessoas com idade igual ou superior a 60 (sessenta) anos.

Sabe-se que o Estatuto da Pessoa Idosa é reconhecido como uma ferramenta de proteção legal e de direitos da pessoa idosa, conferindo honradez ao último ciclo de vida, a velhice.

O estatuto foi elaborado com participação de distintas organizações e entidades de defesa dos interesses das pessoas idosas, e institui "um sistema jurídico em defesa da pessoa idosa, com novas regras processuais e a definição de crimes e penalidades" (Chiarelli; Batistoni, 2022, p. 102), no entanto, ainda é desconhecido por grande parte da população brasileira (Braga et al., 2008).

É importante considerar que há inúmeras preocupações no cenário brasileiro, que se referem aos aspectos sociais, políticos, culturais e financeiros com o processo de envelhecer populacional, assim como individual, pois, por muito tempo, os "velhos" foram (e ainda são) considerados por várias pessoas uma bagagem pesada, em outras palavras, um fardo, e que inexoravelmente perderam sua "função", sua identidade, e já não teriam mais nada a somar na sociedade.

Assim, urge uma mudança paradigmática nesse estabelecimento de estereótipo, cunhado por tantas décadas, de que a pessoa idosa seria um peso, e para além disso, é necessário o acolhimento das reais necessidades humanas básicas e que promovam qualidade de vida nessa fase.

Nesse sentido, prezando pela qualidade de vida e promoção de saúde, o Ministério da Saúde publicou a Portaria n. 399, de 22 de fevereiro de 2006 (Brasil, 2006d), aprovando diretrizes operacionais do pacto pela saúde em consolidação do SUS, com três dimensões: pacto pela vida, pacto em defesa do SUS e pacto de gestão.

Com o advento do pacto pela saúde, e com vistas a promover melhor qualidade no cuidado com a saúde das pessoas da terceira idade, o Ministério da Saúde traçou como meta prioritária a implantação da Política Nacional de Saúde da Pessoa Idosa (PNSPI), regulada pela Portaria n. 2.528, de 19 de outubro de 2006 (Brasil, 2006b), política que também teve como principal propósito a atenção integral à pessoa idosa.

A finalidade da PNSPI é:

> recuperar, manter e promover a autonomia e a independência dos indivíduos idosos, direcionando medidas coletivas e individuais de saúde para esse fim, em consonância com os princípios e diretrizes do Sistema Único de Saúde. É alvo dessa política todo cidadão e cidadã brasileiros com 60 anos ou mais de idade. (Brasil, 2006b)

O Pacto pela Saúde 2006 (Brasil, 2006d), com a intenção de alcançar a finalidade proposta, lançou inúmeras ações estratégicas, a saber:

a. Caderneta de Saúde da Pessoa Idosa – instrumento de cidadania com informações relevantes sobre a saúde da pessoa idosa, possibilitando melhor acompanhamento por parte dos profissionais de saúde;

b. Manual de Atenção Básica e Saúde para a Pessoa Idosa – para indução de ações de saúde, tendo como referência as diretrizes contidas na Política Nacional de Saúde da Pessoa Idosa;

c. Programa de Educação Permanente a Distância – implementar programa específico na área do envelhecimento e saúde do idoso, voltado para os profissionais que trabalham na rede de atenção básica à saúde, contemplando os conteúdos específicos das repercussões do processo de envelhecimento populacional para a saúde individual e para a gestão dos serviços de saúde;

d. Acolhimento – reorganizar o processo de acolhimento à pessoa idosa nas unidades de saúde como uma das estratégias de enfrentamento das dificuldades atuais de acesso;

e. Assistência Farmacêutica – desenvolver ações que visem a qualificar a dispensação de medicamentos e o acesso da população idosa;

f. Atenção Diferenciada na Internação – instituir avaliação geriátrica global, realizada por equipe multidisciplinar, a toda pessoa idosa internada em hospital que tenha aderido ao Programa de Atenção Domiciliar;

g. Imunização e Programa Nacional de Doenças Sexualmente Transmissíveis. (Brasil, 2006d)

A PNSPI é considerada por inúmeros estudiosos como um avanço conquistado, ao propor uma gestão em rede intersetorial integrada, com o intuito de garantir o cumprimento dos direitos das pessoas idosas (Costa, 2009).

Em contrapartida, desafios ainda são muitos, a saber:

a. Escassez de estruturas de cuidado intermediário ao idoso no SUS [...];

b. Número insuficiente de serviços de cuidado domiciliar ao idoso frágil previsto no Estatuto do Idoso. [...];

c. A escassez de equipes multiprofissionais e interdisciplinares com conhecimento em envelhecimento e saúde da pessoa idosa;

d. A implementação insuficiente ou mesmo a falta de implementação das Redes de Assistência à saúde do Idoso. (Costa, 2009, p. 96)

A mesma autora endossa que a "saúde para a população idosa não se restringe ao controle à prevenção de agravos de doenças crônicas não transmissíveis. A saúde da pessoa idosa é uma interação entre a saúde física, a saúde mental, a independência financeira, a capacidade funcional e o suporte social" (Costa, 2009, p. 96).

Ao pensar em políticas públicas de saúde para a pessoa idosa, faz-se necessário estabelecer "uma linha de cuidado para o idoso que seja um percurso assistencial por dentro de uma rede articulada, referenciada e com um sistema de informação desenhado em sintonia com essa lógica" (Veras, 2016, p. 902).

Por fim, muitos avanços foram alcançados quando analisamos esse panorama construído sobre políticas públicas de saúde para as pessoas idosas no Brasil, igualmente, as fragilidades e fissuras dessa trama social ficaram aparentes, e carecem, indubitavelmente, de uma nova (re)organização.

E, sim, isso se configura como um desafio que inclui discutir a formação profissional e a organização dos serviços de saúde, pois é necessário garantir um envelhecimento ativo e saudável e "entregar serviços de cuidados integrados e de atenção primária à saúde centrados na pessoa e adequados à pessoa idosa" (OPAS, 2023b);

sendo este último um dos pilares fundantes do projeto-ação da Década do Envelhecimento Saudável nas Américas (2021-2030).

A Década do Envelhecimento Saudável nas Américas (2021-2030) é projeto com iniciativa da Assembleia Geral das Nações Unidas, com a finalidade de colocar as pessoas idosas no centro de ações e execuções de planos, e que exigem o engendramento de esforços de governos, sociedade civil, agências internacionais, profissionais, academia, mídia e setor privado para melhorar a vida das pessoas idosas, de suas famílias e comunidades (OPAS, 2023b).

A seguir, trataremos da contextualização da Política Nacional de Assistência Social (PNAS) e os direitos sociais, em especial os pós-Constituição de 1988, dando destaque à política da assistência social que compõe o tripé da seguridade social junto da Previdência Social e da saúde.

## 4.5 Contextualização da Política Nacional de Assistência Social e os direitos sociais

Nesta seção, vamos contextualizar e apresentar o sistema de proteção social brasileiro e o Título VIII, *Da Ordem Social*, da Constituição Federal de 1988, a qual, em seu art. 193, trata assim: "A ordem social tem como base o primado do trabalho, e como objetivo o bem-estar e a justiça social" (Brasil, 1988a).

Assim, o trabalho passa a ter centralidade, considerando a relação entre todos os cidadãos, fruto da ação coletiva na produção dos bens de serviço e na reprodução da vida em sociedade permeada pela justiça social – e aqui podemos considerar os direitos sociais.

Especificamente nesta seção será apresentada a política da assistência social que compõe o tripé da seguridade social junto com a Previdência Social e a saúde a partir da Constituição Federal de 1988, mas, para que se possa compreender sua organização, faz-se necessário realizar um breve resgate histórico, destacando que, durante muitos anos, a assistência social foi tratada sob uma perspectiva de ajuda, benemerência, caridade, filantropia e solidariedade.

Isso ocorreu por parte tanto da Igreja quanto de entidades como a Legião Brasileira de Assistência (LBA) – instituída na pelo Governo Vargas em 1942, com objetivo de atender às famílias dos "pracinhas" que estavam na Segunda Guerra Mundial. Com o fim da guerra, a entidade se volta para a assistência à maternidade e infância, com ações voltadas à prestação de auxílios paliativos e emergenciais para atender à pobreza, como doação de cesta básica e roupas. Em 1969, a LBA foi transformada em fundação vinculada ao Ministério do Trabalho e Previdência Social (Simões, 2011).

Somente em 1988, com a promulgação da Constituição, a assistência social é reconhecida como política social pública:

> Art. 203. A assistência social será prestada a quem dela necessitar, independentemente de contribuição à seguridade social, e tem por objetivos:
>
> I – a proteção à família, à maternidade, à infância, à adolescência e à velhice;
>
> II – o amparo às crianças e adolescentes carentes;
>
> III – a promoção da integração ao mercado de trabalho;

IV – a habilitação e reabilitação das pessoas portadoras de deficiência e a promoção de sua integração à vida comunitária;

V – a garantia de um salário mínimo de benefício mensal à pessoa portadora de deficiência e ao idoso que comprovem não possuir meios de prover à própria manutenção ou de tê-la provida por sua família, conforme dispuser a lei.

Art. 204. As ações governamentais na área da assistência social serão realizadas com recursos do orçamento da seguridade social, previstos no art. 195, além de outras fontes, e organizadas com base nas seguintes diretrizes:

I – descentralização político-administrativa, cabendo a coordenação e as normas gerais à esfera federal e a coordenação e a execução dos respectivos programas às esferas estadual e municipal, bem como a entidades beneficentes e de assistência social;

II – participação da população, por meio de organizações representativas, na formulação das políticas e no controle das ações em todos os níveis. (Brasil, 1988a)

Diante do ordenamento da Constituição, em 1993, a política da assistência social foi regulamentada pela LOAS – Lei n. 8.742/1993, trazendo para o contexto da política os atores sociais mandatários, ou seja, os cidadãos sujeitos de direitos sociais, deixando o antigo clientelismo, "de ser assistida ou favorecida para se tornar usuária e beneficiária" (Simões, 2011, p. 301).

Assim, a assistência social é direito de cidadania e dever do Estado a quem dela necessitar, a considerar a universalização do atendimento e seu acesso de maneira igualitária, descentralizada em sua gestão, valorizando a participação do controle social.

Nessa agenda de debates sobre o reordenamento da assistência social, temos dois marcos importantes, em 2004, a PNAS, em 2005, a aprovação Norma Operacional Básica – NOB/SUAS (Sistema Único da Assistência Social) que se torna lei em 2011, Lei n. 12.435, de 6 de julho (Brasil, 2005c):

> O SUAS, cujo modelo de gestão é descentralizado e participativo, constitui-se na regulação e organização em todo o território nacional das ações socioassistenciais. Os serviços, programas, projetos e benefícios têm como foco prioritário a atenção às famílias, seus membros e indivíduos e o território como base de organização, que passam a ser definidos pelas funções que desempenham, pelo número de pessoas que deles necessitam e pela sua complexidade. Pressupõe, ainda, gestão compartilhada, cofinanciamento da política pelas três esferas de Governo e definição clara das competências técnico-políticas da União, Estados, Distrito Federal e Municípios, com a participação e mobilização da sociedade civil, e estes têm o papel efetivo na sua implantação e implementação. (Brasil, 2005c, p. 39)

Com a organização da PNAS e do SUAS, a assistência social toma corpo em um modelo de gestão com pacto federativo, estruturando seus equipamentos, serviços, programas e projetos com centralidade na matricialidade familiar e considerando a perspectiva socioterritorial.

Desse modo, é necessário compreender que o trabalho desenvolvido pela PNAS é forjado pelas inúmeras vulnerabilidades sociais, desigualdades sociais, oriundas de fatores econômicos excludentes da própria sociedade capitalista, em que a riqueza socialmente produzida por muitos centraliza-se nas mãos de poucos e determina as multifacetárias expressões da questão social, como desemprego, fome, violências, fragilidades das relações sociais e familiares.

Diante desse breve contexto sobre a PNAS, você saberia dizer quem são seus usuários? Quem dela necessita? Podemos nos dias de hoje considerar que a PNAS administra a pobreza? Gostaríamos que, para responder a essas perguntas, você, leitor, considerasse a análise sobre o acesso ao trabalho, a renda, a saúde, a moradia e a manutenção das necessidades básicas do ser humano e, não muito distante, a própria pandemia de covid-19, que expôs as inúmeras vulnerabilidades dos cidadãos brasileiros.

Compreendendo a assistência social como um direito social e dever do Estado, a LOAS, Lei n. 8.742/1993, estabelece que a proteção social deve garantir as seguintes seguranças:

- **Acolhida** – Todas as pessoas devem ter suas necessidades supridas por meio de ofertas de serviços e espaços e atendimentos que proporcionem encaminhamentos e acesso a benefícios socioassistenciais referentes à sua demanda, assegurando uma escuta qualificada.
- **Renda** – Essa segurança estabelece o direito de todo indivíduo que apresenta vulnerabilidades decorrentes do ciclo da vida ou incapacidade, independentemente de ter ou não trabalho, a ter uma renda para prover suas necessidades, como é o caso de pessoas com deficiência, pessoas idosas e desempregados. Essa segurança é materializada por meio do Programa Bolsa Família e o Benefício da Prestação Continuada.
- **Convívio familiar** – Importância do convívio familiar e comunitário como agente de transformação social e pertencimento social e coletivo nos espaços que promovam o desenvolver de potencialidades de socialização.
- **Apoio e auxílio** – Situação de risco exige o auxílio de bens materiais eventuais em forma de pecúnia, sendo esses

transitórios, por exemplo, o auxílio emergencial em tempos de pandemia de covid-19.

- **Desenvolvimento da autonomia** – Essa segurança visa ao desenvolvimento da capacidade de emancipação social e do protagonismo do usuário para o exercício pleno de cidadania.

A autonomia é um ponto tão central que, conforme Prates (2019, p. 59):

> Ter autonomia, muito mais do que ter a capacidade de eleger valores, objetivos e crenças, implica em [sic] sentir-se responsável por todas as decisões que se toma na vida. Para que a autonomia seja exercida pelo indivíduo, esta precisa de três elementos: saúde mental, saúde cognitiva e oportunidades.

Agora que nos apropriamos das seguranças previstas na LOAS, vamos falar sobre como se organiza a proteção social na política de assistência social. Assim, temos a proteção social básica e especial e esta última pode ser dividida em média e alta complexidade.

Segundo a Tipificação Nacional dos Serviços Socioassistenciais (Brasil, 2014b), a proteção social organiza conforme o quadro indicado a seguir:

Quadro 4.1 – Nível de complexidade do SUAS

| | |
|---|---|
| **PROTEÇÃO SOCIAL BÁSICA** | 1. Serviço de Proteção e Atendimento Integral à Família (PAIF); 2. Serviço de Convivência e Fortalecimento de Vínculos; 3. Serviço de Proteção Social Básica no Domicílio para Pessoas com Deficiência e Idosas. |

*(continua)*

*(Quadro 4.1 - conclusão)*

| | | |
|---|---|---|
| PROTEÇÃO SOCIAL ESPECIAL | Média Complexidade | 1. Serviço de Proteção e Atendimento Especializado a Famílias Indivíduos (PAEFI); 2. Serviço Especializado em Abordagem Social; 3. Serviço de proteção social a adolescentes em cumprimento de medida socioeducativa de Liberdade Assistida (LA) e de Prestação de Serviços à Comunidade (PSC); 4. Serviço de Proteção Social Especial para Pessoas com Deficiência, Idosas e suas Famílias; 5. Serviço Especializado para Pessoas em Situação de Rua. |
| | Alta Complexidade | 6. Serviço de Acolhimento Institucional; 7. Serviço de Acolhimento em República; 8. Serviço de Acolhimento em Família Acolhedora; 9. Serviço de proteção em situações de calamidades públicas e de emergências. |

Fonte: Brasil, 2014b, p. 10, grifo do original.

Nesse panorama sobre a organização da proteção social básica e especial está contemplado em cada um dos serviços um conjunto de ações e de provisões para alcançar os objetivos de "seleção, prevenção e eliminação dos riscos e vulnerabilidades sociais" (Simões, 2011, p. 99), assim, o trabalho em equipe, a articulação da rede socioassistencial, seja pública ou privada, operacionalizada pela Organização da Sociedade Civil (OSC), que executa serviços da assistência social, como centros de convivência para crianças e adolescentes, pessoas idosas, entre outros, deve ser referenciado ao CRAS (Centro de Referência da Assistência Social) e promover a relação entre os serviços e as equipes.

E não podemos esquecer da articulação da rede intersetorial composta pelas demais políticas sociais, como saúde, educação e habitação, o que é fundamental para a garantia dos direitos dentro dos territórios.

O conjunto de ações e provisões da proteção social contida na política da assistência social compreende alguns serviços específicos para atender à pessoa idosa, principalmente para fortalecer os vínculos familiares e comunitários e prevenir situações de risco social e vulnerabilidades, possibilitando a acolhida e análise quanto ao acesso do Benefício da Prestação Continuada (BPC), previsto na LOAS, a garantia de um salário mínimo por mês à pessoa idosa ou à pessoa com deficiência com renda *per capita* inferior a um quarto do salário mínimo vigente.

### Para saber mais

A própria Tipificação Nacional dos Serviços Socioassistenciais elenca serviços, ações e provisões específicas para o atendimento da pessoa idosa, compreendendo a proteção social básica e especial de média e alta complexidade. Saiba mais consultando o documento a seguir indicado.

BRASIL. Ministério do Desenvolvimento Social e Combate à Fome. **Tipificação nacional dos serviços socioassistenciais**. Brasília, 2014. Disponível em: <https://www.mds.gov.br/webarquivos/publicacao/assistencia_social/Normativas/tipificacao.pdf>. Acesso em: 13 nov. 2023.

## Síntese

No decorrer deste capítulo, abordamos os elementos fundantes relacionados à população idosa, incluindo direitos, políticas sociais e de seguridade social. Os pontos relevantes foram destacados quando tratamos primeiramente da trajetória da proteção social e da Previdência Social a partir das primeiras iniciativas, seus princípios e objetivos.

Em seguida, descrevemos como ocorreu o processo de construção do sistema brasileiro de proteção social previdenciário, normas legais e diretrizes e, por conseguinte, apresentamos o sistema de financiamento e contribuições previdenciárias, bem como a política pública de saúde da pessoa idosa. Ao finalizar o capítulo, contextualizamos a Política Nacional de Assistência Social (PNAS) e os direitos sociais.

## Questões para revisão

1. Qual o nome do plano que foi um marco na seguridade social e na configuração dos modelos de proteção social em diversos países, inclusive da América Latina, como Brasil, Argentina, Uruguai e Chile?
   a) Plano Belvedere.
   b) Plano Bresser.
   c) Plano Beveridge.
   d) Plano Nacional de Seguridade Social.
   e) Plano de Ação Internacional para o Envelhecimento.

2. Os segurados obrigatórios são dispostos em categorias, de modo que, em cada categoria, há várias situações em que pode se encaixar o trabalhador. Essas categorias são:
   a) empregado; empregado ativo; contribuinte coletivo; trabalhador avulso; segurado individual.
   b) empregado; empregado doméstico; contribuinte individual; trabalhador avulso; segurado especial.
   c) empregador; empregado doméstico; contribuinte individual; trabalhador compilado; segurado especial.
   d) empregador; empregado doméstico; contribuinte individual; trabalhador avulso; segurado especial.
   e) empregado; desempregado; contribuinte coletivo; trabalhador avulso; segurado especial.

3. Segundo o Estatuto da Pessoa Idosa (Lei n. 10.741/2003), a partir de que idade a pessoa será considerada idosa?
   a) Idade igual ou superior a 60 (sessenta) anos.
   b) Idade igual ou superior a 65 (sessenta e cinco) anos.
   c) Idade igual ou superior a 70 (setenta) anos.
   d) Idade igual ou superior a 75 (setenta e cinco) anos.
   e) Idade igual ou superior a 80 (oitenta) anos.

4. Segundo Behring e Boschetti (2011), quais são os princípios liberais que embasavam a retórica sobre a não intervenção estatal por meio de políticas sociais?

5. De acordo com o art. 203 da Constituição Federal de 1988, a assistência social será prestada a quem dela necessitar, independentemente de contribuição à seguridade social. Quais são seus objetivos?

## Questão para reflexão

1. Considerando direitos, políticas e seguridade social, bem como a estimativa de crescimento populacional, que será marcadamente um processo de envelhecimento populacional intenso, o qual deflagará necessidades de todas as ordens: sociais, saúde, direitos e seguridade, propomos os seguintes desafios:

    a) Construa uma linha histórica contendo os marcos legais, históricos e científicos da agenda de políticas públicas para a população idosa.

    b) Agora, reflita: o sistema de proteção social do Brasil está acompanhando esses dados e ponderando a criação de novas políticas sociais?

# Capítulo 5
## Direitos fundamentais

Neiva Silvana Hack

## Conteúdos do capítulo:

- Direitos da pessoa idosa.
- Vida, liberdade, respeito e dignidade.
- Alimentos.
- Educação.
- Cultura, esporte e lazer.
- Previdência Social e assistência social.

## Após o estudo deste capítulo, você será capaz de:

1. analisar a conjuntura de aplicabilidade dos direitos da pessoa idosa em sua realidade logo-regional;
2. comparar cenários em que os direitos da pessoa idosa têm sido mais garantidos ou mais violados;
3. contrastar o acesso aos direitos sociais pela população em geral e pelas pessoas idosas;
4. propor estratégias de promoção e defesa dos direitos das pessoas idosas.

Neste capítulo, abordaremos importantes direitos conquistados na legislação de proteção da pessoa idosa e que merecem acompanhamento qualificado para que se concretizem na vida das pessoas com 60 anos ou mais no Brasil.

Antes de adentrar a temática dos direitos propriamente dita, vamos refletir um pouco sobre referido público. Quem são as pessoas idosas? Segundo a legislação brasileira, são todas aquelas com 60 anos ou mais. Trata-se de uma etapa singular da vida e que nos aguarda.

Ao aludir aos diferentes públicos geracionais, costumamos ouvir e falar acerca da importância da defesa de direitos e da proteção das crianças e adolescentes, como um compromisso com o futuro e com a sociedade. Neste momento, ao adentrar o debate sobre a pessoa idosa, convidamos à seguinte reflexão: **As crianças e adolescentes são o futuro da humanidade. Mas a velhice é o seu futuro!** Assim como é o futuro da autora deste capítulo e de todos os que hoje fazem parte de nossas vidas. A velhice é natural e esperada, mas talvez mal compreendida e pouco valorizada. Por isso é importante ressignificar nossa compreensão sobre o envelhecimento e mesmo sobre os direitos da pessoa idosa.

Quando tratamos dos direitos da pessoa idosa, não estamos falando apenas dos outros, ou de um público distante. Estamos, sim, falando de nós mesmos, do nosso futuro (e do nosso presente também). É no presente que temos a possibilidade de conhecer e avaliar as condições impostas pela sociedade para que se envelheça com melhores ou piores condições. Nesse ínterim, podemos reconhecer que tivemos grandes avanços até o momento, mas há muito por fazer. Compreender que esse debate nos diz respeito pessoalmente e pode ser uma grande motivação para tomar posição na defesa dos direitos de todas as pessoas idosas.

O envelhecimento é ciclo natural da vida. Todos que conduzem seus dias com saúde e segurança têm a oportunidade de viver longos anos. No Brasil, a expectativa de vida para homens é de 73,1 anos e para mulheres é de 80,1 anos (IBGE, 2020), e isso já é uma grande conquista. Podemos comparar à expectativa de vida no país em décadas anteriores e identificar uma melhoria significativa nos indicadores nacionais (IBGE, 2020). Vale lembrar que a expectativa de vida é uma média, pois há pessoas que alcançam idade bastante superior.

Segundo o Instituto Brasileiro de Geografia e Estatística (IBGE), o Brasil já contava com mais de 30,2 milhões de pessoas acima de 60 anos (consideradas por lei como pessoas idosas), no ano de 2017 (Paradella, 2018), o que equivale a um crescimento de 18% desse grupo populacional se comparado a 2012.

Reforçamos a ideia de que esses indicadores são positivos, pois a possibilidade de ter ampliados seus anos de vida evidencia acertos na área da saúde e da segurança. O envelhecimento no país, e em todo o mundo, demarca uma conquista da humanidade e chama a atenção para a sociedade que se está construindo para cada pessoa que envelhece.

Diante dos dados e indicadores até aqui expostos, é possível, afirmar que aos brasileiros está sendo garantido seu direito a envelhecer?

Infelizmente, ainda que o número de pessoas idosas esteja aumentando no Brasil, isso não significa dizer que, igualmente, se tem ganhos na valorização dessas pessoas. Ainda são recorrentes os casos de desrespeito e violência, bem como os mais distintos tipos de negligência que envolvem desde a família até o Poder Público, passando pelas diversas instituições.

No ano de 2017, foram registrados 33.133 casos de violência contra pessoas idosas no Brasil. Vale lembrar, contudo, que nem todos os casos são denunciados, o que implica a projeção de números ainda maiores de violência cotidiana (CNJ, 2018).

É importante também abordar os aspectos simbólicos e culturais, pois no país ainda persiste a reprodução da imagem da pessoa idosa como dependente e como um peso. Mesmo as narrativas que se constroem acerca da aposentadoria e demais direitos previdenciários passam por certa culpabilização da pessoa idosa, sem reconhecer sua trajetória como contribuinte e colaboradora na construção da sociedade.

Ainda é indispensável refletir acerca das condições em que o povo brasileiro tem envelhecido. O ganho de anos na vida precisa ser acompanhado de saúde, independência e autonomia. No Brasil, 80% da população depende integralmente dos serviços públicos de saúde, o que aponta para a necessidade de qualificação dos equipamentos e profissionais desse setor para o atendimento das pessoas idosas e para o crescente número delas (Unasus, 2021).

Esses e outros elementos revelam que o envelhecimento, embora seja tão humano e natural, constrói-se socialmente e que não basta envelhecer no acúmulo de anos, mas é fundamental envelhecer com saúde e qualidade de vida. E, ainda, que o direito a envelhecer precisa ser reconhecido e construído na sociedade brasileira.

Quando falamos dos direitos das pessoas idosas no Brasil, é indispensável reconhecer a grande conquista caracterizada pela aprovação do Estatuto do Idoso, por meio da Lei n. 10.741, de 1º de outubro de 2003 (Brasil, 2003a). Este que, a partir de 2022, passou a ser chamado de Estatuto da Pessoa Idosa.

O Estatuto da Pessoa Idosa é considerado uma ação afirmativa. Isso porque é voltado a um público vulnerável, historicamente excluído de seus direitos. Assim, direitos já reconhecidos como "de todos" os cidadãos precisam ser reafirmados para essa parcela da população. Isso leva, por exemplo, a encontrar no Estatuto da Pessoa Idosa artigos que versam sobre direitos já previstos na Constituição Federal de 1988 (Brasil, 1988a) e nas legislações próprias de cada setor (como saúde, educação, previdência e outros), tais como o acesso universal a políticas de saúde pública, o direito à alimentação adequada e mesmo os direitos referentes às liberdades individuais.

Assim, é importante reconhecer que, além dos direitos de igualdade entre as pessoas idosas e todas as outras, há ainda um conjunto de direitos voltados especificadamente a esse público, tanto por suas necessidades físicas próprias da idade quanto pelas relações sociais que envolvem ser uma pessoa idosa na sociedade contemporânea.

Marcas do desafio que é assegurar os direitos da pessoa idosa no Brasil podem ser evidenciadas pela própria trajetória que levou à aprovação do Estatuto da Pessoa Idosa. Foram mais de sete anos de tramitação do projeto de lei que lhe deu origem. Outro ponto é observar que, apesar de legitimados no papel, certos direitos são constantemente negligenciados.

Para melhor compreender essa combinação de avanços e desafios no campo dos direitos das pessoas idosas, vamos aprofundar alguns direitos previstos no Estatuto da Pessoa Idosa, sendo os seguintes:

- vida, liberdade, respeito e dignidade;
- alimentos;
- educação;
- cultura, esporte e lazer;
- Previdência Social; e
- assistência social.

## 5.1 Vida, liberdade, respeito e dignidade

Nossas reflexões iniciais já nos permitiram perceber que não basta ampliar os anos de vida, mas é preciso que essa vida seja digna, saudável e respeitada. Por isso, os art. 8º e 9º do Estatuto da Pessoa Idosa, Lei n. 10.741/2003, vão destacar o direito a envelhecer com condições de saúde e dignidade:

> Art. 8º O envelhecimento é um direito personalíssimo e a sua proteção um direito social, nos termos desta Lei e da legislação vigente.
>
> Art. 9º É obrigação do Estado, garantir à pessoa idosa a proteção à vida e à saúde, mediante efetivação de políticas sociais públicas que permitam um envelhecimento saudável e em condições de dignidade. (Brasil, 2003a)

Assim, o envelhecimento é reconhecido como digno e respeitável. Esse envelhecimento, contudo, não inicia aos 60 anos, mas faz parte da trajetória de vida de cada um. Logo, o direito a envelhecer implica discutir acerca do direito a viver e conduzir essa vida em condições que permitam chegar bem na velhice.

### 5.1.1 Direito à vida

Em uma primeira análise, o direito à vida remete imediatamente aos direitos à saúde, o que se evidencia no texto do art. 9º do Estatuto da Pessoa Idosa, anteriormente referenciado. Desde a aprovação da Constituição Federal de 1988, a saúde é considerada um direito universal e integral, o que implica atendimento gratuito e completo em saúde, ofertado pelo Estado para toda e qualquer pessoa, no território brasileiro. A saúde, desde então, deixou de ser vista apenas como tratamento da doença e passou a compreender ações de proteção, promoção, prevenção e recuperação.

A Lei n. 8.080, de 19 de setembro de 1990 (Brasil, 1990b), regulamenta os artigos constitucionais relacionados à saúde, determinando que toda ação em saúde, no Brasil, seja organizada e gerida por meio do Sistema Único de Saúde (SUS).

O direito à saúde, reconhecido como direito de todos, é reafirmado no Estatuto da Pessoa Idosa como um direito fundamental das pessoas como 60 anos ou mais. Mais do que envelhecer, o que se almeja sempre é um envelhecimento saudável. Dessa forma, um aspecto fundamental é a promoção de uma vida saudável. Neste ponto, é fundamental reconhecer que não se pode pensar o envelhecimento somente depois dos 60 anos, mas deveria ser um aspecto presente ao longo de toda a vida.

Contudo, uma vida saudável, além de representar escolhas pessoais, exige condições materiais, o que amplia o desafio no cenário brasileiro, em que as pessoas têm envelhecido ainda com condições bastantes desfavoráveis, sem acesso à alimentação adequada, saneamento, renda suficiente, entre outros (Brasil, 2013).

Depois dos 60 anos, mais especificamente, podem surgir doenças com maior incidência na velhice, tal como a hipertensão, o diabetes, câncer de próstata, demências e outras. Reconhecendo esses riscos para a saúde na velhice, são fundamentais ações de prevenção, capazes de incidir na redução de tais tipos de enfermidades.

Além das medidas de promoção de vida saudável e prevenção de doenças, são previstas na legislação de saúde as ações para recuperação em saúde, que compreendem consultas médicas, exames, medicamentos, terapias, internamentos, cirurgias entre outras. O SUS quebra o paradigma de um sistema público voltado apenas ao atendimento básico.

No que se refere à atenção à pessoa idosa, os estabelecimentos de saúde devem assegurar atendimento prioritário. Prioridade especial é devida às pessoas com 80 anos ou mais, que compõem o público chamado de *superidosos* e que passou a ter um reconhecimento de atendimento diferenciado desde a aprovação da Lei n. 13.466, de 12 de julho de 2017 (Brasil, 2017).

Em 2006, o Ministério da Saúde aprovou a Portaria n. 2.528, de 19 de outubro de 2006 (Brasil, 2006b), que institui a Política Nacional de Saúde da Pessoa Idosa (PNSPI). Por meio dela, são apresentadas as diretrizes e estratégias a serem adotadas, tendo em vista assegurar o direito à saúde para essa população. Entre as diretrizes propostas está a promoção do envelhecimento ativo e saudável; o reforço à perspectiva da atenção integral (aquela que não foca apenas no tratamento da doença); a gestão dos serviços em saúde na perspectiva de redes, para assegurar ampla cobertura; destinação coerente de recursos para a área e incentivo à ações de cooperação nacional e internacional em saberes e experiências da área; incentivo a estudos e pesquisas na área; formação específica aos profissionais da saúde para atendimento das pessoas idosas; ampla divulgação sobre essa política para todos os envolvidos e interessados, com estímulo às práticas de controle social pela população.

As especificidades da saúde durante o processo de envelhecimento demandam pesquisas, troca e ampliação de saberes e socialização do conhecimento produzido. Esse processo de comunicação de saberes deve chegar a todas as famílias, pois elas são as responsáveis cotidianas com os cuidados das pessoas idosas em sua vivência doméstica, e ele deve alcançar com efetividade também os profissionais de saúde.

Um conceito importante, estimulado após a implementação da PNSPI, é o envelhecimento ativo e saudável, que diz respeito diretamente à nossa discussão acerca do direito a envelhecer e do direito à vida. Segundo PNSPI, envelhecimento ativo equivale a "envelhecer mantendo a capacidade funcional e a autonomia" (Brasil, 2006b). Para alcançar esse tipo de envelhecimento, não há um caminho exato e garantido, mas fatores de promoção da saúde no decorrer da vida contribuem significativamente. Assim, a busca por uma velhice saudável ocorre desde a infância, na construção de uma vida saudável e passa pelo reconhecimento de que, sim, é possível envelhecer com autonomia e participação social.

> Envelhecimento bem-sucedido pode ser entendido a partir de seus três componentes: (a) menor probabilidade de doença; (b) alta capacidade funcional física e mental; e (c) engajamento social ativo com a vida (Kalache & Kickbush, 1997; Rowe & Kahn, 1997; Healthy People 2000). O Relatório Healthy People 2000 da OMS enfatiza em seus objetivos: aumentar os anos de vida saudável, reduzir disparidades na saúde entre diferentes grupos populacionais e assegurar o acesso a serviços preventivos de saúde. Além disso, é preciso incentivar e equilibrar a responsabilidade pessoal – cuidado consigo mesmo – ambientes amistosos para a faixa etária e solidariedade entre gerações. As famílias e indivíduos devem se preparar para a velhice, esforçando-se para adotar uma postura de práticas saudáveis em todas as fases da vida (OMS, 2002). (Brasil, 2006b)

Considerando o atendimento integral em saúde, reconhecido como direito de todos e, também, das pessoas idosas, é importante evidenciar o direito aos medicamentos, para se construir a garantia da qualidade de vida durante o envelhecimento. A gestão dos medicamentos é orientada pela Resolução n. 338, de 6 de maio de 2004 (Brasil, 2004b), do Ministério da Saúde, que aprova a Política Nacional de Assistência Farmacêutica e pelo uso da Relação Nacional dos Medicamentos Essenciais (Rename). A cobertura com medicamentos para tratamento em saúde, no Brasil, compreende desde os remédios mais simples até aqueles de mais alto custo. A distribuição das responsabilidades implica a municipalização da gestão dos medicamentos de baixo custo e a consolidação de farmácias estaduais para viabilização dos medicamentos de médio e alto custo. O Governo Federal tem papel central na oportunização do acesso aos medicamentos de alto custo.

Nem todo medicamento existente no mercado está disponível no SUS, mas apenas aqueles compreendidos na Rename, que é uma relação extensa e anualmente atualizada. Em algumas circunstâncias, o medicamento ideal ao tratamento não está previsto para o SUS e deverão ser tomadas providências para que seu acesso seja garantido, o que implica a compra pelo paciente ou sua família, solicitação de compra junto ao convênio de saúde (segundo cada situação e contrato acordado com a prestadora de serviços em saúde), requisição judicial de exceção para viabilização da medicação junto ao SUS, e mesmo mobilização para que esta seja inserida na Rename na próxima atualização.

Mas vale discutir aqui que aqueles medicamentos previstos na Rename (e não são poucos) são direito de todo cidadão e, também, da pessoa idosa, assim como é possível verificar alternativas de substituição dos medicamentos recomendados que não estão previstos por similares que sejam compreendidos na relação do SUS. Contudo, muitas pessoas idosas (e de outras faixas etárias também) desconhecem esse direito e não o exigem junto ao Poder Público, assumindo o pagamento das despesas de seu tratamento, mesmo quando poderiam ter o acesso gratuito. Esses casos são de ainda maior importância junto à população de baixa renda, que, por vezes, deixa de comprar comida ou cumprir com o pagamento de despesas, como aluguel, energia, água e saneamento, para assegurar, por conta própria, o acesso aos medicamentos.

Ainda no debate acerca dos direitos à vida e à saúde das pessoas idosas, consideramos indispensável destacar duas áreas mais específicas: a **saúde sexual** e a **saúde mental**.

A sexualidade das pessoas idosas por vezes é negada e, consequentemente, negligenciada. Uma vida sexual ativa é possível e pode ser muito saudável. E ainda, o exercício da sexualidade não se resume apenas nas práticas dos atos sexuais, mas envolve um conjunto maior de relações e expressões físicas e afetivas.

Contudo, a reprodução de uma ideia conflitante entre velhice e vida sexual, bem como a criação de imagens assexuadas da pessoa idosa, implicam pouco diálogo e reduzido acesso à informação. Tal cenário pode afetar o envelhecimento saudável, favorecendo, por exemplo, o avanço das Infecções Sexualmente Transmissíveis (ISFs). "De acordo com dados do Boletim Epidemiológico HIV/Aids de 2018, do Ministério da Saúde, o número de casos de HIV entre pessoas acima dos 60 anos aumentou 81% entre 2006 e 2017, sendo que as taxas aumentaram tanto para homens quanto para mulheres" (Rio de Janeiro, 2019).

Vale destacar a necessidade de quebrar tabus que transformam a sexualidade da pessoa idosa em algo inadequado e acabam por restringir relacionamentos e práticas, limitando a liberdade e mesmo experiências que podem promover satisfação e felicidade. E mesmo que o envelhecimento implique mudanças fisiológicas que podem diminuir a libido, tal fenômeno não pode simplesmente ser naturalizado e banalizado, pois em alguns casos podem ser sintomas de disfunções que podem ser tratadas e superadas (Martinez, 2021).

O estímulo ao reconhecimento da sexualidade das pessoas idosas, conforme suas especificidades e possibilidades, a superação dos tabus e a disseminação de informações que ampliem práticas sexuais mais seguras podem promover melhorias na saúde global das pessoas idosas. Estudo realizado por Souza Júnior et al. (2022) comprovou relação significativa entre sexualidade e qualidade de vida e, também, impactos em melhoria da autoestima:

> A literatura afirma que a sexualidade atua como um fator contribuinte para a promoção da QV [qualidade de vida] a partir da obtenção de prazer, troca de afeto mais intensa, autoconhecimento, autoestima e bem-estar. Ainda nesse sentido, de acordo com um estudo brasileiro desenvolvido com 662 pessoas idosas, a sexualidade exerceu efeitos sobre a QV dos participantes, especialmente, os componentes afetivos (efeito forte) e os sexuais (efeito fraco). (Souza Júnior et al., 2022)

Igualmente importante é o debate acerca da saúde mental das pessoas idosas, tema que também encontra tabus e estereótipos envoltos em preconceitos. Envelhecer não é sinônimo de perda da capacidade cognitiva ou da sanidade mental. É possível envelhecer com a saúde mental preservada. Contudo, tal como outros aspectos da vida, também a saúde mental exige cuidados e atenção. Os desafios que envolvem o envelhecimento podem tornar a pessoa fragilizada, pois ela passa a se deparar com limitações progressivas em suas capacidades físicas; com um novo papel na família e na sociedade (e que nem sempre é um papel reconhecido e respeitado); com perdas mais frequentes de pessoas de sua faixa etária e seu convívio social; entre outras necessidades de adaptação. Essas e outras transformações podem afetar a saúde mental e gerar quadros depressivos e mesmo progredir para ideações suicidas, nos casos mais graves:

> Os idosos são considerados o grupo populacional de maior risco para o suicídio em todo o mundo. Apesar disso, esse fenômeno ainda recebe pouca atenção das autoridades da área de saúde pública, de pesquisadores e da mídia, os quais, em suas reflexões e ações, costumam priorizar os grupos populacionais mais jovens. (Santos et al., 2021, p. 2)

Assim, não se pode falar de direito à vida e ao envelhecimento saudável sem uma atenção significativa para a área da saúde mental. Ações proativas podem ser desenvolvidas no âmbito da saúde, principalmente pelas equipes que integram a atenção primária em saúde e estão mais próximas das famílias e das vivências cotidianas das pessoas idosas. Exemplos são os grupos terapêuticos, as oficinas de memória, os grupos e/ou ações com famílias, em que são possibilitados espaços para que as pessoas idosas possam compartilhar vivências, medos e outros sentimentos, como também construir relacionamentos positivos que favoreçam a manutenção da autonomia, a promoção da autoestima e do reconhecimento social e o acesso aos serviços de saúde necessários (Souza et al., 2022).

Acerca da promoção da saúde da pessoa idosa, do reconhecimento de seus direitos e do fomento de ações para construção de uma sociedade mais respeitosa com as pessoas idosas, temos as legislações nacionais, mas também podemos contar com referências na legislação internacional. Nesse ponto, pretendemos chamar atenção ao documento *Plano de Ação Internacional para o Envelhecimento* (Brasil, 2003c). Sua primeira versão foi aprovada na Assembleia Mundial sobre o Envelhecimento, realizada em Viena, na Áustria, em 1982. E uma nova versão foi aprovada em

2002, em um novo encontro mundial, agora realizado na cidade de Madri, na Espanha. O Brasil acompanha e se compromete com a aplicação desse plano, que prevê o incentivo à pesquisa, às políticas públicas e à defesa dos direitos humanos para as pessoas idosas (Brasil, 2003c).

## 5.1.2 Direito à liberdade

O art. 10 do Estatuto da Pessoa Idosa dispõe que "É obrigação do Estado e da sociedade assegurar à pessoa idosa a liberdade, o respeito e a dignidade, como pessoa humana e sujeito de direitos civis, políticos, individuais e sociais, garantidos na Constituição e nas leis" (Brasil, 2003a).

Tal como o direito à saúde, também o direito à liberdade é reconhecido por lei para todos e é reafirmado no Estatuto da Pessoa Idosa.

A liberdade individual é ameaçada quando as pessoas são cerceadas de sua autonomia, não podendo tomar as decisões que desejam para suas vidas. No caso das pessoas idosas, o risco da perda de liberdade está relacionado à exclusão de pessoas idosas da tomada de decisões sobre suas vidas.

É importante refletir que as pessoas idosas, de maneira geral, são capazes de tomar as decisões sobre suas próprias vidas e de contribuir nas decisões de sua família e da sociedade. A exceção se configura quando o envelhecimento é acompanhado de limitações que afetam sua capacidade crítica, como é o caso das demências senis, do Alzheimer e outras.

Além dos aspectos legais, assegurar liberdade às pessoas idosas também se relaciona às reproduções culturais. Mitos como "a pessoa, quando envelhece, volta a ser criança" reforçam a ideia equivocada de que o envelhecimento é sinônimo de incapacidade e dependência. A pessoa idosa é um adulto que envelheceu e segue com uma vida construída por décadas. De outra forma, é importante frisar que a pessoa adulta não pode ser anulada a partir do momento que envelhece.

Segundo o parágrafo 1º do art. 10 do Estatuto da Pessoa Idosa, Lei n. 10.741/2003:

> § 1º O direito à liberdade compreende, entre outros, os seguintes aspectos:
>
> I – faculdade de ir, vir e estar nos logradouros públicos e espaços comunitários, ressalvadas as restrições legais;
>
> II – opinião e expressão;
>
> III – crença e culto religioso;
>
> IV – prática de esportes e de diversões;
>
> V – participação na vida familiar e comunitária;
>
> VI – participação na vida política, na forma da lei;
>
> VII – faculdade de buscar refúgio, auxílio e orientação. (Brasil, 2003a)

O **direito de ir e vir** compreende a liberdade de deslocamento dentro do território nacional. No caso das pessoas idosas, esse direito passa também pelo direito à acessibilidade e à mobilidade urbana. A limitação do deslocamento de pessoas idosas e do acesso aos espaços em que elas pretendem adentrar pode ocorrer de maneira corriqueira, quando não são tomadas medidas adequadas de acessibilidade. Exemplos desses limites são as escadas sem alternativa de rampa ou elevador, para que se tenha acesso aos órgãos públicos ou aos espaços de lazer da cidade. Dessa forma, pessoas idosas que tenham limites em sua locomoção serão cerceadas em seu direito de ir e vir.

As legislações acerca da acessibilidade inicialmente foram dedicadas mais exclusivamente às necessidades das pessoas com deficiência, contudo progrediram para abranger também as pessoas com dificuldade de locomoção, grupo em que se enquadram parte das pessoas idosas, bem como pessoas que estejam com mobilidade reduzida pelos mais diversos fatores: gestação, tratamento pós-cirúrgico, vítimas de acidentes, entre outras.

A Constituição Federal de 1988 prevê regras de acessibilidade para a construção de edifícios e logradouros e para a produção de veículos de transporte coletivo. Em 2000, foi aprovada a Lei n. 10.098, de 19 de dezembro de 2000 (Brasil, 2000b), que estabelece as normas gerais e os critérios básicos para a promoção da acessibilidade. Vale destacar dois importantes conceitos: o conceito da própria acessibilidade e o conceito de barreira, que envolve as limitações que impedem a ampla participação social, tal como dispõe o art. 2º da referida lei:

> I – acessibilidade: possibilidade e condição de alcance para utilização, com segurança e autonomia, de espaços, mobiliários, equipamentos urbanos, edificações, transportes, informação e comunicação, inclusive seus sistemas e tecnologias, bem como de outros serviços e instalações abertos ao público, de uso público ou privados de uso coletivo, tanto na zona urbana como na rural, por pessoa com deficiência ou com mobilidade reduzida;
>
> II – barreiras: qualquer entrave, obstáculo, atitude ou comportamento que limite ou impeça a participação social da pessoa, bem como o gozo, a fruição e o exercício de seus direitos à acessibilidade, à liberdade de movimento e de expressão, à

comunicação, ao acesso à informação, à compreensão, à circulação com segurança, entre outros, classificadas em:

a) barreiras urbanísticas: as existentes nas vias e nos espaços públicos e privados abertos ao público ou de uso coletivo;

b) barreiras arquitetônicas: as existentes nos edifícios públicos e privados;

c) barreiras nos transportes: as existentes nos sistemas e meios de transportes;

d) barreiras nas comunicações e na informação: qualquer entrave, obstáculo, atitude ou comportamento que dificulte ou impossibilite a expressão ou o recebimento de mensagens e de informações por intermédio de sistemas de comunicação e de tecnologia da informação. (Brasil, 2000b)

Logo, as condições de acessibilidade envolvem todo o universo das relações sociais, compreendendo a superação das barreiras físicas, mas também daquelas que se impõem no âmbito da comunicação e do comportamento.

Não é possível falar de liberdade de ir e vir, ou mesmo de participação social e autonomia, se as limitações estruturais dos ambientes impedem o deslocamento autônomo. Cada vez mais se identifica a necessidade de construção de uma sociedade respeitosa com as pessoas idosas, o que também passa pela arquitetura que envolve seus espaços e pela qualidade e segurança nos acessos ao transporte público.

Como já abordamos, as pessoas idosas têm direito à **opinião e expressão**, bem como à **participação na vida familiar, comunitária e política**. Assim, não há uma mudança de capacidades e direitos entre as pessoas adultas e as pessoas idosas. Exceção se verifica apenas em situação de comprovada incapacidade da pessoa idosa para a tomada de decisões acerca de sua vida, o que deve gerar um processo de interdição e, consequente, indicação de curador, que passa a ficar responsável pelos cuidados e decisões que envolvem essa pessoa idosa.

Logo, de acordo com a legislação brasileira, todas as pessoas idosas têm direito à opinião, expressão, participação e tomada de decisões sobre sua vida e seu contexto familiar e comunitário, salvo quando comprovado que ela é incapaz para tanto. E tal comprovação exige um processo judicial específico.

A interdição pela curatela está prevista no ordenamento jurídico brasileiro no próprio Código Civil (Lei Federal n. 10.406, de 10 de janeiro de 2002), ainda no Código de Processo Civil (Lei Federal n. 13.105, de 16 de março de 2015) e na Lei dos Registros Púbicos (Lei Federal n. 6.015, de 31 de dezembro de 1973).

A solicitação da interdição se dá, muitas vezes, em decorrência de doenças com sequelas como um Acidente Vascular Cerebral (AVC), demência senil, Alzheimer, Mal de Parkinson, dentre outras.

[...]

Para solicitar a curatela [que será base para a ação de interdição] via ação de interdição, deverão ser especificados os fatos no processo e juntadas as provas do que se alega. Sendo assim, para a curatela de idosos, existe a necessidade de um relatório médico que comprove a condição limitada da pessoa a ser interditada.

Se o juiz reconhecer a incapacidade para os atos da vida civil, então haverá a nomeação de um curador provisório que atuará dentro dos limites impostos judicialmente. (Machado, 2023)

Ainda no campo do direito à liberdade, cabe assegurar o **direito à crença e ao culto religioso**. Trata-se de uma liberdade reconhecida pela lei e que não pode ser suprimida pela família, cuidadores ou instituições. Ainda que a pessoa idosa tenha uma crença religiosa distinta de seus filhos e netos, ou daqueles que se fazem responsáveis por seu cuidado, cabe a ela participar das práticas religiosas coerentes com suas crenças. A liberdade de crença compreende inclusive o direito a não crer, ou seja, declarar-se ateu, ainda que isso contrarie as pessoas que lhe são próximas. Especial atenção deve ser dada aos espaços de acolhimento e residência de pessoas idosas, tal como Casas de Repouso e Instituições de Longa Permanência. Essas instituições podem ser geridas por grupos religiosos, contudo, a prática religiosa dos gestores ou mantenedores não pode ser imposta aos residentes.

Da mesma forma, **práticas esportivas, recreativas e de lazer** em geral também são asseguradas por lei, para todas as pessoas idosas. É comum que os direitos relacionados ao lazer sejam negligenciados, contudo, estão diretamente interligados aos direitos à saúde, à participação, à dignidade e mesmo ao amplo direito de envelhecer. Os direitos não podem estar associados apenas a perspectivas produtivas, mas devem envolver os aspectos mais globais do desenvolvimento humano e das relações sociais.

O Estatuto da Pessoa Idosa, em seu art. 23, prevê o seguinte:

> Art. 23 A participação das pessoas idosas em atividades culturais e de lazer será proporcionada mediante descontos de pelo menos 50% (cinquenta por cento) nos ingressos para eventos artísticos, culturais, esportivos e de lazer, bem como o acesso preferencial aos respectivos locais. (Brasil, 2023a)

Assim, o direito à liberdade, que envolve as práticas esportivas, de lazer e de recreação, torna-se mais viável à população idosa de baixa renda.

Por fim, o direito à liberdade presume também a possibilidade de **buscar refúgio, auxílio e orientação**, implicando um conjunto de ações de proteção às pessoas idosas que envolvem acolhimento, diálogo, orientação, encaminhamento e mesmo moradia e cuidados. "Assim, há refúgio quando o idoso passa a morar em certo lugar, recebendo todos os cuidados de que precisa" (Freire, 2008, p. 141). Em primeira instância, o dever de oferecer refúgio compete à própria família, e se isso não for possível, passa a ser uma obrigação do Estado, que indicará uma instituição capaz de atender às necessidades dessa pessoa.

O direito ao auxílio é amplo e pode compreender o atendimento às mais distintas demandas. Destacam-se os auxílios relacionados à subsistência, tais como a renda, a alimentação, a moradia, entre outros. Porém, o direito não se limita apenas a esses.

E o direito à orientação compreende equipes capacitadas para o atendimento às pessoas idosas, em espaços por elas reconhecidos. Compreendem orientações acerca dos próprios direitos previstos no Estatuto da Pessoa Idosa, como também sobre as formas de efetivá-los e de conseguir justiça quando eles não estão sendo assegurados.

## 5.1.3 Direito ao respeito

O respeito é uma condição básica para a construção de relações sociais pacíficas. Ter o respeito assegurado como um direito denota que, em certas ocasiões, ele precisa ser exigido na justificativa, pois não ocorre naturalmente.

Conforme o parágrafo do 2º do art. 10 do Estatuto da Pessoa Idosa, Lei n. 10.741/2003, "O direito ao respeito consiste na inviolabilidade da integridade física, psíquica e moral, abrangendo a preservação da imagem, da identidade, da autonomia, de valores, ideias e crenças, dos espaços e dos objetos pessoais" (Brasil, 2003a).

A sociedade brasileira contemporânea ainda não construiu uma cultura de pleno respeito às pessoas idosas. Antes, reproduzem-se preconceitos, violências e omissões. Segundo a Sociedade Brasileira de Geriatria e Gerontologia (SBGG, 2020), o preconceito contra as pessoas idosas é denominado *etarismo*. Os preconceitos envolvem uma visão que generaliza todas as pessoas idosas como frágeis, doentes, dependentes e incapazes de tomar suas próprias decisões, e ainda como um "peso" para os âmbitos da saúde e previdência públicas (SBGG, 2020).

O preconceito reproduzido cotidianamente leva a práticas de discriminação. O Estatuto da Pessoa Idosa tipifica a discriminação como crime e prevê as penas cabíveis, no art. 96, conforme podemos ver a seguir:

> Art. 96. Discriminar pessoa idosa, impedindo ou dificultando seu acesso a operações bancárias, aos meios de transporte, ao direito de contratar ou por qualquer outro meio ou instrumento necessário ao exercício da cidadania, por motivo de idade:
>
> Pena – reclusão de 6 (seis) meses a 1 (um) ano e multa.
>
> § 1º Na mesma pena incorre quem desdenhar, humilhar, menosprezar ou discriminar pessoa idosa, por qualquer motivo. (Brasil, 2003a)

De outra forma, as visões preconceituosas acerca das pessoas idosas também impactam as decisões referentes ao financiamento de ações voltadas a essa população. Observa-se que o Estatuto da Pessoa Idosa avança como uma grande conquista, mas ainda não alcançou sua efetividade, pois ainda não é suficientemente conhecido e reconhecido, bem como são frágeis e não universais as estruturas públicas para sua concretização. Tal fragilidade indica um reduzido investimento do orçamento público em ações voltadas à garantia dos direitos das pessoas com 60 anos ou mais.

O impacto negativo do preconceito e da discriminação contra as pessoas idosas é agravado na reprodução de práticas de violência contra esse público, violando diretamente os direitos à integridade física, psíquica e moral que aqui estamos discutindo. O parágrafo 1º do art. 19 do Estatuto da Pessoa Idosa define violência contra a pessoa idosa como "qualquer ação ou omissão praticada em local público ou privado que lhe cause morte, dano ou sofrimento físico ou psicológico" (Brasil, 2003a).

As violências contra as pessoas idosas se manifestam de distintas formas, tal como física, psicológica, sexual, econômica, negligência, abandono e mesmo autonegligência. O Brasil conta com a Central Disque Direitos Humanos – Disque 100, que recebe cotidianamente denúncias acerca de violências contra as pessoas idosas e encaminha para os órgãos competentes. Nos municípios e estados, as denúncias de violências contra pessoas acima de 60 anos podem ser feitas junto às autoridades policiais, ao Ministério Público, aos Conselhos municipais ou aos Conselhos estaduais da pessoa idosa (Lei n. 10.741/2003).

A reconstrução dos conceitos ao lado da quebra dos preconceitos sobre a velhice é um dos caminhos a trilhar para que o direito ao respeito seja efetivado.

## 5.1.4 Direito à dignidade

Envelhecer bem implica envelhecer com dignidade. Segundo o parágrafo 3º do art. 10 do Estatuto da Pessoa Idosa, "É dever de todos zelar pela dignidade da pessoa idosa, colocando-a a salvo de qualquer tratamento desumano, violento, aterrorizante, vexatório ou constrangedor" (Brasil, 2003a), o que está fundamentado no art. 230 da Constituição Federal de 1988: "A família, a sociedade e o Estado têm o dever de amparar as pessoas idosas, assegurando sua participação na comunidade, defendendo sua dignidade e bem-estar e garantindo-lhes o direito à vida". Assim, ambos os documentos preveem uma atitude protetiva da família, do Poder Público e de toda a sociedade com relação às pessoas idosas. Reitera-se, então, a necessidade de uma postura ativa para que sejam evitados atos de violência.

Vale um olhar atento acerca da proteção contra situações vexatórias e constrangedoras. Esse é um elemento que chama a atenção para as atitudes dos familiares, bem como de cuidadores e de todos aqueles que atendem pessoas idosas em órgãos públicos ou instituições privadas. Nesse contexto, devem ser evitadas situações como: exposição pública dos motivos que levam a pessoa idosa a buscar atendimento de saúde ou em unidades da política de assistência social; obrigar a exagerada comprovação de motivos que justifiquem sua necessidade de usar serviços públicos de saúde, assistência, educação ou outros; realizar encaminhamentos incompletos e/ou mal explicados, que levem a pessoa a procurar atendimento nos locais errados; submeter a pessoa a filas longas, por vezes expostas às intempéries climáticas; expor a imagem da pessoa idosa sem autorização; entre outras.

Segundo Pinheiro (2008), há relação entre a defesa da dignidade e a garantia da autonomia da vontade. Contudo, é comum que o direito à autonomia da vontade seja violado:

> a autonomia de vontade é questão primordial a ser considerada, quando se fala em dignidade da pessoa idosa, vez que é a lesão mais presente em todas as classes sociais, na medida em que, independentemente da existência de moléstia mental, é

corriqueiro considerar-se o idoso como uma pessoa que tem sua capacidade de discernimento diminuída.

Observa-se, com frequência, os filhos assumirem a administração dos bens, valores, pensões e vidas dos pais, sob o disfarçado argumento de que estes não têm mais condições físicas ou psíquicas de ficar indo a bancos, ao comércio ou de se estressarem tomando decisões, quando o que de fato acontece é que o idoso perde o total controle de suas finanças e das decisões cotidianas de suas vidas. (Pinheiro, 2008, p. 147)

Embora dignidade seja um conceito permeado de subjetividade, também envolve elementos bastante concretos, sendo um deles a própria garantia de subsistência. A dignidade da pessoa idosa pressupõe condições materiais suficientes para que tenha acesso regular à alimentação, aos insumos necessários para seus cuidados de saúde, à higiene e à segurança. Quando a Constituição Federal de 1988 prevê as responsabilidades da família, do Estado e da sociedade acerca do amparo e da dignidade no art. 230, que compreende dois parágrafos: no primeiro, há previsão de que os programas de amparo sejam executados preferencialmente nas próprias casas; e, no segundo, que seja garantida a gratuidade dos transportes coletivos urbanos às pessoas com mais de 65 anos. Tais previsões apontam premissas para que os municípios desenvolvam suas políticas de proteção e cuidado das pessoas idosas.

## 5.2 Direito aos alimentos

Podemos sustentar o debate acerca do direito aos alimentos nos elementos tratados quando contemplado o direito à dignidade.

A alimentação adequada é indispensável à manutenção da vida e da saúde.

O direito à alimentação está previsto para todos os brasileiros no art. 6º da Constituição Federal de 1988 como um dos direitos sociais. Sob o conceito da segurança alimentar e nutricional, o direito à alimentação é reconhecido como direito humano também na Lei n. 11.346, de 15 de setembro de 2006 (Brasil, 2006a), a Lei Orgânica de Segurança Alimentar e Nutricional (Losan).

De maneira mais específica para as pessoas idosas, o direito aos alimentos está previsto no art. 229 da Constituição de 1988: "Os pais têm o dever de assistir, criar e educar os filhos menores, e os filhos maiores têm o dever de ajudar e amparar os pais na velhice, carência ou enfermidade" (Brasil, 1988a). Assim, de acordo com a legislação vigente, os primeiros responsáveis por cumprir os direitos aos alimentos para as pessoas idosas são os filhos.

Porém, no que se refere às responsabilidades familiares, gostaríamos de propor uma ponderação. A legislação brasileira é muito objetiva quando indica os responsáveis pelos alimentos: os filhos maiores (com 18 anos ou mais). A mesma Constituição compreende como filhos tanto os naturais quanto os adotivos. Contudo, a dinâmica das famílias é muito mais complexa do que o texto da lei e exceções se impõem e devem ser consideradas nos processos acerca da responsabilização pelos cuidados das pessoas idosas de cada família. Chamamos atenção aqui para os casos em que os próprios pais, na sua vez, não cumpriram a previsão do artigo constitucional de prover o sustento dos filhos menores, assim como os mais distintos casos em que os pais deixaram de cumprir com sua função protetiva e passaram a ser os agressores de seus filhos. Esses e outros casos envolvem situações afetivas, relações desiguais entre os membros das famílias, e as mais diversas vivências que tornam mais difícil a tomada de decisão acerca das responsabilidades familiares seja essa decisão fruto de acordo entre a família ou mesmo de processo judicial.

Conforme dispõe o art. 1.696 do Novo Código Civil Brasileiro, Lei n. 10.406, de 10 de janeiro de 2002 (Brasil, 2002), "O direito à prestação de alimentos é recíproco entre pais e filhos, e extensivo a todos os ascendentes, recaindo a obrigação nos mais próximos em grau, uns em falta de outros".

Prevê o Estatuto da Pessoa Idosa, Lei n. 10.741/2003, em seu art. 12: "A obrigação alimentar é solidária, podendo a pessoa idosa optar entre os prestadores" (Brasil, 2003a). Sendo assim, a pessoa idosa pode escolher a qual filho solicitará suporte com alimentos. Contudo, a legislação brasileira permite que o filho solicitado recorra requerendo corresponsabilidade de demais familiares.

> diante da divisibilidade da obrigação alimentar, deve o parente de grau imediato chamado a suprir as necessidades do idoso, ingressar com ação regressiva contra os demais parentes coobrigados do mesmo grau, a fim de que também contribuam na proporção dos seus recursos. De igual forma, aplica-se em relação ao parente que está obrigado a prestar alimentos em primeiro lugar, a fim de que este o reponha do montante mensal pago ao idoso ou, verificando-se que o mesmo não teria condições de suportar o encargo total sozinho, venha a contribuir com a parcela que possa fornecer (direito de regresso proporcional). (Ribeiro, 2008, p. 153)

Porém, quando a família não tem condições de suprir os cuidados para com as pessoas idosas de sua responsabilidade, há um papel importante do Poder Público para assegurar essa proteção: "Art. 14. Se a pessoa idosa ou seus familiares não possuírem condições econômicas de prover o seu sustento, impõe-se ao poder público esse provimento, no âmbito da assistência social" (Brasil, 2003a).

Entre as distintas possibilidades de atuação do Estado, existe uma previsão constitucional de renda para pessoas idosas que não consigam assegurar seu próprio sustento, tal como se vê no inciso V do art. 203 da Constituição de 1988, quando trata do direito à assistência social:

> Art. 203. A assistência social será prestada a quem dela necessitar, independentemente de contribuição à seguridade social, e tem por objetivos: [...]
>
> V – a garantia de um salário mínimo de benefício mensal à pessoa portadora de deficiência e ao idoso que comprovem não possuir meios de prover à própria manutenção ou de tê-la provida por sua família, conforme dispuser a lei.

Destaque-se que a obrigação do Estado não precisa ser executada apenas pela política de assistência social, mas pode se antecipar a esta na medida em que assegura políticas efetivas de seguridade social, bem como de educação, trabalho e emprego para os adultos das famílias responsáveis. Quando faltam condições objetivas de acesso à renda pelo trabalho e/ou pela previdência, cresce a exigência sobre as políticas de assistência social.

Assim, assegurar os alimentos, seja pela própria família, seja pelo Estado, pode ocorrer de maneiras distintas, tais como sob pensão alimentícia pelos familiares, transferência de renda por programas governamentais, oferta de moradia na residência de familiares ou mesmo em instituições de acolhimento.

Quando se trata de acolhimento institucional da pessoa idosa, esse é um serviço prestado pela política de assistência social nas Instituições de Longa Permanência para Idosos (ILPIs) ou em casas lares. As ILPIs, para iniciarem e seguirem com seu funcionamento, devem atender às especificidades da Resolução RDC n. 283, de 26 de setembro de 2005 (Brasil, 2005b), aprovada pela Agência Nacional de Vigilância Sanitária (Anvisa). Segundo a RDC n. 283, há um número mínimo de refeições diárias: "5.3.1 A Instituição deve garantir aos idosos a alimentação, respeitando os aspectos culturais locais, oferecendo, no mínimo, seis refeições diárias" (Brasil, 2005b). Observamos ainda que a norma prevê o respeito às culturas alimentares locais, o que faz parte de uma perspectiva de garantia da segurança alimentar e nutricional.

## 5.3 Direito à educação

Direito fundamental de todo cidadão, a educação é também é reafirmada como direito da pessoa idosa. É importante, nessa análise, desconstruir uma relação única da educação com a formação para o trabalho, e ampliar a concepção sobre educação, como uma forma de promover o desenvolvimento humano integral e qualificar as relações sociais. Observamos essa visão ampliada na definição de educação dada pela Constituição Federal de 1988, no art. 205: "A educação, direito de todos e dever do Estado e da família, será promovida e incentivada com a colaboração da sociedade, visando ao pleno desenvolvimento da pessoa, seu preparo para o exercício da cidadania e sua qualificação para o trabalho" (Brasil, 1988a).

O Estatuto da Pessoa Idosa, no art. 21, prevê o seguinte: "O poder público criará oportunidades de acesso da pessoa idosa à educação, adequando currículos, metodologias e material didático aos programas educacionais a ela destinados" (Brasil, 2003a).

Assim, os espaços educacionais devem ser inclusivos. Isso pode se aplicar aos programas de Educação de Jovens e Adultos (EJA), que devem proporcionar acesso à alfabetização e ao ensino formal, com adaptações às realidades e especificidades da pessoa idosa. Também devem ser realizadas adequações em outras estruturas de ensino de adultos, tais como o ensino superior e o ensino profissionalizante, permitindo efetiva participação das pessoas com 60 anos ou mais.

Segundo o art. 25 do Estatuto da Pessoa Idosa, as instituições de nível superior devem proporcionar programas educacionais voltados às pessoas idosas: "As instituições de educação superior ofertarão às pessoas idosas, na perspectiva da educação ao longo da vida, cursos e programas de extensão, presenciais ou a distância, constituídos por atividades formais e não formais" (Brasil, 2003a). Nesse quesito estão adequados os programas de universidade aberta para a terceira idade.

E ainda, quando se fala de educação relacionada aos direitos da pessoa idosa, o Estatuto da Pessoa Idosa, no art. 22, prevê a inserção da temática do envelhecimento nos currículos mínimos de todos os níveis de educação. Essa previsão compreende uma construção, a longo prazo, de uma sociedade que respeita a pessoa idosa, além da formação de cidadãos responsáveis com o próprio envelhecimento e capazes de cooperar na consolidação de políticas públicas que favoreçam a consolidação dos direitos da pessoa idosa.

Como temos visto, a construção de um envelhecimento saudável e ativo não começa apenas aos 60 anos, mas deve ser desenvolvida durante toda a vida.

## 5.4 Direito à Previdência Social

A Previdência Social é um direito de seguridade social, em conjunto com as políticas de saúde e assistência social, tal como previsto na Constituição Federal de 1988, em seu art. 194:

> Art. 194. A seguridade social compreende um conjunto integrado de ações de iniciativa dos Poderes Públicos e da sociedade, destinadas a assegurar os direitos relativos à saúde, à previdência e à assistência social. (Brasil, 1988a)

Os direitos que envolvem a seguridade social visam à proteção da população brasileira diante de situações de fragilidade, como as doenças, a vulnerabilidade social e a incapacidade para o trabalho. No caso específico da Previdência Social, está relacionada à proteção social para situações de impossibilidade temporária ou permanente para o trabalho, compreendendo benefícios como auxílios, pensões e aposentadorias.

Contudo, há distinções na previsão do acesso aos direitos das diferentes políticas que compõem a seguridade social, sendo a saúde um direito universal; a assistência social, um direito para quem dela precisar; e a Previdência Social, um direito para quem contribuiu anteriormente. Todos têm o direito de contribuir com a Previdência Social se assim desejarem. Porém, ela é organizada sob uma lógica de "seguro social" e, por isso, somente os segurados (quem contribui e seus dependentes) é que podem requerer seus benefícios, contando ainda com os critérios de acesso, carências e tempo-limite (quando for o caso) de usufruto do benefício previdenciário.

Os benefícios previdenciários são regulamentados pela Lei n. 8.213, de 24 de julho de 1991 (Brasil, 1991b). Essa lei define os três regimes previdenciários presentes no país. O principal deles é o **regime geral**, operado pelo Instituto Nacional do Seguro Social (INSS), compreendendo aqueles que têm contrato de trabalho regido pela Consolidação das Leis Trabalhistas (CLT), trabalhadores autônomos, domésticos, microempreendedores individuais, trabalhadores temporários, ministros de confissão religiosa e outros. Uma alternativa ao regime geral é o **regime próprio**, que se aplica aos servidores públicos. Para aqueles que aderem ao regime próprio está dispensada a contribuição obrigatória junto ao regime geral, em casos de contrato de trabalho de longo prazo. E, ainda, consta uma terceira modalidade que é o **regime facultativo complementar**, que não substitui os regimes anteriores, mas é uma opção aos trabalhadores que desejem complementar seus benefícios por meio das alternativas de previdência privada.

Os benefícios previdenciários mais conhecidos são as aposentadorias, compreendendo três diferentes tipos: a aposentadoria por tempo de contribuição; a aposentadoria por idade e à aposentadoria, especial. Para ter direito à aposentadoria, é indispensável a contribuição anterior, e a Lei n. 8.213/1991 vai definir a quantidade de contribuições mensais mínima, bem como a idade de referência, para que se possa requerer o benefício. Para além das aposentadorias, o regime geral da Previdência Social compreende a pensão por morte, que é destinada ao(s) dependente(s) do segurado, cujos valores e período de recebimento são definidos na lei anteriormente citada; o auxílio-doença; o auxílio-acidente; o auxílio-reclusão; o salário-família e o salário-maternidade (Lei n. 8.213/1991).

O Estatuto da Pessoa Idosa reafirma os direitos à aposentadoria e à pensão, destacando a importância de se preservar o valor real dos benefícios. Segundo o art. 29 da Lei n. 10.741/2003:

Art. 29. Os benefícios de aposentadoria e pensão do Regime Geral da Previdência Social observarão, na sua concessão, critérios de cálculo que preservem o valor real dos salários sobre os quais incidiram contribuição, nos termos da legislação vigente. (Brasil, 2003a)

É importante distinguir valor real de valor nominal, para compreender melhor o artigo que estamos estudando. O valor nominal é o valor exato do benefício e este não pode ser reduzido, em consonância com as leis que regulamentam a seguridade social. Contudo, não basta que o valor não diminua, é preciso que ele acompanhe as alterações do mercado, tais como a inflação. O valor real significa esse valor reajustado, que acompanha o mercado e que, segundo a previsão legal, é capaz de manter para o beneficiário as mesmas condições de poder de compra.

O Estatuto da Pessoa Idosa, no art. 30, também assegura que a pessoa idosa que complete a idade suficiente para requerer a aposentadoria, tenha esse direito garantido mesmo se não estiver contribuindo com a Previdência Social no momento ou nos últimos anos. Considera, evidentemente, que a previsão se aplique para os casos em que o contribuinte tenha atendido ao número mínimo de contribuições necessárias, de acordo com a Lei n. 8.213/1991.

Assegurar o direito aos benefícios previdenciários para as pessoas idosas também compreende ações que não iniciam na velhice, mas desde o ingresso no mundo do trabalho. Por mais simples que possa parecer, nem todo cidadão tem clareza da exigência de contribuições anteriores para que se possa ter acesso à aposentadoria na velhice. Assim, a divulgação acerca do funcionamento da Previdência Social, seus critérios e suas constantes atualizações, passa a ser estratégia imprescindível para ampliar acessos.

Vale ainda retomar a importância da participação social junto às decisões que envolvem as políticas de seguridade social. As constantes reformas pelas quais passa a Previdência Social tendem a reduzir direitos e dificultar acessos. O debate público acerca da Previdência Social precisa ser qualificado para que não sejam naturalizadas narrativas que culpabilizam o envelhecimento.

### 5.4.1 Isenção do Imposto de Renda

Aos aposentados, acima de 65 anos, incorpora-se mais um direito: o de isenção do Imposto de Renda. A Instrução Normativa RFB n. 1.500, de 29 de outubro de 2014 (Receita Federal, 2014), define que estão isentos da declaração e pagamento de Imposto de Renda as pessoas idosas com mais de 65 anos, sobre rendimentos provindos de aposentadorias, pensões, reserva remunerada ou reforma. Há um teto-limite para essa isenção, que deve ser consultado a cada ano junto às orientações da Receita Federal para a Declaração de Imposto de Renda (Receita Federal, 2014, 2022).

E para os rendimentos que não são isentos, há também a previsão de prioridade no recebimento da restituição do Imposto de Renda, de acordo com o previsto no inciso IX do art. 3º do Estatuto da Pessoa Idosa.

## 5.5 Direito à assistência social

Neste texto, já citamos o direito à assistência social em diferentes oportunidades, como no caso da responsabilidade do Estado em assegurar o direito aos alimentos e na composição da seguridade social brasileira, na qual estão compreendidas as políticas de saúde, Previdência Social e assistência social.

A assistência social foi reconhecida como direito na Constituição Federal de 1988. Antes disso, era operacionalizada em uma lógica de favor e caridade. O próprio nome dessa política remonta a ações voluntaristas, denominadas historicamente como *assistência aos pobres*. Porém, ao reconhecer a assistência social como direito, ela ganha o *status* de política pública voltada ao atendimento das famílias em situação de vulnerabilidade ou risco social, não se reduzindo ao atendimento daquelas que se encontram na pobreza.

A pobreza e a miséria constituem elementos de vulnerabilidade social e são alvo de ação da política de assistência social. Mas também são foco do atendimento dessa política situações de violação de direitos, como as violências domésticas, o preconceito e a discriminação, sendo que esses transcendem o limite da renda familiar e podem ocorrer nas mais distintas classes sociais.

A política de assistência social se organiza, no Brasil, por meio do Sistema Único de Assistência Social (SUAS) e tem uma rede ampla de atendimento. As unidades e os serviços do SUAS são distribuídos em proteção social básica, esta voltada para a prevenção aos riscos sociais e a promoção de vínculos e potencialidades familiares e territoriais; e em proteção social especial, destinada ao atendimento de situações de violação de direitos. A proteção social especial se subdivide em média e alta complexidade. A de média complexidade compreende o atendimento de públicos que tiveram seus direitos violados, mas ainda têm vínculos familiares ou comunitários. A proteção social especial de alta complexidade compreende casos em que há violação de direitos e que não existem (ou estão temporariamente rompidos) os vínculos familiares e comunitários e, por isso, prevê serviços que ofertam acolhimento por meio de moradia e cuidado integral.

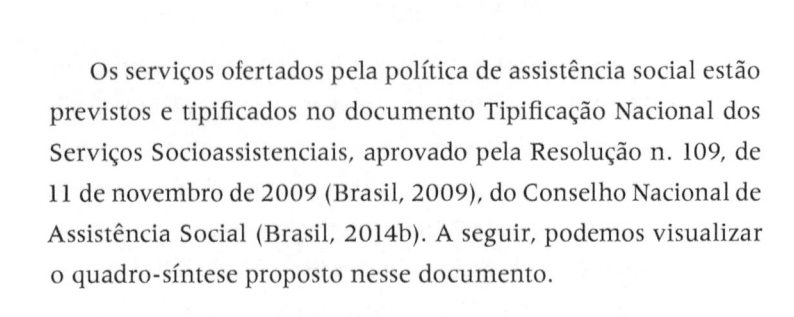

Os serviços ofertados pela política de assistência social estão previstos e tipificados no documento Tipificação Nacional dos Serviços Socioassistenciais, aprovado pela Resolução n. 109, de 11 de novembro de 2009 (Brasil, 2009), do Conselho Nacional de Assistência Social (Brasil, 2014b). A seguir, podemos visualizar o quadro-síntese proposto nesse documento.

Quadro 5.1 – Síntese dos serviços socioassistenciais ofertados pelo SUAS

| PROTEÇÃO SOCIAL BÁSICA | | 1. Serviço de Proteção e Atendimento Integral à Família (PAIF); 2. Serviço de Convivência e Fortalecimento de Vínculos; 3. Serviço de Proteção Social Básica no Domicílio para Pessoas com Deficiência e Idosas. |
|---|---|---|
| PROTEÇÃO SOCIAL ESPECIAL | Média Complexidade | 1. Serviço de Proteção e Atendimento Especializado a Famílias [e] Indivíduos (PAEFI); 2. Serviço Especializado em Abordagem Social; 3. Serviço de proteção social a adolescentes em cumprimento de medida socioeducativa de Liberdade Assistida (LA) e de Prestação de Serviços à Comunidade (PSC); 4. Serviço de Proteção Social Especial para Pessoas com Deficiência, Idosas e suas Famílias; 5. Serviço Especializado para Pessoas em Situação de Rua. |
| | Alta Complexidade | 1. Serviço de Acolhimento Institucional; 2. Serviço de Acolhimento em República; 3. Serviço de Acolhimento em Família Acolhedora; 4. Serviço de proteção em situações de calamidades públicas e de emergências. |

Fonte: Brasil, 2014b, p. 10.

Há previsão de atendimento da pessoa idosa em diversos serviços socioassistenciais. Na proteção social básica, os três serviços previstos compreendem a pessoa idosa. O PAIF prevê o atendimento social das famílias em situação de vulnerabilidade, e nestas estão inclusas todas as faixas etárias. O Serviço de Convivência e Fortalecimento de Vínculos (SCFV) é prestado por meio da realização de grupos, que se reúnem periodicamente e são formados por faixa etária, estando previstos os SCFVs para pessoas idosas, que

> Tem por foco o desenvolvimento de atividades que contribuam no processo de envelhecimento saudável, no desenvolvimento da autonomia e de sociabilidades, no fortalecimento dos vínculos familiares e do convívio comunitário e na prevenção de situações de risco social [...]. (Brasil, 2014b, p. 18)

O serviço de proteção social básica no domicílio para pessoas com deficiência e idosas visa ao atendimento daqueles que não dispõem de possibilidade de ir até os locais em que são ofertados os SCFVs e que se encontram com maior limitação aos espaços residenciais. Esse serviço "tem por finalidade a prevenção de agravos que possam provocar o rompimento de vínculos familiares e sociais dos usuários" (Brasil, 2014b, p. 25). Assim, a política de assistência social prevê atendimentos que buscam fortalecer o papel protetor da família, os vínculos familiares e comunitários da pessoa idosa, bem como sua participação social. Os serviços de proteção social básica são encontrados descentralizados nos territórios, nas unidades denominadas de Centros de Referência de Assistência Social (CRAS).

Na proteção social especial de média complexidade, os atendimentos são ofertados majoritariamente nos Centros de Referência Especializados de Assistência Social (CREAS) e voltam-se a famílias e/ou indivíduos que se encontrem em situação de violação de direitos. Damos destaque, nesse grupo, ao serviço de proteção social especial para pessoas com deficiência, idosas e suas famílias. Segue descrição do serviço:

> Serviço para a oferta de atendimento especializado a famílias com pessoas com deficiência e idosos com algum grau de dependência, que tiveram suas limitações agravadas por violações de direitos, tais como: exploração da imagem, isolamento, confinamento, atitudes discriminatórias e preconceituosas no seio da família, falta de cuidados adequados por parte do cuidador, alto grau de estresse do cuidador, desvalorização da potencialidade/capacidade da pessoa, dentre outras que agravam a dependência e comprometem o desenvolvimento da autonomia. (Brasil, 2014b, p. 37)

Nas cidades em que há CREAS, eles se tornam referências para o atendimento das pessoas idosas vítimas de violência. Quando não há CREAS, deve ser composta uma equipe responsável por esse tipo de atendimento, vinculada diretamente à Secretaria Municipal de Assistência Social ou órgão equivalente no município. O atendimento realizado prevê a participação familiar e a superação das situações que levaram às violações de direitos ocorridas.

Na proteção social especial de alta complexidade encontram-se os serviços de acolhimento institucional, podendo ser organizados como casas lares ou abrigos institucionais – as ILPIs. O acolhimento institucional é recomendado para os casos em que a pessoa idosa não tenha família ou que esta não seja capaz de cumprir com sua função protetiva. Vale destacar que todo atendimento socioassistencial prioriza a permanência da pessoa em sua própria família.

O Estatuto da Pessoa Idosa foi aprovado antes da aprovação da Tipificação Nacional dos Serviços Socioassistenciais, como também antes da implantação do próprio SUAS e, por isso, não faz menção direta a esses modelos. Aponta, contudo, no art. 33, para o necessário respeito à Lei Orgânica da Assistência Social (LOAS) – Lei n. 8.742, de 7 de dezembro de 1993 (Brasil, 1993b) – e ao SUS. Embora o artigo esteja incompleto ao não mencionar o SUAS e, em partes, incoerente, por fazer vinculação direta ao SUS, que regula as ações de outra política pública, que é a saúde, existe uma coerência, na medida em que os serviços socioassistenciais prestados às pessoas idosas precisam estar alinhados às normas da Anvisa. Destaca-se, nesse sentido, a Resolução RDC n. 283/2005, norma da Anvisa, que estabelece critérios e diretrizes para o funcionamento das ILPIs.

O serviço de acolhimento institucional (em ILPIs ou casas lares para pessoas idosas) é o único serviço socioassistencial ao qual é facultada a possibilidade de cobrança de mensalidade. Isso é regulamentado pelo Estatuto da Pessoa Idosa, no art. 35, que define um teto máximo de cobrança direta à pessoa idosa, equivalente a 70% de seus rendimentos.

Para além dos serviços socioassistenciais, a política de assistência social compreende também o atendimento com benefícios, que são prestações materiais voltadas às pessoas/famílias em situação de vulnerabilidade ou risco social. Os benefícios socioassistenciais são subdivididos em benefícios eventuais e benefícios de transferência de renda.

Os benefícios eventuais compreendem situações cotidianas que afetam as famílias e podem impactar substancialmente as famílias de baixa renda, tais como o nascimento de uma nova criança, a morte de um dos integrantes, perdas decorrentes de calamidades, mudanças radicais como desemprego, divórcio, entre outras. Assim, estão disponíveis o benefício por situação de nascimento, o benefício por situação de morte e o benefício por situação de vulnerabilidade temporária. Todos eles adotam critérios próprios acerca das condições de acesso, os quais são definidos por legislação municipal e, portanto, diferenciam-se de município para município.

Os benefícios de transferência de renda, como o nome já permite supor, visam ao atendimento de família de baixa renda, buscando assegurar os mínimos sociais. Programas de transferência de renda podem ser desenvolvidos nos âmbitos nacional, estadual e municipal, articulados com ações de promoção social, acesso à educação, à saúde e ao trabalho. Um importante exemplo de programa de transferência de renda no Brasil é o Programa Bolsa Família, que alcançou as famílias de baixa e baixíssima renda em todo o território nacional.

Para além dos benefícios vinculados aos programas de transferência de renda, há grande destaque para o Benefício de Prestação Continuada (BPC), voltado especificamente para as pessoas idosas ou com deficiência.

Quando abordamos o direito aos alimentos, citamos o artigo do texto constitucional que prevê um salário-mínimo mensal para a pessoa idosa ou pessoa com deficiência que não consiga suprir sozinha seu sustento, nem ter o sustento suprido por sua família. Esse artigo foi regulamentado na LOAS, em que são mais bem detalhados os critérios para acesso. Destacamos a seguir, parte dos artigos que abordam o BPC na LOAS, para conhecimento e discussão:

> Art. 20. O benefício de prestação continuada é a garantia de um salário-mínimo mensal à pessoa com deficiência e ao idoso com 65 (sessenta e cinco) anos ou mais que comprovem não

possuir meios de prover a própria manutenção nem de tê-la provida por sua família.

§ 1º Para os efeitos do disposto no *caput*, a família é composta pelo requerente, o cônjuge ou companheiro, os pais e, na ausência de um deles, a madrasta ou o padrasto, os irmãos solteiros, os filhos e enteados solteiros e os menores tutelados, desde que vivam sob o mesmo teto.

[...]

§ 3º Observados os demais critérios de elegibilidade definidos nesta Lei, terão direito ao benefício financeiro de que trata o caput deste artigo a pessoa com deficiência ou a pessoa idosa com renda familiar mensal per capita igual ou inferior a 1/4 (um quarto) do salário-mínimo.

[...]

§ 14. O benefício de prestação continuada ou o benefício previdenciário no valor de até 1 (um) salário-mínimo concedido a idoso acima de 65 (sessenta e cinco) anos de idade ou pessoa com deficiência não será computado, para fins de concessão do benefício de prestação continuada a outro idoso ou pessoa com deficiência da mesma família, no cálculo da renda a que se refere o § 3º deste artigo.

[...]

Art. 21. O benefício de prestação continuada deve ser revisto a cada 2 (dois) anos para avaliação da continuidade das condições que lhe deram origem. (Brasil, 1993b)

Tais fragmentos aqui destacados nos permitem perceber que o BPC não é universal, mas se restringe a pessoas idosas de baixíssima renda *per capita* familiar (igual ou inferior a um quarto de salário-mínimo). Também não se trata de benefício permanente (tal como as aposentadorias), pois deve ser revisado a cada dois anos. Coordenando essas informações com aquelas obtidas quando tratamos dos benefícios previdenciários, é possível presumir que parte da população idosa se encontra descoberta pela seguridade social, pois não contribuiu o suficiente para garantir o direito à aposentadoria, nem tem renda familiar tão baixa que a enquadre nas condições de acesso ao BPC. Ao falar de direitos da pessoa idosa, esse elemento precisa ser considerado, de modo que sejam fomentadas mudanças na legislação que permitam ampliar a cobertura dos benefícios da seguridade social.

Para aqueles que têm direito ao BPC, este é operacionalizado de maneira intersetorial. Seus recursos e suas regras de acesso advêm da política de assistência social. A rede de atendimento responsável pela avaliação dos critérios, bem como de gestão e disponibilização dos benefícios mensais, é da política de Previdência Social, por meio do INSS.

O fato de o BPC ser pago pelo INSS gera a falsa percepção de que se trata de uma aposentadoria. Mas, como já vimos, diferencia-se. A aposentadoria é concedida apenas àqueles que contribuíram segundo as exigências da Previdência Social e é permanente. O BPC não exige contribuição prévia, mas sim análise de critérios de renda familiar e, quando concedido, deve ser revisado a cada dois anos.

Chama a atenção ainda a linha de corte de idade, para concessão do BPC, que é estabelecida em 65 anos, distinguindo-se da maioria dos outros direitos previstos no Estatuto da Pessoa Idosa, que abrangem todas as pessoas com 60 anos ou mais.

A política de assistência social está descentralizada e presente em todos os municípios brasileiros, sendo uma alternativa importante para se consolidar também outros direitos previstos no

Estatuto da Pessoa Idosa. Suas unidades de atendimento podem: assegurar o direito à informação; promover o direito à participação familiar, comunitária e política; desenvolver ações de prevenção e proteção para os casos de violência; além de estimular o envelhecimento saudável e ativo. Sua atuação pode acontecer de maneira articulada com as demais políticas territoriais, como a saúde e a educação, ampliando acessos e propiciando mais efetivo exercício da cidadania pelas pessoas idosas.

**Para saber mais**

Para saber ainda mais sobre o conteúdo deste capítulo, recomendamos a leitura dos materiais indicados a seguir.

O livro *Estatuto do Idoso comentado*, publicado pela Editora Servanda em 2008, foi organizado por Naide Maria Pinheiro, promotora de Justiça de Defesa do Idoso e da Pessoa com Deficiência da Comarca de Natal. Conta com comentários de diferentes autores que atuam diretamente na área da defesa de direitos da pessoa idosa.

PINHEIRO, N. M. (Org.). **Estatuto do Idoso comentado.** Campinas: Servanda, 2008.

O livro *Dez Anos do Conselho Nacional dos direitos do idoso: repertórios e implicações de um processo democrático*, publicado em 2013 pela Secretaria de Direitos Humanos, em edição comemorativa, conta com textos de atores que fizeram parte da história do conselho nacional e da defesa de direitos da pessoa idosa no Brasil.

MULLER, N. P.; PARADA, A. (Org.). **Dez anos do Conselho Nacional dos direitos do idoso**: repertórios e implicações de um processo democrático. Brasília: Secretaria de Direitos Humanos, 2013.

## Síntese

Neste capítulo, discutimos acerca de importantes direitos das pessoas idosas, reconhecidos na legislação brasileira. Partimos da reflexão que **as crianças e os adolescentes são o futuro da humanidade. Mas a velhice é o nosso futuro.** Dessa forma, nosso debate acerca dos direitos da população idosa não é uma discussão que versa apenas sobre o outro, mas que nos diz respeito pessoalmente. Outro aspecto que permeou nossas considerações acerca do tema foi a constatação de que um envelhecimento ativo e saudável se constrói desde a tenra idade e perpassa todas as fases da vida. Assim, precisamos hoje nos preparar para o envelhecimento e preparar a sociedade para que seja inclusiva e respeitosa com todas as faixas etárias, inclusive com os mais velhos.

Destacamos, também, as conquistas do Estatuto da Pessoa Idosa, aprovado em 2003. Ainda que não esteja plenamente efetivado, trata-se de uma vitória, pois reafirma os direitos de igualdade entre as pessoas idosas e todas as outras, além de propor ações adequadas às especificidades da população idosa. Esse estatuto está alicerçado na Constituição Federal de 1988 e se efetiva a partir de políticas públicas das mais diversas áreas, que também contam com legislação própria.

Abordamos os direitos à vida, à liberdade, ao respeito e à dignidade, que indicam que não basta apenas envelhecer, não é suficiente acumular anos, mas é necessário que esse envelhecimento aconteça com saúde e o máximo de autonomia possível. Ressaltamos, inclusive, a capacidade e o direito das pessoas idosas de participar das decisões sobre suas próprias vidas, suas famílias e sociedade. Segundo a lei, toda pessoa idosa é livre para decidir sobre sua vida e participar politicamente, não havendo impeditivo legal, salvo nos casos de interdição, que exigem uma avaliação detalhada e a determinação judicial de um curador.

Vale lembrar que, para que a autonomia e a participação sejam garantidas, é fundamental reconhecer a pessoa idosa como um adulto que envelheceu e que tem muitas experiências, assim como vontades e projetos. Ser uma pessoa idosa não significa anular tudo o que se construiu na vida adulta. E seguindo por essa perspectiva, vai se evidenciando a necessidade de romper com os preconceitos socialmente construídos e reproduzidos, que geram discriminação, violência e uma imagem negativa acerca do envelhecimento.

Tratamos ainda do direito aos alimentos, que envolve a garantia da atenção às necessidades mais básicas da pessoa idosa, que é de responsabilidade primeira dos familiares e que podem também ser efetivado por meio de ação do Poder Público. Seguimos tratando do direito à educação, que não se restringe à educação para o trabalho, mas é compreendida como forma de potencializar o desenvolvimento pessoal e a cidadania.

Por fim, abordamos dois importantes direitos no âmbito da proteção social: a Previdência Social e a assistência social. Reconhecemos que a Previdência Social é organizada em uma lógica de seguro e, por isso, para que haja proteção na velhice, é fundamental o conhecimento e as oportunidades de contribuição durante a vida. Aprendemos que a política de assistência social não se limita ao atendimento da pobreza e é composta por um conjunto de serviços e benefícios organizados por meio do SUAS. Os serviços voltados às pessoas idosas vão desde a promoção dos vínculos familiares e comunitários, passando pela atenção diante de situações de violação de direitos, até mesmo à oferta de acolhimento institucional, que compreende moradia e cuidados integrais.

Esses são alguns entre tantos outros direitos previstos tanto no Estatuto da Pessoa Idosa quanto na legislação brasileira de maneira geral. A efetividade de todas essas previsões legais deve ocorrer no cotidiano da população idosa e, para isso, deve contar com toda a sociedade, com as famílias e com o Poder Público, por meio dos diversos setores.

Encerramos tomando algumas palavras proferidas pelo Sr. Kofi Annan, Secretário Geral das Nações Unidas, no discurso de abertura da II Assembleia Mundial sobre o Envelhecimento:

> Devemos reconhecer que, sendo maior o número de pessoas que recebem melhor educação e desfrutam de longevidade e boa saúde, os idosos podem contribuir mais do que nunca para a sociedade e, de fato, assim o fazem. Se incentivarmos sua participação ativa na sociedade e no desenvolvimento, podemos estar certos que [sic] seu talento e experiência inestimáveis. Os idosos que podem e querem trabalhar devem ter a oportunidade de assim o fazer, e todas as pessoas devem ter a oportunidade de continuar aprendendo ao longo da vida. (Brasil, 2003c, p. 14)

Assim, inspirados por essas palavras, acreditamos na importância de defender a efetivação dos direitos sociais das pessoas idosas, assegurando-lhes condições para um envelhecimento digno, bem como ampliando os caminhos de aprendizados que podem decorrer da valorização de quem já viveu longos anos.

# Questões para revisão

1. Os direitos da pessoa idosa estão dispostos principalmente na Lei n. 10.741/2003, o Estatuto da Pessoa Idosa. Esse estatuto é reconhecido como uma importante ação afirmativa no reconhecimento e defesa de direitos das pessoas idosas, no Brasil.

    Acerca do Estatuto da Pessoa Idosa, assinale a alternativa correta:

    a) O Estatuto da Pessoa Idosa é a lei que delibera acerca de todas as temáticas afetas às pessoas com 60 anos ou mais. Sua aprovação anulou os efeitos das demais legislações até então vigentes, bem como os artigos constitucionais acerca das pessoas idosas.
    b) O Estatuto da Pessoa Idosa reafirma os direitos previstos na Constituição Federal de 1988 e demais legislações, além de inserir novos direitos, que compreendem especificidades da população idosa.
    c) O Estatuto da Pessoa Idosa abrange, de maneira geral, os direitos da pessoa no Brasil. Por sua vez, o Estatuto do Idoso prevê situações mais pontuais, como o direito à aposentadoria e aos cuidados familiares.
    d) O Estatuto da Pessoa Idosa é voltado à definição das regras de inscrição na Previdência Social e de critérios para acesso aos benefícios de aposentadorias e pensões.
    e) O Estatuto da Pessoa Idosa foi aprovado imediatamente após a aprovação da Constituição Federal de 1988 sob o nome de Estatuto do Idoso, mudando de nome no ano de 2003.

2. O direito aos alimentos prevê que sejam asseguradas as condições mínimas de subsistência à pessoa idosa pela sua família

e, na impossibilidade desta, pelo Estado. Uma das alternativas para assegurar condições mínimas de sobrevivência às pessoas idosas, pelo Poder Público, é o benefício que garante um salário-mínimo mensal para aquelas que não dispõem de condições de assegurar seu próprio sustento nem de o ter suprido por sua família. Acerca desse benefício, assinale a alternativa correta:

a) Trata-se do BPC, regulamentado pela LOAS, que se constitui em uma aposentadoria voltada às pessoas idosas de baixa renda.
b) Trata-se do LOAS, regulamentado pela Previdência Social, que se destina às pessoas idosas com deficiências.
c) Trata-se do LOAS, regulamentado pelo SUAS, que é direito de todas as pessoas idosas que não conseguem se aposentar pelo INSS.
d) Trata-se do BPC, regulamentado pela LOAS, voltado às pessoas com 65 anos ou mais que se enquadrem nos critérios de baixa renda familiar.
e) Trata-se do BPC, regulamentado pela LOAS, voltado às pessoas com 60 anos ou mais com baixa renda familiar per capita.

3. O Estatuto da Pessoa Idosa prevê o atendimento preferencial das pessoas idosas com 60 anos ou mais. Contudo, no ano de 2017, foi aprovada a Lei n. 13.466/2017, que estabelece, entre as pessoas idosas, um grupo específico que passou a ter direito a uma prioridade ainda maior nos atendimentos.

Considerando as leis citadas, assinale a alternativa que apresenta a faixa etária com maior prioridade entre pessoas idosas:

a) Pessoas com 65 anos ou mais.

b) Pessoas com 70 anos ou mais.
c) Pessoas com 75 anos ou mais.
d) Pessoas com 80 anos ou mais.
e) Pessoas com 90 anos ou mais.

4. O direito à vida, assegurado para as pessoas idosas, compreende também o direito à saúde. No Brasil, a saúde é direito universal e, na condição de dever do Estado, é executado pelo SUS, que é operacionalizado a partir de diretrizes de universalização e integralidade. Explique, brevemente, sobre o direito aos medicamentos, relacionado ao direito à saúde, previsto para as pessoas idosas.

5. Um dos efeitos do preconceito contra a velhice e as pessoas idosas, em nossa sociedade, é a reprodução de situações de violência, que se expressam de distintas formas, tais como a violência física, psicológica, sexual, financeira, abandono, negligência e autonegligência. Indique quais são os órgãos ou instâncias públicas que podem ser acionados para denunciar práticas de violência contra a pessoa idosa.

## Questões para reflexão

1. Ampliar o conhecimento acerca dos direitos da pessoa idosa permite perceber que, para assegurar uma velhice com todos os direitos efetivados, devem ser realizadas ações durante a vida. Assim, hábitos e condições estruturais para uma vida saudável devem estar presentes desde a infância. Igualmente, o ensino sobre o envelhecimento precisa estar presente em todos os níveis da educação. E, também, as contribuições previdenciárias precisam ser garantidas no decorrer da vida produtiva.

Considere, em seu cotidiano e de seus familiares, em que medida as práticas de saúde, educação, trabalho e previdência estão favorecendo a construção de um caminho para um envelhecimento saudável e digno.

2. No âmbito das políticas de previdência e assistência social, identificamos uma lacuna na cobertura dos benefícios ofertados à população idosa. Para acesso às aposentadorias, é necessário um mínimo de contribuições prévias, logo, nem todas as pessoas idosas têm esse direito garantido. Embora seja interpretado como uma alternativa suficiente, o BPC, benefício assistencial de um salário-mínimo, não se destina a todo aquele que não consegue se aposentar, mas somente àqueles que pertencem a famílias de baixíssima renda.

Reflita acerca de possibilidades de melhorias na legislação social e nas políticas públicas para diminuir essa lacuna de coberturas, de modo a garantir que toda pessoa idosa tenha direito à renda e autonomia. O que você faria?

**Capítulo 6**
# Direitos e benefícios sociais voltados à pessoa idosa

Francielli Araujo Veiga

## Conteúdos do capítulo:

- Direito da pessoa idosa à programa habitacional, isenção de Imposto sobre a Propriedade Predial e Territorial Urbana (IPTU) e isenção de taxa de incêndio.
- Direito da pessoa idosa à transporte urbano gratuito.
- Direito a crédito consignado.
- Acesso à justiça.
- Ministério Público na proteção judicial dos interesses difusos, coletivos e individuais indisponíveis ou homogêneos e dos crimes.
- Interdição/curatela.

## Após o estudo deste capítulo, você será capaz de:

1. identificar importantes direitos da pessoa idosa previstos no ordenamento jurídico pátrio, em especial àqueles previstos na Lei n. 10.741, de 1º de outubro de 2003 (Brasil, 2003a), conhecida como Estatuto da Pessoa Idosa;
2. compreender os direitos das pessoas idosas à programa habitacional, isenção de IPTU e isenção de taxa de incêndio;
3. refletir sobre o acesso gratuito ao transporte urbano, ao crédito e à justiça;
4. conhecer sobre o processo judicial de interdição e curatela da pessoa idosa, a fim de viabilizar uma visão ampla do referido procedimento judicial.

As descobertas de novas tecnologias, decorrentes do avanço da ciência, podem auxiliar no desenvolvimento de novos remédios, tratamentos e políticas públicas que efetivamente contribuam para uma melhor qualidade de vida da população, viabilizando que os seres humanos sob o ponto de vista cronológico vivam mais.

De modo geral, os profissionais de saúde estão destinados a prestar atendimento a esse grupo de pessoas mais velhas que, para a Organização Mundial da Saúde (OMS), corresponde a todo indivíduo que conta com 60 (sessenta) anos ou mais nos países em desenvolvimento (BVS, 2023). Esse marco de tempo é também utilizado na Política Nacional do Idoso, instituída pela Lei n. 8.842, de 4 de janeiro de 1994 (Brasil, 1994), e no Estatuto da Pessoa Idosa, Lei n. 10.741/2003. Prestar um atendimento de qualidade, em especial, atento às garantias e políticas públicas destinadas a pessoas idosas é o que se espera do profissional cuja formação orbita a gerontologia.

No *Dicionário jurídico universitário*, para o direito constitucional e administrativo, *idoso* é "aquele que já entrou na velhice. Apresenta declínio nas funções físicas, emocionais e intelectuais, daí a necessidade de ser amparado pela família, pela sociedade e pelo Estado" (Diniz, 2010, p. 313).

No âmbito do direito previdenciário e constitucional, é

> aquele que, por força da velhice, tem direito à aposentadoria; aquele que goza de todos os direitos fundamentais inerentes à pessoa humana, assegurando-se-lhe, por lei ou por outros meios, todas as oportunidades e facilidades, para preservação de sua saúde física e mental e seu aperfeiçoamento moral, intelectual, espiritual e social, em condições de liberdade e dignidade. (Diniz, 2010, p. 313)

As conquistas da população idosa podem ser consideradas recentes quando se verifica que a primeira ação oriunda do Poder Público voltada a pessoas idosas no Brasil foi o I Seminário Nacional de Estratégias para o Idoso em Brasília, em 1976 (Hammerschmidt; Seima, 2019).

Em âmbito global, somente em 1982 ocorreu a Assembleia Mundial sobre o Envelhecimento, promovida pela Organização das Nações Unidas (ONU) na cidade de Viena, e cujo objetivo foi iniciar um programa internacional de ação para garantir a seguridade econômica e social das pessoas idosas, bem como oportunidades para que essas pessoas contribuam para o desenvolvimento de seus países (Hammerschmidt; Seima, 2019). Conforme exposto por Hammerschmidt e Seima (2019), com relação à legislação específica para a pessoa idosa no Brasil, até o fim da primeira metade da década de 1980 não houve avanços, mesmo com a influência do Plano de Viena e o clamor popular que exigia respostas governamentais acerca da situação da pessoa idosa no país (Hammerschmidt; Seima, 2019).

Apesar de tímida, a evolução normativa referente pessoas idosas no decorrer das décadas de 1970 e 1980, o advento da Constituição Federal de 1988 (Brasil, 1988a), a qual prevê explicitamente garantias para a população idosa, pode ser considerado o marco inicial para as demais legislações, sejam legislações inteiras e/ou dispositivos específicos que abrangem a pessoa idosa, como, por exemplo, a Lei n. 10.741/2003, que dispõe sobre o Estatuto da Pessoa Idosa, e a Lei n. 8.842, de 4 de janeiro de 1994 (Brasil, 1994), que versa sobre a Política Nacional do Idoso e que criou o Conselho Nacional do Idoso, tudo com o objetivo de viabilizar que os seres humanos tenham uma qualidade de vida melhor e mais longeva.

Diante do panorama apresentado, o estudo da gerontologia sob o ponto de vista social, sem dúvida, implica o conhecimento da legislação que trata sobre o assunto.

Portanto, estar atento ao que preceitua a legislação vigente, bem como às novas garantias conferidas pelos atos normativos à população idosa, é imprescindível para todos aqueles que se interessam pelo tema.

Antes de adentrarmos especificamente nos temas deste capítulo, vale recordar os ensinamentos do constitucionalista José Afonso da Silva (2012, p. 33), que conceitua o direito como "um fenômeno histórico-cultural, realidade ordenada, ou ordenação normativa da conduta segundo uma conexão de sentido".

Nesse sentido, Silva (2012, p. 854) esclarece que "os idosos não foram esquecidos pelo constituinte quando da promulgação da Constituição Federal de 1988". Sob essa ótica, verifica-se que somente com a promulgação da Constituição Federal de 1988, pela primeira vez, garantias às pessoas idosas estão explicitamente presentes no texto constitucional, a lei maior do país.

O art. 230 da Constituição Federal assim está disposto:

> A família, a sociedade e o Estado têm o dever de amparar as pessoas idosas, assegurando sua participação na comunidade, defendendo sua dignidade e bem-estar e garantindo-lhes o direito à vida. § 1º Os programas de amparo aos idosos serão executados preferencialmente em seus lares", garantindo-se, ainda, o benefício de um salário-mínimo mensal ao idoso que comprove "não possuir meios de prover a própria manutenção ou de tê-la provida por família, conforme dispuser a lei. (art. 203, V, Constituição Federal de 1988 – Brasil, 1988a)

E foram os pressupostos constitucionais citados que viabilizaram a promulgação da lei que trata da Política Nacional do

Idoso, em 1994, e o Estatuto da Pessoa Idosa, em 2003, sendo este último o diploma normativo base do estudo do presente capítulo.

## 6.1 Direito da pessoa idosa a programa habitacional

A Lei n. 10.741/2003 é especialmente dedicada à população idosa no Brasil. O Estatuto da Pessoa Idosa trata-se de um ato normativo voltado para garantia de direitos, bem como proteção das vulnerabilidades da pessoa idosa.

O Capítulo IX do Estatuto da Pessoa Idosa versa a respeito do acesso aos programas habitacionais. O art. 37 dispõe que a pessoa idosa tem direito à moradia "digna, no seio da família natural ou substituta, ou desacompanhado de seus familiares, quando assim o desejar, ou, ainda, em instituição pública ou privada" (Brasil, 2003a).

Sobre o direito à moradia, o art. 38 versa também acerca da prioridade na aquisição de imóvel para moradia própria nos programas habitacionais públicos ou subsidiados com recursos públicos. Além da reserva de 3% (três por cento) das unidades residenciais e habitacionais às pessoas idosas, é prevista a implantação de equipamentos urbanos comunitários voltados a essa parcela da população, bem como a eliminação de barreiras arquitetônicas e urbanísticas, para garantia de acessibilidade à pessoa idosa (art. 38, III, Lei n. 10.741/2003).

Os programas habitacionais deverão manter observância de "critérios de financiamento compatíveis com os rendimentos de aposentadoria e pensão" (art. 38, IV, Brasil, 2003a). Por fim, o parágrafo único do art. 38 citado ainda dispõe que "As unidades residenciais reservadas para atendimento a pessoas idosas devem situar-se, preferencialmente, no pavimento térreo" (Brasil, 2003a), tudo com o objetivo de garantir acessibilidade às pessoas idosas, em especial àquelas com mobilidade reduzida.

## 6.1.1 Isenção de IPTU

Quando o assunto é o IPTU, por se tratar de um imposto que cabe aos municípios brasileiros instituírem e cobrarem (art. 156, I, da Constituição Federal), não há lei federal que disponha sobre isenção do IPTU.

Caso haja previsão legal no município cujo imóvel esteja localizado, requerer esse benefício é importante para otimizar o orçamento da pessoa idosa, pois se trata de mais uma despesa em um orçamento já comprometido com remédios e alimentação por exemplo.

A título exemplificativo, no município de Curitiba vige a Lei Complementar n. 44, de 19 de dezembro de 2002 (Curitiba, 2002), que concede redução do IPTU para a pessoa idosa. No caso, além de ser pessoa idosa, é necessário que sejam preenchidos outros requisitos, como renda bruta familiar inferior a 3 (três) salários-mínimos nacionais e ser proprietário de um único imóvel de uso exclusivamente residencial. Cumprindo as condições previstas em lei, é possível, mediante requerimento, solicitar a redução do valor venal do único imóvel que a pessoa idosa possui e onde mora, para efeito de cálculo do IPTU.

Na cidade de São Paulo, a lei referente à isenção do IPTU – Lei n. 11.614, de 13 de julho de 1994 (São Paulo, 1994), concede isenção do IPTU, das taxas de conservação de vias e logradouros públicos, de limpeza pública e de combate a sinistros incidentes sobre imóvel integrante do patrimônio de aposentados, pensionistas e beneficiários de renda mensal vitalícia.

Por isso, é válido verificar se, no município em que está localizado o imóvel de propriedade da pessoa idosa, há lei referente ao benefício de isenção para pessoas idosas. Em caso positivo, essa parcela da população deve ser informada da possibilidade de isenção e orientada sobre quais são os requisitos que a lei exige, quais documentos devem ser reunidos e como proceder com o pedido nos órgãos públicos competentes.

## 6.1.2 Isenção de taxa de incêndio

Quando se trata de isenção de taxa de prevenção e combate a incêndio, o tema é bastante controvertido, tendo sido exigida manifestação do Supremo Tribunal Federal (STF) sobre o assunto.

O STF, na decisão do Recurso Extraordinário n. 643.247, do Estado de São Paulo, fixou a seguinte tese relacionada à cobrança de taxa pela utilização potencial do serviço de extinção de incêndio: "A segurança pública, presentes a prevenção e o combate aincêndios, faz-se, no campo da atividade precípua, pela unidade da Federação, e, porque serviço essencial, tem como a viabilizá-la a arrecadação de impostos, não cabendo ao Município a criação de taxa para tal fim" (STF, 2019b, p. 1).

Em outras palavras, significa que não cabe aos municípios exigirem o pagamento de taxa de incêndio, haja vista ser inconstitucional a cobrança por meio de taxa, por se tratar o serviço público de combate e prevenção a incêndio um serviço geral e indivisível, relacionado à segurança pública, que deve ser custeado por meio de impostos, e não de taxas.

Várias são as situações que chegaram para decisão no órgão máximo do Poder Judiciário do país. O julgamento, que se refere à taxa cobrada pelo Mato Grosso, segue a linha decisória estabelecida em oportunidades anteriores pelo STF, com destaque para as decisões tomadas no Recurso Extraordinário n. 643.247, do Estado de São Paulo (exposto anteriormente) e nas Ações Diretas de Inconstitucionalidade n. 2.424-8 do Estado do Ceará (STF, 2004), e n. 2.908, do Estado de Sergipe (STF, 2019a), sendo que a Suprema Corte em síntese entendeu pela impossibilidade de instituição de taxa, visando à prevenção de incêndios por municípios; pela exclusividade do imposto como tributo apto a custear atividades de segurança pública; e que a taxa anual de segurança contra incêndio teria como fato gerador a prestação de atividade essencial geral e indivisível pelo Corpo de Bombeiros, sendo de utilidade genérica e devendo ser custeada pela receita dos impostos (STF, 2020).

Portanto, observa-se que há controvérsia na cobrança da taxa de incêndio no âmbito do direito tributário. Assim, em razão das peculiaridades do serviço a ser prestado pelo Estado, pelo que indicam as decisões, a cobrança deve ser realizada por meio de impostos, e não por meio de taxa. Não será abordado com maior profundidade esse mérito, por se tratar de questão de ordem tributária. O importante é saber que o tema vem sendo discutido no Judiciário, que há projetos de lei com o escopo de vedar a cobrança da taxa de incêndio (pelo menos como ela vem sendo cobrada).

## Para saber mais

Para conhecer mais o Projeto de Lei n. 4.351, de 15 de junho de 2021, do Deputado Rodrigo Amorim, que propõe vedar a cobrança da taxa de incêndio no Estado do Rio de Janeiro, acesse o seguinte material:

> RIO DE JANEIRO. Projeto de Lei n. 4.351, de 15 de junho de 2021. Veda a cobrança da taxa de incêndio no Estado do Rio de Janeiro. 16 jun. 2021. Disponível em: <http://www3.alerj.rj.gov.br/lotus_notes/default.asp?id=144&url=L3NjcHJvMTky My5uc2YvMThjMWRkNjhmOTZiZTNlNzgzMjU2NmVjMD AxOGQ4MzMvYjY5YzZlYjE4NDY4YjI2OTAzMjU4NmY1MDA 1MDQ3MTg/T3BlbkRvY3VtZW50>. Acesso em: 13 nov. 2023.

## 6.2 Direito da pessoa idosa a transporte urbano gratuito

Quando se trata da isenção conferida às pessoas idosas do pagamento do valor da passagem em transportes coletivos, o legislador dedicou o Capítulo X do Estatuto da Pessoa Idosa. O art. 39 da Lei n. 10.741/2003 prevê o seguinte:

> Art. 39. Aos maiores de 65 (sessenta e cinco) anos fica assegurada a gratuidade dos transportes coletivos públicos urbanos e semiurbanos, exceto nos serviços seletivos e especiais, quando prestados paralelamente aos serviços regulares. (Brasil, 2003a)

É importante destacar que, para que a pessoa idosa usufrua dessa gratuidade, basta que seja apresentado qualquer documento que demonstre a pessoa ter idade igual ou superior a 65 (sessenta e cinco) anos.

A legislação ainda dispõe sobre a reserva de assentos para pessoas idosas, que será de 10% (dez por cento). Os assentos serão devidamente identificados com a placa de reservado preferencialmente para pessoas idosas (art. 39, § 2º, Lei n. 10.741/2003). Já com relação ao transporte coletivo interestadual, o Estatuto da Pessoa Idosa preceitua que deverá ser observada a legislação específica (art. 40).

De qualquer forma, o referido estatuto esclarece, no art. 40, inciso I, que haverá:

> I – a reserva de 2 (duas) vagas gratuitas por veículo para pessoas idosas com renda igual ou inferior a 2 (dois) salários mínimos;
>
> II – desconto de 50% (cinquenta por cento), no mínimo, no valor das passagens, para as pessoas idosas que excederem as vagas gratuitas, com renda igual ou inferior a 2 (dois) salários mínimos. (Brasil, 2003a)

Por fim, ainda tratando sobre o transporte para as pessoas idosas, é assegurada "a prioridade e a segurança da pessoa idosa nos procedimentos de embarque e desembarque nos veículos do sistema de transporte coletivo" (art. 42, Brasil, 2003a).

## 6.3 Direito ao crédito consignado

Com relação ao crédito consignado, trata-se de matéria delicada quando o serviço é disponibilizado às pessoas idosas, e as instituições financeiras devem atentar para alguns pontos relevantes.

O art. 6. da Lei n. 10.820, de 17 de dezembro de 2003 (Brasil, 2003b), que dispõe sobre a autorização para desconto de prestações em folha de pagamento, prevê o seguinte:

> Art. 6º Os titulares de benefícios de aposentadoria e pensão do Regime Geral de Previdência Social e do benefício de prestação continuada de que trata o art. 20 da Lei n. 8.742, de 7 de dezembro de 1993, poderão autorizar que o Instituto Nacional do Seguro Social (INSS) proceda aos descontos referidos no art. 1º

desta Lei e, de forma irrevogável e irretratável, que a instituição financeira na qual recebam os seus benefícios retenha, para fins de amortização, valores referentes ao pagamento mensal de empréstimos, financiamentos, cartões de crédito e operações de arrendamento mercantil por ela concedidos, quando previstos em contrato, na forma estabelecida em regulamento, observadas as normas editadas pelo INSS e ouvido o Conselho Nacional de Previdência Social

De todo modo, há previsão na lei citada de que:

§ 2º Em qualquer circunstância, a responsabilidade do INSS em relação às operações referidas no *caput* deste artigo restringe-se à:

I – retenção dos valores autorizados pelo beneficiário e repasse à instituição consignatária nas operações de desconto, não cabendo à autarquia responsabilidade solidária pelos débitos contratados pelo segurado; e

II – manutenção dos pagamentos do titular do benefício na mesma instituição financeira enquanto houver saldo devedor nas operações em que for autorizada a retenção, não cabendo à autarquia responsabilidade solidária pelos débitos contratados pelo segurado. (art. 6º, Brasil, 2003b)

Ainda, é importante destacar que conforme o art. 6º, parágrafo 3º, da Lei n. 10.820/2003, "É vedado ao titular de benefício que realizar qualquer das operações referidas nesta Lei solicitar a alteração da instituição financeira pagadora, enquanto houver saldo devedor em amortização" (Brasil, 2003b). Com o objetivo de evitar o endividamento das pessoas idosas beneficiárias do INSS, o legislador reservou ao parágrafo 5º do art. 6º o comando de que os descontos e as retenções mencionados no *caput* "não poderão ultrapassar o limite de 35% (trinta e cinco por cento) do valor dos benefícios" (Brasil, 2003b).

A previsão que consta no parágrafo 5º-A do art. 6º estabelece que até 5% do limite de que trata o parágrafo 5º poderá ser destinado à: amortização de despesas contraídas por meio de cartão de crédito ou cartão consignado de benefício; ou utilização com a finalidade de saque por meio de cartão de crédito ou cartão consignado de benefício.

Com o propósito de proteger a pessoa idosa, que, em razão de sua vulnerabilidade natural, está mais suscetível a ser vítima de golpes, o Estado do Paraná editou a Lei n. 20.276, de 29 de julho de 2020 (Paraná, 2020), que proíbe instituições financeiras de oferecer empréstimo a aposentados. Após questionamentos quanto à validade da norma estadual mencionada, o STF decidiu pela validade da Lei n. 20.276/2020, proveniente do Estado do Paraná.

Em decisão unânime, o colegiado julgou improcedente a Ação Direta de Inconstitucionalidade (Adin) n. 6.727 Paraná, de 12 de maio de 2021 (STF, 2021). O entendimento firmado pela Corte é de que a norma estadual trata estritamente da proteção do consumidor e da pessoa idosa, sem invasão de competência legislativa da União. Validou a lei do Paraná que proíbe a oferta e a celebração de contrato de empréstimo bancário com aposentados e pensionistas por ligação telefônica. Segundo a relatora, ministra Cármen Lúcia, a finalidade da norma é reforçar a proteção a esse grupo de consumidores (STF, 2021).

A Lei n. 20.276/2020, do Estado do Paraná, proíbe instituições financeiras, correspondentes bancários e sociedades de arrendamento mercantil de fazerem publicidade dirigida a aposentados e pensionistas e estabelece que a contratação de empréstimos somente pode ser realizada após solicitação expressa do aposentado ou do pensionista.

Na Adin, a Confederação Nacional do Sistema Financeiro sustentava que teria sido usurpada a competência legislativa da União para a disciplina sobre propaganda comercial, direito civil e política de crédito. A norma também seria contrária aos princípios da proporcionalidade e da livre iniciativa.

É possível verificar no voto da Ministra Cármem Lúcia que o objetivo é proteger a pessoa idosa. Ela destacou que a maior parte dos aposentados e pensionistas é composta de pessoas idosas, que devem ser protegidas e amparadas, nos termos do art. 230 da Constituição Federal e no Estatuto da Pessoa Idosa (Lei n. 10.741/2003).

E conclui que a norma estadual trata estritamente da proteção do consumidor e da pessoa idosa e não invade, portanto, a competência privativa da União alegada pela entidade. "O que se dispõe na lei paranaense é a adoção de política pública para a proteção econômica do idoso contra o assédio publicitário, não raro gerador de endividamento por onerosidade excessiva" (SFT, 2021, p. 13).

Para Cármen Lúcia, a norma estadual não interferiu em relações contratuais bancárias nem buscou disciplinar a produção e o conteúdo da propaganda comercial, mas apenas limitou a publicidade destinada à parcela de consumidores exposta a risco de dano (STF, 2021). A lei também não conflita com os princípios e as normas do Código de Defesa do Consumidor – Lei n. 8.078, de 11 de setembro de 1990 (Brasil, 1990a) –, mas apenas suplementa suas disposições, reforçando a proteção desse grupo.

Na mesma direção da lei paranaense, há a Lei n. 6.930, de 3 de agosto de 2021, do Distrito Federal (Distrito Federal, 2021), em vigor desde 4 de agosto de 2021, que também proíbe a oferta de crédito por telefone a pessoas idosas e aposentados. Em caso de descumprimento da nova lei, a instituição financeira pode ser multada em R$ 200 mil. Sem prejuízo da aplicação da multa, a reincidência na infração, dentro do mesmo ano fiscal, pode também acarretar a exclusão da inscrição estadual da empresa.

Na prática, objetiva-se coibir o assédio que pessoas idosas sofrem das instituições financeiras, cuja postura costuma ser a prática reiterada de ofertas de crédito de maneira excessiva e inapropriada.

O Capítulo VI-A do Código de Defesa do Consumidor trata da prevenção e do tratamento do superendividamento do consumidor. É um dispositivo recente, tendo sido incluído no referido diploma legal pela Lei n. 14.181, de 1º de julho de 2021 (Brasil, 2021a).

O art. 54-C, inciso IV, Lei n. 8.078/1990, aduz que é vedado, expressa ou implicitamente, na oferta de crédito ao consumidor, publicitária ou não:

> IV – assediar ou pressionar o consumidor para contratar o fornecimento de produto, serviço ou crédito, principalmente se se tratar de consumidor idoso, analfabeto, doente ou em estado de vulnerabilidade agravada ou se a contratação envolver prêmio; (Incluído pela Lei n. 14.181, de 2021)

Conforme pontua Schmitt (2010, p. 47-48), é na seara contratual que veremos exposta uma intensa vulnerabilidade do consumidor idoso perante o fornecedor, daí falarmos em *hipervulnerabilidade* como um paradigma a ser adotado na proteção do indivíduo mais fragilizado.

Nesse sentido, Marques (2016) sustenta que, quando se trata de consumidor "idoso" (assim considerado indistintamente aquele cuja idade está acima de 60 anos) é, porém, um consumidor de vulnerabilidade potencializada. Potencializada pela vulnerabilidade fática e técnica, pois é um leigo diante de um especialista organizado em cadeia de fornecimento de serviços, um leigo que necessita de modo premente dos serviços, diante de doença ou morte iminente, um leigo que não entende a complexa técnica atual dos contratos cativos de longa duração denominados *planos* de serviços de assistência à saúde ou assistência funerária (Marques, 2016, p. 650).

## Para saber mais

Caso tenha interesse em saber mais sobre a decisão do STF em relação à lei paranaense que proíbe a oferta de empréstimos a aposentados, consulte o seguinte material:

STF valida lei que proíbe banco de oferecer empréstimo a aposentado. **Migalhas**, 17 maio 2021. Disponível em: <https://www.migalhas.com.br/quentes/345595/stf-valida-lei-que-proibe-banco-de-oferecer-emprestimo-a-aposentado>. Acesso em: 13 nov. 2023.

Conhecer os direitos da pessoa idosa é imprescindível para auxiliar essa parcela da sociedade, e no caso de relações de consumo é importante saber como formalizar reclamações. A título exemplificativo, há essa possibilidade de registro no *site* Consumidor.gov.br:

BRASIL. **Consumidor.gov.br**. Disponível em: <https://www.consumidor.gov.br/pages/principal/?1695136217024>. Acesso em: 13 nov. 2023.

O *site* do Instituto Brasileiro de Defesa do Consumidor (Idec) também é um exemplo de instrumento a serviço do

> consumidor em geral, assim como às pessoas idosas, com informações importantes, inclusive sobre o empréstimo consignado:
>
> IDEC – Instituto Brasileiro de Defesa do Consumidor. Disponível em: <https://idec.org.br>. Acesso em: 13 nov. 2023.

## 6.4 Acesso à justiça

O acesso à justiça pode ser compreendido como o direito de invocar o exercício da jurisdição com o objetivo de resolver conflitos de interesses, e esse direito resulta na viabilização dos demais direitos reconhecidos e tutelados pelo ordenamento jurídico, devendo ser garantido a todos.

Nesse sentido, Cappelletti e Garth (1988, p. 12) afirmam que o acesso à justiça "deve ser encarado como requisito fundamental, o mais básico dos direitos humanos de um sistema jurídico moderno e igualitário que pretenda garantir, e não apenas proclamar direitos".

Ademais, é garantia constitucional de que o Estado prestará assistência jurídica gratuita aos reconhecidamente pobres, na acepção jurídica do termo.Essa garantia está longe de estar à disposição plena e efetiva daqueles que precisam recorrer ao Judiciário e não dispõem de condições para arcar com os custos de um processo.

Cappelletti e Garth (1988, p. 8) afirmam que não é fácil definir o significado da expressão *acesso à justiça*, mas sua definição serve para determinar duas finalidades do sistema jurídico, "sistema pelo qual as pessoas podem reivindicar seus direitos e/ou resolver seus litígios sob os auspícios do Estado. Primeiro, o sistema deve ser acessível a todos; segundo, ele deve produzir resultados que sejam individual e socialmente justos".

Gonçalves (2011, p. 415) aduz que "as pessoas ao abrirem mão de um direito devido aos motivos citados, se conformam ainda que à custa da insatisfação". Nesse sentido, Fátima Nancy Andrighi (1997) informa que está cientificamente comprovado pela medicina que a pendência de processo judicial ou a falta de condições de acesso à solução de um problema jurídico causa sofrimento que se manifesta sob a forma de aflição, de angústia, evoluindo para males psicossomáticos.

Nessa linha, há também que considerar que não basta apenas ter acesso à jurisdição, ter a faculdade de exercer o direito de ação, faz-se também necessário uma solução no menor espaço de tempo possível, que seja observada outra garantia prevista no art. 5º da Constituição, inciso LXXVIII, que prevê que: "a todos, no âmbito judicial e administrativo, são assegurados a razoável duração do processo e os meios que garantam a celeridade de sua tramitação" (Brasil, 1988a).

No que se refere ao acesso efetivo à justiça, este ocorre por meio da remoção de obstáculos. Pode-se citar, a título exemplificativo, a eliminação de empecilhos pelo Estado, a isenção das custas judiciais e a criação dos juizados especiais.

Nesse sentido, Mauro Simonassi (2013, p. 86) afirma que uma justiça rápida e efetiva "deve ser um objetivo a ser perseguido incessantemente de modo a atender ao comando constitucional inserto no art. 5º, inciso LXXVIII, da Constituição Federal". Porém, faz ressalva no sentido de que a celeridade não pode suplantar garantias constitucionais mínimas, sob pena de gerar insegurança jurídica com ofensa ao Estado constitucional de direito.

Às pessoas maiores de 60 (sessenta) anos é garantida prioridade de tramitação nos processos judiciais em curso qualquer juízo ou tribunal. O art. 1.048 da Lei n. 13.105, de 16 de março de 2015 (Brasil, 2015b), que trata do Código de Processo Civil, dispõe o seguinte:

> Art. 1.048. Terão prioridade de tramitação, em qualquer juízo ou tribunal, os procedimentos judiciais:
>
> I – em que figure como parte ou interessado pessoa com idade igual ou superior a 60 (sessenta) anos ou portadora de doença grave, assim compreendida qualquer das enumeradas no art. 6º, inciso XIV, da Lei n. 7.713, de 22 de dezembro de 1988.

## 6.4.1 Amplitude do direito de acesso à justiça

Carreira Alvim (2006, p. 177), sobre o acesso à justiça, afirma que a obra de Cappelletti "foi um marco na busca de soluções para tornar a Justiça uma instituição acessível a todos". Tal objetivo será alcançado, segundo Alvim (2006, p. 178), "reformulando as estruturas judiciárias, e, especialmente, as legislações processuais".

Alvim (2006, p. 185) afirma que a reforma dos procedimentos judiciais é de suma importância para modificar a engrenagem judiciária, de modo a "adotar procedimentos simples para demandas simples e procedimentos complexos para demandas complexas".

Sobre a primeira onda que trata da assistência judiciária gratuita, aduz Lenza (1997, p. 26) que essa fase é um "meio de superar as barreiras para o ingresso em juízo decorrentes da pobreza, desinformação", por exemplo.

A segunda fase versa sobre as reformas necessárias para a tutela dos interesses difusos, em especial aos consumidores e ao meio ambiente. Ainda, segundo Lenza (1997), hoje, esse problema está praticamente superado considerando a introdução do Código de Defesa do Consumidor – Lei n. 8.078/1990 – e a Lei n. 7.347, de 24 de julho de 1985 (Brasil, 1985) – Lei da Ação Civil Pública – no ordenamento jurídico brasileiro.

A terceira onda visa mudanças na própria atuação da justiça. "Essas devem ter como objetivo: tornar os procedimentos mais céleres, informais e econômicos para determinadas demandas; visar a promoção de uma justiça conciliativa, sem necessidade da observância de regras técnicas ou formalismos exagerados, mas, sim, com base no critério da equidade social" (Lenza, 1997, p. 27).

No que tange à informação e orientação sobre direitos, Marinoni (1999) afirma ser necessário que exista um trabalho de informação dos cidadãos a respeito dos direitos e, inclusive, sobre as novas formas de composição dos conflitos que vêm ganhando corpo no domínio da administração da justiça. "O Estado, a Ordem dos Advogados, a universidade, os veículos de comunicação de massa e outros setores da vida privada devem oferecer informação e orientação aos cidadãos a respeito dos direitos" (Marinoni, 1999, p. 81).

Reforçando o que fora exposto anteriormente, quando se trata da pessoa idosa, tanto no Estatuto da Pessoa Idosa – Lei n. 10.741/2003 – quanto no Código de Processo Civil – Lei n. 13.105/2015 –, há dispositivos que versam especificamente sobre a prioridade de tramitação conferida aos maiores de 60 anos.

No Código de Processo Civil – Lei n. 13.105/2015 –, conforme vimos anteriormente, está disposta a garantia de prioridade de tramitação dos processos judiciais quando a parte for pessoa idosa.

## 6.4.2 Ministério Público na proteção judicial dos interesses difusos, coletivos e individuais indisponíveis ou homogêneos

Conforme o art. 1º da Lei Complementar n. 40, de 14 de dezembro de 1981 (Brasil, 1981):

> Art. 1º O Ministério Público, é instituição permanente e essencial à função jurisdicional do Estado, é responsável, perante o Judiciário, pela defesa da ordem jurídica e dos interesses indisponíveis da sociedade, pela fiel observância da Constituição e das leis, e será organizado, nos Estados, de acordo com as normas gerais desta Lei Complementar.

Entre as principais funções do Ministério Público com relação às pessoas idosas está a seguinte: "instaurar o inquérito civil e a ação civil pública para a proteção dos direitos e interesses difusos ou coletivos, individuais indisponíveis e individuais homogêneos da pessoa idosa" (art. 74, I, do Estatuto da Pessoa Idosa, Brasil, 2003a); "promover e acompanhar as ações de alimentos, de interdição total ou parcial, de designação de curador especial, em circunstâncias que justifiquem a medida e oficiar em todos os feitos em que se discutam os direitos das pessoas idosas em condições de risco" (art. 74, II, Estatuto da Pessoa Idosa, Brasil, 2003a).

Em continuidade, as possibilidades de o Ministério Público poder atuar na proteção da pessoa idosa está presente na Lei n. 10.741/2003, art. 74, indicando a opção de o membro do Ministério Público poder atuar como substituto processual da pessoa idosa em situação de risco; instaurar sindicâncias, requisitar diligências investigatórias e a instauração de inquérito policial, para a apuração de ilícitos ou infrações às normas de proteção à pessoa idosa.

Além disso, é dever do órgão ministerial, conforme o art. 74 da Lei n. 10.741/2003:

> VII – zelar pelo efetivo respeito aos direitos e garantias legais assegurados à pessoa idosa, promovendo as medidas judiciais e extrajudiciais cabíveis;
>
> VIII – inspecionar as entidades públicas e particulares de atendimento [...]com a adoção de pronto de medidas administrativas ou judiciais necessárias à remoção de irregularidades porventura verificadas; [...]. (Brasil, 2003a)

Com relação à atuação em conjunto com o Poder Público, é interessante destacar a possibilidade de o membro do Ministério Público "IX – requisitar força policial, bem como a colaboração dos serviços de saúde, educacionais e de assistência social, públicos, para o desempenho de suas atribuições" (art. 74, Brasil, 2003a). Nesse sentido, é comum o envio de ofícios requisitando informações sobre eventual acompanhamento que a pessoa idosa realize, nos equipamentos de saúde (unidade básica de saúde, hospital, unidade de pronto atendimento etc.), de assistência social e demais órgãos públicos.

Vale destacar também que o representante do Ministério Público, no exercício de suas funções, terá livre acesso a toda entidade de atendimento à pessoa idosa.

Por fim, o art. 75 do Estatuto da Pessoa Idosa prevê ainda:

> Art. 75. Nos processos e procedimentos em que não for parte, atuará obrigatoriamente o Ministério Público na defesa dos direitos e interesses de que cuida esta Lei, hipóteses em que terá acesso aos processos depois das partes, podendo juntar documentos, requerer diligências e produção de outras provas, usando os recursos cabíveis. (Brasil, 2003a)

Observa-se que a legislação referente às atribuições do Ministério Público abarca vários dispositivos com vistas à proteção das pessoas idosas.

## 6.4.3 Proteção judicial dos interesses difusos, coletivos e individuais indisponíveis ou homogêneos

Antes de analisarmos especificamente a atuação do Ministério Público na proteção dos interesses difusos, coletivos e individuais, abordaremos brevemente o que são esses interesses protegidos por leis e como o Ministério Público pode atuar em defesa da proteção e observância desses interesses.

Os interesses ou direitos difusos são aqueles cujos titulares não são determináveis.

Rizzatto Nunes (2019, p. 816) afirma que "os detentores do direito subjetivo que se pretende regrar e proteger são indeterminados e indetermináveis". E continua ressaltando que:

> Isso não quer dizer que alguma pessoa em particular não esteja sofrendo a ameaça ou o dano concretamente falando, mas apenas e tão somente que se trata de uma espécie de direito que, apesar de atingir alguém em particular, merece especial guarida porque atinge simultaneamente a todos. (Rizzatto Nunes, 2019, p. 816)

Nesse sentido, podemos citar como exemplo uma propaganda enganosa veiculada em algum meio de comunicação. Estamos falando de um interesse difuso, pois a propaganda está dirigida a toda a comunidade.

Já nos interesses coletivos, que também podem ser direitos coletivos, os titulares são indeterminados, mas determináveis.

Rizzatto Nunes (2019) cita como exemplo a qualidade do ensino oferecido em uma escola. Trata-se de um exemplo de um direito coletivo. A qualidade do ensino é interesse e direito de todos os alunos, mas cada aluno é afetado em particular.

Sobre os interesses individuais homogêneos, trata-se de "questão que interessa a um grupo de pessoas determinável. A causa é comum e a situação provocada é igual para todos, embora a pretensão possa ser distinta. Por exemplo, a compra de um mesmo produto defeituoso por um conjunto de consumidores" (Senado Federal, 2023).

O Estatuto da Pessoa Idosa – Lei n. 10.741/2003 – aborda também sobre a proteção judicial dos interesses difusos, coletivos e individuais indisponíveis ou homogêneos. O art. 79 aduz o seguinte:

> Art. 79. Regem-se pelas disposições do Estatuto do Idoso as ações de responsabilidade por ofensa aos direitos assegurados à pessoa idosa, referentes à omissão ou ao oferecimento insatisfatório de:
>
> I – acesso às ações e serviços de saúde;
>
> II – atendimento especializado à pessoa idosa com deficiência ou com limitação incapacitante;
>
> III – atendimento especializado à pessoa idosa com doença infectocontagiosa;
>
> IV – serviço de assistência social visando ao amparo da pessoa idosa. (Brasil, 2003a)

Ainda indica que as ações previstas serão "propostas no foro do domicílio da pessoa idosa, cujo juízo terá competência absoluta para processar a causa, ressalvadas as competências da Justiça Federal e a competência originária dos Tribunais Superiores" (art. 80, Brasil, 2003a).

Por fim, a Lei n. 10.741/2003 indica o seguinte:

Art. 81. Para as ações cíveis fundadas em interesses difusos, coletivos, individuais indisponíveis ou homogêneos, consideram-se legitimados, concorrentemente:

I – o Ministério Público;

II – a União, os Estados, o Distrito Federal e os Municípios;

III – a Ordem dos Advogados do Brasil;

IV – as associações legalmente constituídas há pelo menos 1 (um) ano e que incluam entre os fins institucionais a defesa dos interesses e direitos da pessoa idosa, dispensada a autorização da assembleia, se houver prévia autorização estatutária. (Brasil, 2003a)

## 6.4.4 Crimes

O art. 4º do Estatuto da Pessoa Idosa estabelece que "nenhuma pessoa idosa será objeto de qualquer tipo de negligência, discriminação, violência, crueldade ou opressão, e todo atentado aos seus direitos, por ação ou omissão, será punido na forma da lei" (Brasil, 2003a). O referido diploma legal ainda prevê diversos crimes que infringem os direitos da pessoa idosa. As infrações que afetam os direitos daqueles com idade igual ou superior a 60 anos são as seguintes.

### 6.4.4.1 Discriminação contra a pessoa idosa

No art. 96 do Estatuto da Pessoa Idosa, há a previsão do crime de discriminação da pessoa idosa, que é impedir ou dificultar o acesso desta "a operações bancárias, aos meios de transporte, ao direito de contratar ou por qualquer outro meio ou instrumento necessário ao exercício da cidadania, por motivo de idade" (Brasil, 2003a). Nesse caso, a pena poderá a chegar a um ano de reclusão e multa.

Isso vale para quem "desdenhar, humilhar, menosprezar ou discriminar pessoa idosa, por qualquer motivo" (art. 96, § 1º, Brasil, 2003a).

É importante destacar que "não constitui crime a negativa de crédito motivada por superendividamento da pessoa idosa" (art. 96, § 3º, Brasil, 2003a).

### 6.4.4.2 Omissão de socorro

Sobre a omissão de socorro, o Estatuto da Pessoa Idosa, Lei n. 10.741/2003, indica que é crime:

> Art. 97. Deixar de prestar assistência à pessoa idosa, quando possível fazê-lo sem risco pessoal, em situação de iminente perigo, ou recusar, retardar ou dificultar sua assistência à saúde, sem justa causa, ou não pedir, nesses casos, o socorro de autoridade pública. (Brasil, 2003a)

Nesse caso, a pena será de detenção de seis meses a um ano e multa. Será aumentada a metade, "se da omissão resulta lesão corporal de natureza grave, e triplicada, se resulta a morte" (art. 97, parágrafo único, Brasil, 2003a).

### 6.4.4.3 Abandono de pessoa idosa

Outro crime contra a pessoa idosa previsto na Lei n. 10.741/2003 é: "Art. 98. Abandonar a pessoa idosa em hospitais, casas de saúde, entidades de longa permanência, ou congêneres, ou não prover suas necessidades básicas, quando obrigado por lei ou mandado"

(Brasil, 2003a). Nesse caso, a pena de detenção poderá chegar a três anos e multa.

### 6.4.4.4 Maus-tratos contra a pessoa idosa

O crime de maus-tratos contra a pessoa idosa se configura do seguinte modo:

> Art. 99. Expor a perigo a integridade e a saúde, física ou psíquica, da pessoa idosa, submetendo-a a condições desumanas ou degradantes ou privando-a de alimentos e cuidados indispensáveis, quando obrigado a fazê-lo, ou sujeitando-a a trabalho excessivo ou inadequado. (Brasil, 2003a)

A pena de detenção poderá variar de dois meses a um ano e multa. Ainda, há a previsão de que, se do fato resulta lesão corporal de natureza grave, a pena passa a ser de reclusão, variando de um a quatro anos. No caso de morte, a pena mínima será de quatro anos e poderá chegar a doze anos.

### 6.4.4.5 Impedimento de acesso de pessoa idosa a cargo público

Quanto ao impedimento de acesso da pessoa idosa a cargo público por motivo da idade, há a previsão de que a referida conduta é crime cuja pena será de reclusão de 6 seis meses a um ano e multa (art. 100 da Lei n. 10.741/2003). Também poderá incorrer em crime a recusa de emprego ou trabalho por motivo de idade.

A recusa de atendimento à pessoa idosa, retardar ou dificultar atendimento ou deixar de prestar assistência à saúde, sem justa causa, também é passível de punição, bem como a desobediência à ordem judicial emanada em ação civil pública cuja definição é deixar de cumprir, retardar ou frustrar, sem justo motivo, a execução de ordem judicial expedida na ação civil a que alude o Estatuto da Pessoa Idosa.

O crime de desobediência à requisição do Ministério Público, que se configura com a ação de recusar, retardar ou omitir dados técnicos indispensáveis à propositura da ação civil, é objeto da Lei n. 10.741/2003.

Por fim, configura crime a desobediência à ordem judicial em ação em que pessoa idosa seja parte ou interveniente. Todos os dispositivos citados, caso seja verificada a ocorrência de qualquer um, são passíveis de punição com reclusão de seis meses a um ano e multa (art. 100 da Lei n. 10.741/2003).

É também uma conduta prevista como crime contra a pessoa idosa, segundo a Lei n. 10.741/2003: "Art. 101. Deixar de cumprir, retardar ou frustrar, sem justo motivo, a execução de ordem judicial expedida nas ações em que for parte ou interveniente a pessoa idosa" (Brasil, 2003a). Nesse caso, a pena de detenção é de seis meses a um ano e multa.

### 6.4.4.6 Apropriação indébita de bens da pessoa idosa

A Lei n. 10.741/2003 prevê o crime de apropriação indébita dos bens da pessoa idosa, que conforme disposto no art. 102 se configura com a ação de "Apropriar-se de ou desviar bens, proventos, pensão ou qualquer outro rendimento da pessoa idosa, dando-lhes aplicação diversa da de sua finalidade" (Brasil, 2003a). A pena será de reclusão de um a 4 quatro anos e multa.

### 6.4.4.7 Negativa de acolhimento da pessoa idosa

A negativa de acolhimento da pessoa idosa prevista no art. 103 da Lei n. 10.741/2003 ou "a negativa de permanência da pessoa idosa, como abrigada, por recusa desta em outorgar procuração à entidade de atendimento" poderá ser penalizada com detenção de seis meses a um ano e multa (Brasil, 2003a).

### 6.4.4.8 Retenção de cartão magnético ou outro documento de pessoa idosa para garantia de dívida

O crime de retenção de cartão magnético ou outro documento de pessoa idosa para garantia de dívida é conduta prevista no art. 104 da Lei n. 10.741/2003:

> Art. 104. Reter o cartão magnético de conta bancária relativa a benefícios, proventos ou pensão da pessoa idosa, bem como qualquer outro documento com objetivo de assegurar recebimento ou ressarcimento de dívida:
>
> Pena – detenção de 6 (seis) meses a 2 (dois) anos e multa. (Brasil, 2003a)

### 6.4.4.9 Exibição de informações ou imagens depreciativas ou injuriosas de pessoas idosas

Está também previsto no Estatuto da Pessoa Idosa o crime de exibição de informações ou imagens depreciativas ou injuriosas de pessoas idosas. A exibição ou veiculação por qualquer meio de comunicação poderá acarretar detenção de um a três anos e multa, conforme prevê o art. 105 da Lei n. 10.741/2003.

### 6.4.4.10 Abuso de pessoa idosa sem discernimento

Caracteriza o crime de abuso de pessoa idosa sem discernimento "induzir pessoa idosa sem discernimento de seus atos a outorgar procuração para fins de administração de bens ou deles dispor livremente" (art. 106 da Lei n. 10.741/2003). Nesse caso, a pena prevista é a de reclusão de dois a quatro anos.

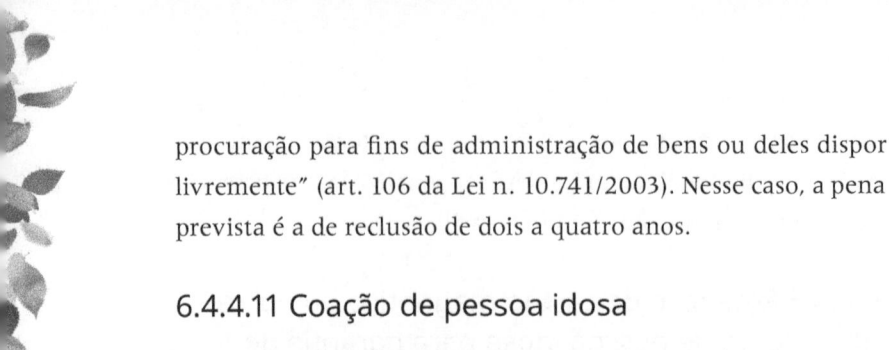

### 6.4.4.11 Coação de pessoa idosa

Há também o crime de coação praticado contra a pessoa idosa que se caracteriza da seguinte maneira: "Coagir, de qualquer modo, a pessoa idosa a doar, contratar, testar ou outorgar procuração: Pena – reclusão de 2 (dois) a 5 (cinco) anos" (art. 107, Brasil, 2003a).

### 6.4.4.12 Lavratura ilegal de ato notarial

Por fim, é possível encontrar no Estatuto da Pessoa Idosa o crime de lavratura ilegal de ato notarial. Esse crime está previsto no art. 108 da Lei n. 10.741/2003 e se configura com a ação de "lavrar ato notarial que envolva pessoa idosa sem discernimento de seus atos, sem a devida representação legal" (Brasil, 2003a). A pena será de reclusão de dois a quatro anos.

## 6.5 Interdição/curatela

O processo de interdição judicial da pessoa idosa é um tema sensível e delicado para a família. Ocorre quando a pessoa idosa já não tem condições de gerir seus atos, que, de acordo com Nascimento (2020), é a perda da "lucidez e a capacidade para a prática dos atos da vida civil, e se encontrar incapacitado de fato, mesmo que passageiramente, em decorrência de doenças ou de seus efeitos, como o Alzheimer, o Acidente Vascular Cerebral – AVC, a Demência Senil, e outras".

Segundo o *Dicionário jurídico universitário*, a interdição, "nas linguagens comum e jurídica, é a proibição de praticar ou de gozar direitos em seu favor ou em defesa da coletividade" (Diniz, 2010, p. 333).

A curatela trata-se do "encargo público que a lei comete a alguém para reger, defender e administrar os bens de uma pessoa maior que, por si só, não está em condições de fazê-lo, em razão de enfermidade física ou mental" (Diniz, 2010, p. 175).

Gagliano e Pamplona Filho (2019, p. 1.484) afirmam que a tutela e a curatela "são institutos autônomos, mas com uma finalidade em comum, qual seja, propiciar a representação legal e a administração de sujeitos incapazes de praticar atos jurídicos".

Os autores complementam, ensinando que a curatela visa "proteger a pessoa maior, padecente de alguma incapacidade ou de certa circunstância que impeça a sua livre e consciente manifestação de vontade" (Gagliano; Pamplona Filho, 2019, p. 1.498).

Com o advento da Lei n. 13.146, de 6 de julho de 2015 (Brasil, 2015c), que instituiu o Estatuto da Pessoa com Deficiência, Gagliano e Pamplona Filho (2019, p. 1.498) ensinam que "a curatela em face dos sujeitos alcançados por esse microssistema, passaria a ter uma nova estrutura e configuração. Nos termos do art. 85, observa-se que a curatela do deficiente é medida extraordinária e voltada tão somente à prática de atos de natureza patrimonial e negocial".

Para o jurista Paulo Lôbo (2015):

> não há que se falar mais de "interdição", que, em nosso direito, sempre teve por finalidade vedar o exercício, pela pessoa com deficiência mental ou intelectual, de todos os atos da vida civil, impondo-se a mediação de seu curador. Cuidar-se-á, apenas, de curatela específica, para determinados atos.

Nessa linha de raciocínio, em posição de preferência, encontra-se o instituto jurídico da tomada de decisão apoiada, disposto no art. 1.783-A do Código Civil – Lei n. 10.406, de 10 de janeiro de 2002 (Brasil, 2002).

Gagliano e Pamplona Filho (2019, p. 1.502) aduzem que, em essência:

> cuida-se de um processo pelo qual a pessoa com deficiência elege, pelo menos, duas pessoas idôneas, com as quais mantenha vínculos e que gozem de sua confiança, para prestar-lhe apoio na tomada de decisão sobre atos da vida civil, fornecendo-lhes os elementos e as informações necessários para que possa exercer sua capacidade.

E complementam, afirmando que, inclusive, a própria pessoa com deficiência tem legitimidade exclusiva para requerer o procedimento de Tomada de Decisão Apoiada (TDA). Portanto, na tomada de decisão pelo processo de curatela da pessoa idosa, "deverá ser levado em consideração se a pessoa idosa, em decorrência enfermidades relacionadas à idade, teve uma redução na sua capacidade de tomada decisão que possa comprometer a boa gestão de seus bens, bem como a prática de todos os demais atos da vida civil" (Gagliano; Pamplona Filho, 2019, p. 1.502).

A curatela pode ser solicitada por parentes, cônjuge ou companheiro, pelo próprio indivíduo, pelo representante de entidade em que se encontre abrigada a pessoa idosa e, subsidiariamente, pelo Ministério Público.

Vale recordar que aquele que for designado como curador de uma pessoa idosa tem a obrigação de prestar contas da administração dos bens do curatelado. Trata-se de um dever que decorre do encargo público concedido pelo Poder Judiciário e para o qual, em regra, o responsável é intimado na própria sentença. A prestação de contas é a forma de fiscalização pelo Poder Judiciário e pelo Ministério Público do exercício da curatela.

Assim, diante do que foi abordado neste capítulo, podemos possível observar que a Lei n. 10.741/2003, que dispõe sobre o Estatuto da Pessoa Idosa, foi um marco importante no que tange à previsão de garantias e proteção da população idosa no Brasil. Trata-se de um instrumento normativo que pode ser considerado recente, haja vista que, em 2023, foram completados 20 anos de sua regulamentação.

Trata-se de um passo condizente com a realidade da sociedade brasileira, que passou a viver mais. O Estatuto da Pessoa Idosa aprofundou a proteção e as garantias previstas na Constituição Federal de 1988. Conhecer as garantias das pessoas idosas previstas em lei, como: preferência de acesso à programa habitacional; isenção do IPTU; direito ao transporte público gratuito; proteção diante das instituições financeiras que oferecem de maneira inapropriada crédito consignado às pessoas idosas; garantia de acesso à justiça com previsão expressa na legislação processual civil acerca da prioridade de tramitação dos processos judiciais em que uma das partes seja idosa; atuação do Ministério Público na proteção dos interesses das pessoas idosas; assim como a tipificação de crimes praticados especificamente contra a pessoa idosa, com pena de reclusão, multa e casos de aumento de pena. Enfim, é de suma importância manter-se atualizado para conseguir informar, orientar e encaminhar as pessoas idosas com as quais se convive ou cujo contato provém do trabalho na área da saúde, assistência social e demais atividades, de modo a coibir eventual omissão do Poder Público em efetivamente fazer valer, sob o ponto de vista material, o que prevê a legislação, de forma que esta não permaneça somente no plano formal da letra da lei, pois as leis são feitas para serem observadas e cumpridas.

Nesse sentido, é interessante destacar que o direito é fruto dos anseios, das lutas e conquistas da sociedade. Contudo, ainda há notícias de desrespeito, de crimes praticados contra a pessoa idosa e cabe a cada um se posicionar contrário a qualquer tipo de ilegalidade e/ou inobservância à dignidade da pessoa idosa, ao dever de serem proporcionadas condições de vida capazes de viabilizar o exercício dos demais direitos garantidos para uma vida plena. Desrespeito não deve ser tolerado em nenhuma circunstância. E, como dito, proteger as pessoas idosas, em razão de suas vulnerabilidades inerentes da idade avançada e/ou em decorrência de enfermidades, é dever de todos.

## Síntese

Neste capítulo, foi possível aprofundar o conhecimento da Lei n. 10.741/2003, conhecida como o Estatuto da Pessoa Idosa. Entre os direitos e as garantias conferidas à população com idade igual ou superior a 60 anos, foram abordados os direitos da pessoa idosa à programa habitacional, as garantias previstas na legislação, como a prioridade na aquisição de imóvel para moradia própria nos programas habitacionais públicos ou subsidiados com recursos públicos, a implantação de equipamentos urbanos comunitários voltados à pessoa idosa e a eliminação de barreiras arquitetônicas e urbanísticas, para garantia de acessibilidade à pessoa idosa.

Com relação à isenção de IPTU, foi observado o fato de que, por se tratar de um imposto que cabe aos municípios fazer a cobrança, não há lei federal que regule a matéria, sendo, portanto, válido verificar se o município em que está localizado o imóvel de propriedade da pessoa idosa possui lei referente ao benefício da isenção e que a pessoa seja orientada sobre quais são os requisitos que a lei exige para realizar o pedido de isenção junto aos órgãos públicos competentes.

Sobre a isenção de taxa de incêndio, foi examinado que há diversas situações sendo apreciadas pelo órgão máximo do Poder Judiciário do país e até o momento o entendimento é de que não cabe aos municípios exigir o pagamento de taxa de incêndio, haja vista ser inconstitucional a cobrança por meio de taxa, por se tratar o serviço público de combate e prevenção a incêndio, um serviço geral e indivisível relacionado à segurança pública e que deve ser custeado por meio de impostos, não por meio de taxas. Nesse sentido, é possível observar que há divergência de ordem tributária sobre a questão.

Também foram tecidas considerações sobre o acesso gratuito ao transporte urbano, e para que a pessoa idosa usufrua dessa gratuidade, basta que seja apresentado qualquer documento que comprove idade igual ou superior a 65 anos.

Matéria de grande relevância também abordada tratou do acesso ao crédito e da prevenção do superendividamento da pessoa idosa. Foram exploradas legislações estaduais que versam a respeito da necessidade de proteção da pessoa idosa contra o superendividamento, assim como a decisão do STF acerca da constitucionalidade das referidas leis, que vedam a oferta de crédito ao consumidor, qualquer espécie de assédio ou pressão sobre o consumidor para contratar o fornecimento de produto, serviço ou crédito, principalmente se tratar-se de consumidor idoso, analfabeto, doente ou em estado de vulnerabilidade agravada.

Verificamos considerações no tocante ao acesso à justiça, em especial a previsão no Código de Processo Civil – Lei n. 13.105/2015 – sobre a prioridade de tramitação dos processos judiciais quando uma das partes ou interessado se tratar de pessoa com idade igual ou superior a 60 anos.

Outro tema importante abordado tem relação com a atuação do Ministério Público na proteção judicial dos interesses difusos, coletivos e individuais indisponíveis ou homogêneos das pessoas idosas e as condutas consideradas crimes praticados contra essa parcela da população presentes no Estatuto da Pessoa Idosa, como omissão de socorro, discriminação, maus-tratos e apropriação indébita de bens.

Por fim, foi ponderado a respeito do processo judicial de interdição e curatela da pessoa idosa, que se trata de uma situação extremamente delicada e sensível para os familiares, haja vista que ocorre quando a pessoa idosa se encontra impossibilitada de praticar atos jurídicos. O objetivo foi viabilizar uma visão ampla do referido procedimento judicial.

## Questões para revisão

1. No ordenamento jurídico brasileiro existe legislação que visa especificamente à proteção da pessoa idosa?

2. Com base no objeto de estudo do presente capítulo, cite algumas garantias e direitos previstos no Estatuto da Pessoa Idosa.

3. De acordo com o estabelecido no Estatuto da Pessoa Idosa, fica assegurada a gratuidade dos transportes coletivos públicos urbanos e semiurbanos, exceto nos serviços seletivos e especiais, quando prestados paralelamente aos serviços regulares, aos maiores de:
    a) 65 anos.
    b) 75 anos.
    c) 60 anos.
    d) 70 anos.
    e) 62 anos.

4. (Fundatec – 2022 – IPE Saúde) Analise as assertivas abaixo extraídas da Lei nº 10.741/2003 (Estatuto do Idoso):
   I) O idoso goza de todos os direitos fundamentais inerentes à pessoa humana, sem prejuízo da proteção integral de que trata esta Lei, assegurando-se-lhe, por lei ou por outros meios, todas as oportunidades e facilidades, para preservação de sua saúde física e mental e seu aperfeiçoamento moral, intelectual, espiritual e social, em condições de liberdade e dignidade.
   II) É apenas obrigação da família assegurar ao idoso, com absoluta prioridade, a efetivação do direito à vida, à saúde, à alimentação, à educação, à cultura, ao esporte, ao lazer, ao trabalho, à cidadania, à liberdade, à dignidade, ao respeito e à convivência familiar e comunitária.
   III) É obrigação do Estado e da família garantir à pessoa adulta e idosa a proteção à vida e à saúde, mediante efetivação de políticas sociais públicas que permitam um envelhecimento saudável e em condições de dignidade.

   Quais estão corretas?
   a) Apenas I.
   b) Apenas II.
   c) Apenas III.
   d) Apenas I e II.
   e) Apenas I e III.

5. (Ieses – 2021 – TJ-RO) O Estatuto do Idoso (Lei nº 10.741/2003 e suas alterações) inseriu no ordenamento jurídico uma série

de normas de proteções ao idoso. A respeito do assunto, leia as assertivas a seguir e responda:

I) Considera-se idosa toda pessoa com idade igual ou superior a 65 (sessenta e cinco) anos.

II) Dentre os idosos, é assegurada prioridade especial aos maiores de 80 (oitenta) anos, atendendo-se suas necessidades sempre preferencialmente em relação aos demais idosos.

III) Considera-se crime induzir pessoa idosa sem discernimento de seus atos a outorgar procuração para fins de administração de bens ou deles dispor livremente, punível com reclusão.

IV) É infração administrativa lavrar ato notarial que envolva pessoa idosa sem discernimento de seus atos, sem a devida representação legal, não sendo punido criminalmente.

Considerando as assertivas acima, assinale a alternativa correta:

a) Apenas estão corretas as assertivas II e III.
b) Apenas estão corretas as assertivas II, III e IV.
c) Apenas a assertiva II está correta.
d) Estão corretas as assertivas I, II, III e IV.

## Questão para reflexão

1. Leia a seguir um trecho da notícia veiculada na Agência Câmara de Notícias, de autoria de Francisco Brandão:

A Comissão dos Direitos da Pessoa Idosa da Câmara dos Deputados aprovou o Projeto de Lei 151/21, da deputada Tereza Nelma (PSDB-AL), que substitui o termo "idoso" por "pessoa idosa" em cinco leis relacionadas a pessoas idosas: a Política

Nacional do Idoso, o Estatuto do Idoso, a lei do Imposto de Renda, a Lei do Atendimento Prioritário e a lei que criou o Fundo Nacional do Idoso.

A aprovação foi recomendada pela relatora, deputada Leandre (PV-PR). Ela considera que as mulheres atualmente são prejudicadas pelo termo "idoso", que entende ser "extremamente excludente". Já a expressão "pessoa idosa" engloba mulheres e homens, sem discriminação. (Brandão, 2021)

Conforme a notícia citada, você entende ser relevante essa ação dos deputados em alterar o termo *idoso* dos diplomas normativos para *pessoa idosa*, com a finalidade de englobar todos aqueles que passarem a ser protegidos pelas leis em virtude da idade alcançada?

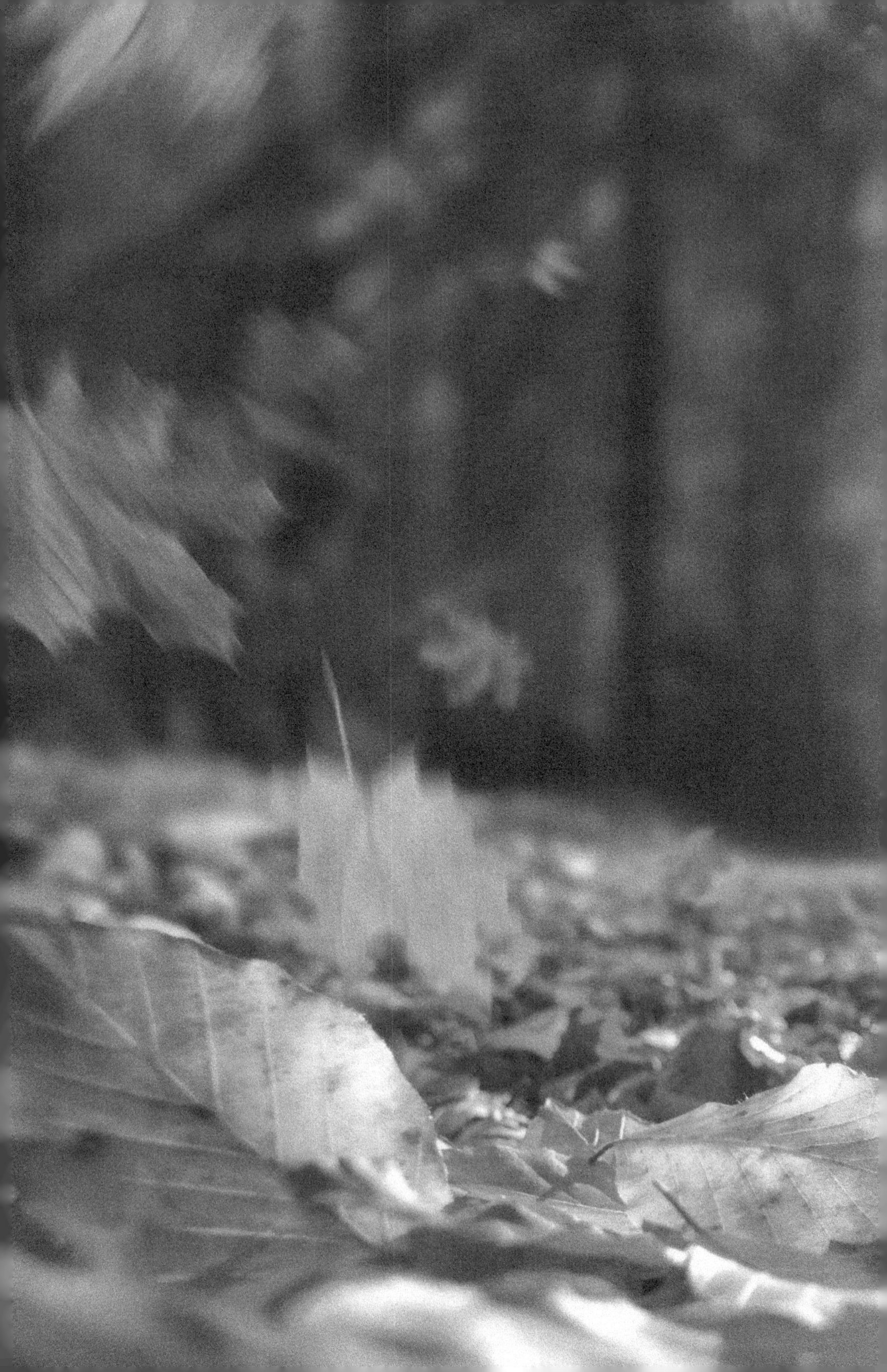

# Considerações finais

Abordar o tema fundamentos sociais e direitos nesta obra nos fez repensar que o processo de envelhecer populacional irá requerer a participação social de vários atores que estão ligados nesse cenário, considerando os determinantes sociais, econômicos e culturais que circundam a todos nós, inclusive as pessoas idosas, pois o envelhecimento é um direito personalíssimo e sua proteção é um direito social, conforme preconiza o Estatuto da Pessoa Idosa – Lei n. 10.741, de 1º de outubro de 2003 (Brasil, 2003a).

Assim, pensar em políticas públicas sociais para a população idosa torna-se imperioso para um país que avança de modo célere na transição demográfica, e que em breve será uma "nação de pessoas idosas". Mas antes de levantar as lacunas dessa população e problematizá-las, inúmeros desafios já estão postos, e que foram apresentados no último capítulo, e ainda carecem de alguma ação política expressiva para seu amoldamento.

Assim, na trajetória sócio-histórica, foi possível conhecer o processo de construção do sistema brasileiro de proteção social previdenciário, principalmente pós-Constituição Federal de 1988 (Brasil, 1988a), na qual o ordenamento dos direitos sociais se materializa no tripé da seguridade social: Previdência Social, saúde e assistência social. As políticas sociais que contemplam a seguridade social em sua operacionalização consideram ações que priorizam a pessoa idosa.

Abordamos os direitos sociais da pessoa idosa sob uma lógica de reconhecimento do direito a envelhecer e da importância de se valorizar o envelhecimento. Foram apresentadas conquistas legais importantes para as pessoas idosas e que precisam ser fortalecidas e efetivadas, como o Estatuto da Pessoa Idosa (Lei n. 10.741/2003). Defendemos a ideia de construção de uma sociedade em que o envelhecimento é vivido com saúde, liberdade e respeito. Ao longo do texto, estiveram presentes reflexões acerca do cenário brasileiro e foram abordados os direitos à vida, à liberdade, ao respeito e à dignidade, aos alimentos, à educação, à cultura, ao esporte e ao lazer, à Previdência Social e à assistência social. Concluímos reforçando que as pessoas idosas podem trazer grande contribuição para a sociedade e devem ser valorizadas e respeitadas.

Entre os direitos e as garantias conferidas à população com idade igual ou superior a 60 anos, foram abordados os direitos da pessoa idosa a programa habitacional, as garantias previstas na legislação como a prioridade na aquisição de imóvel para moradia própria nos programas habitacionais públicos ou subsidiados com recursos públicos, a implantação de equipamentos urbanos comunitários voltados à pessoa pessoa e a eliminação de barreiras arquitetônicas e urbanísticas, para garantia de acessibilidade a essa parcela da população.

Após o estudo dos temas propostos, foi possível observar que a Lei n. 10.741/2003, que dispõe sobre o Estatuto da Pessoa Idosa, foi um marco importante, no que tange à previsão de garantias e proteção da população idosa no Brasil.

Apesar dos avanços legais, ainda vivenciamos o estigma da sociedade com relação ao envelhecimento, o que nos levou a contextualizar sobre diversas situações e estudos envolvendo a temática, bem como apontar a influência das relações intrínsecas e extrínsecas no processo de envelhecer. Ainda enfatizamos sobre estilo de vida, variáveis individuais e coletivas com impacto no envelhecer. Nesse âmbito, as diferenças transculturais são tocadas, bem como aspectos biológicos dos sistemas humanos e cronológicos.

Apresentamos sobre as mudanças demográficas mundiais, com destaque para a transição brasileira e as transformações na área social, como Previdência Social, saúde, envelhecimento saudável com adaptação ao longo da vida, trabalho, consumo e urbanização. A diversidade histórica e cultural na velhice também é tema que foi abordado, com foco na identidade e na (des)valorização da velhice como ostracismo social. Destacamos a velhice como etapa do desenvolvimento humano, enfatizando o trabalho e a cidadania; abordamos os fatores ambientais como influenciadores das mudanças do envelhecer, vinculadas principalmente a hábitos de vida e ao impacto em doenças, limitações e perda de autonomia.

Nessa direção, os profissionais que atuam com o processo de envelhecer e com a pessoa idosa precisam se apropriar das temáticas propostas nesta obra como um instrumento para apreensão da realidade e como elemento necessário para uma nova sociabilidade, mais justa, equânime e cidadã.

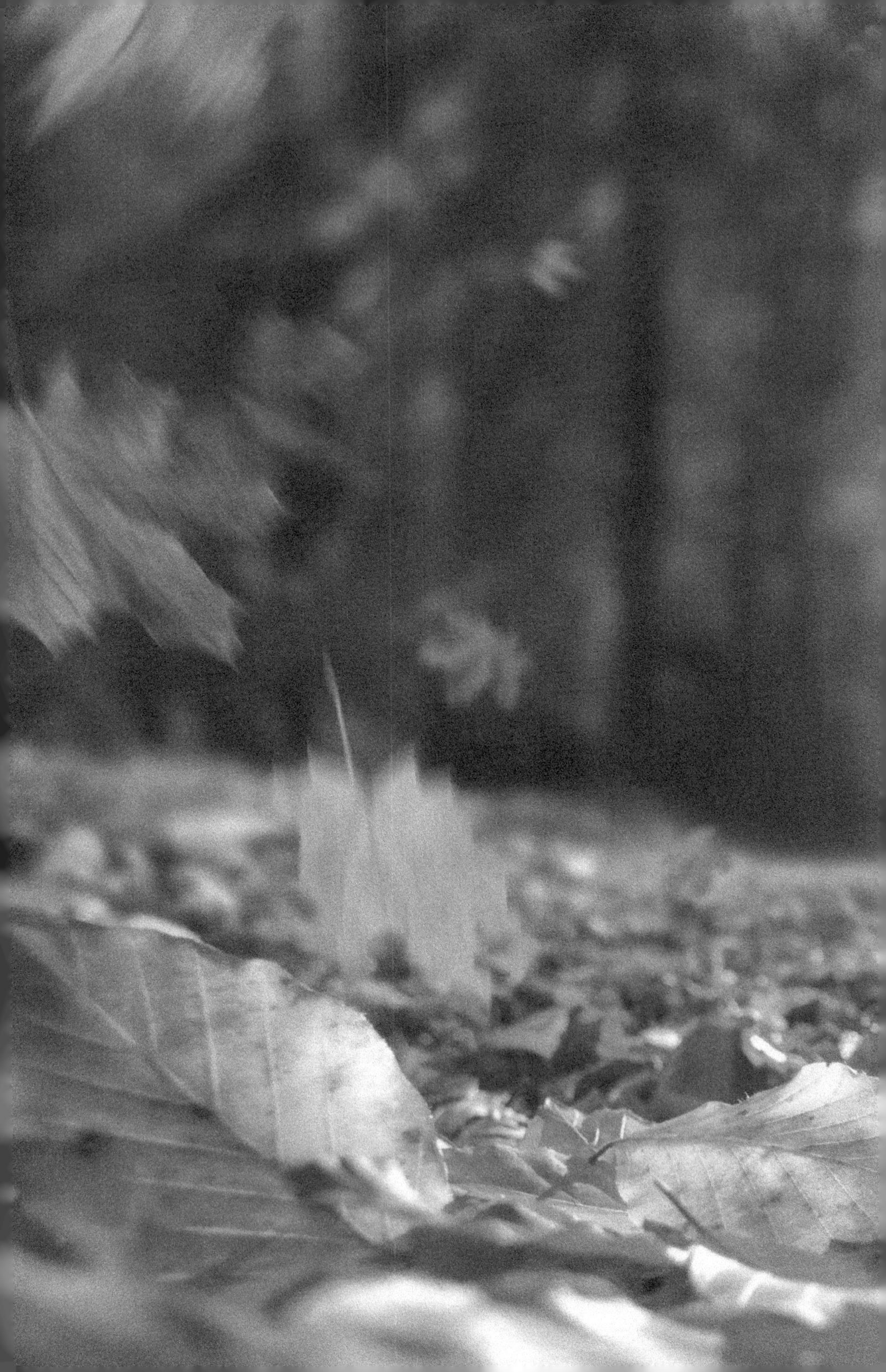

# Referências

AGÊNCIA SENADO. **Após 100 anos, Previdência enfrenta reformas, déficit e envelhecimento da população**. 25 jan. 2023. Disponível em: <https://www12.senado.leg.br/noticias/materias/2023/01/25/apos-100-anos-previdencia-enfrenta-reformas-deficit-e-envelhecimento-da-populacao>. Acesso em: 13 nov. 2023.

ALCÂNTARA, S. A. **Legislação trabalhista e rotinas trabalhistas**. 3. ed. rev. e atual. Curitiba: InterSaberes, 2018.

ALMEIDA, A. P. S. C. et al. Falta de acesso e trajetória de utilização de serviços de saúde por idosos brasileiros. **Ciência & Saúde Coletiva**, v. 25, n. 6, p. 2.213-2.226, 2020.

ALMEIDA, H. Biologia do envelhecimento: uma introdução. In: PAÚL, C.; RIBEIRO, O. (Coord.). **Manual de gerontologia**. Lisboa: Lidel, 2012. p. 21-40.

ALVIM, J. E. C. **Direito na doutrina**: Livro IV. Curitiba: Juruá, 2006.

ANDRIGHI, F. N. A democratização da justiça. **Revista CEJ**, v. 1, n. 3, p. 70-75, set./dez. 1997. Disponível em: <https://revistacej.cjf.jus.br/cej/index.php/revcej/article/view/115>. Acesso em: 13 nov. 2023.

ARAÚJO, R. B. de. **Política de seguridade social**: previdência social. Curitiba: Contentus, 2020.

AZEVEDO, S. A crise da política habitacional: dilemas e perspectivas para o final dos anos 90. In: RIBEIRO, L. C.; AZEVEDO, S. (Org.). **A questão da moradia nas grandes cidades**: da política habitacional à reforma urbana. Rio de Janeiro: Ed. da UFRJ, 1996. p. 8-21.

BALTES, P. B. On the Incomplete Architecture of Human Ontogeny. Selection, Optimization, and Compensation as Foundation of Developmental Theory. **American Psychologist**, v. 52, n. 4, p. 366-380, 1997.

BARROS M. M. L.; PEIXOTO C. E.; ALVES A. M. Ageing and Anthropology. **Vibrant**, v. 13, n. 1, p. 52-54, 2016. Disponível em: <https://doi.org/10.1590/1809-43412016v13n1p052>. Acesso em: 13 nov. 2023.

BASTOS, M. G.; KIRSZTAJNA, G. M. Doença renal crônica: importância do diagnóstico precoce, encaminhamento imediato e abordagem interdisciplinar estruturada para melhora do desfecho em pacientes ainda não submetidos à diálise. **Brazilian Journal of Nephrology**, v. 33, n. 1, 2011. Disponível em: <https://www.scielo.br/j/jbn/a/x4KhnSzYkqg8nKSCyvCqBYn/abstract/?lang=pt>. Acesso em: 13 nov. 2023.

BATTINI, E.; MACIEL, E. M.; FINATO, M. S. S. Identificação de variáveis que afetam o envelhecimento: análise comportamental de um caso clínico. **Estudos de Psicologia**, Campinas, v. 23, n. 4, p. 445-462, out./dez. 2006. Disponível em: <https://www.scielo.br/j/estpsi/a/rKrvCtDFQ6mNgnNcLxj8MRn/?format=pdf&lang=pt>. Acesso em: 13 nov. 2023.

BEAUVOIR, S. **A velhice**. Rio de Janeiro: Nova Fronteira, 1990.

BEHRING, E. R.; BOSCHETTI, I. **Política social**: fundamentos e história. 9. ed. São Paulo: Cortez, 2011.

BERTOLLUCCI, P.; OLIVEIRA, F. F. Doença de Alzheimer e outras demências. In: PRADO, F. C.; RAMOS, J.; VALLE, J. R. **Atualização terapêutica**. 25. ed. São Paulo: Artes Médicas, 2014. p. 1.305-1.309.

BIRREN, J. E.; BIRREN, B. A. The Concepts, Models, and History of the Psychology of Aging. In: BIRREN, J. E.; SCHAIE, K. W. (Ed.). **Handbook of the Psychology of Aging**. San Diego: Academic Press, 1990. p. 3-20.

BOFF, L. **Saber cuidar**: ética do humano, compaixão pela Terra. Petrópolis: Vozes, 1999.

BOHNEN, B. **Uma análise dos regimes de financiamento da previdência social frente aos princípios norteadores da seguridade social**: sistema de repartição simples e sistema de capitalização. 59 f. Monografia (Bacharelado em Direito) – Universidade de Santa Cruz do Sul, Santa Cruz do Sul, 2019.

BONETI, L. W. **Educação, exclusão e cidadania**. Ijuí: Unijuí, 1997.

BRAGA, P. M. V. Envelhecimento, ética e cidadania. **O Neófito**, 2001. Disponível em: <http://www.observatorionacionaldoidoso.fiocruz.br/biblioteca/_artigos/3.pdf>. Acesso em: 13 nov. 2023.

BRAGA, S. F. M. et al. As políticas públicas para os idosos no Brasil: a cidadania no envelhecimento. In: ENCONTRO DE ADMINISTRAÇÃO PÚBLICA E GOVERNANÇA (ENAPG) DA ASSOCIAÇÃO NACIONAL DE PÓS-GRADUAÇÃO E PESQUISA EM ADMINISTRAÇÃO, 2008, Salvador.

BRANDÃO, F. Comissão aprova substituição de termo "idoso" por "pessoa idosa" em cinco leis. **Agência Câmara de Notícias**, 27 ago. 2021. Disponível em: <https://www.camara.leg.br/noticias/800531-comissao-aprova-substituicao-de-termo-idoso-por>. Acesso em: 13 nov. 2023.

BRASIL. Conselho Nacional de Secretários de Saúde. **A atenção primária e as redes de atenção à saúde**. Brasília: Conass, 2015a. Disponível em: <https://www.conass.org.br/biblioteca/pdf/A-Atencao-Primaria-e-as-Redes-de-Atencao-a-Saude.pdf>. Acesso em: 13 nov. 2023.

BRASIL. Constituição (1824). **Diário Oficial [da] República dos Estados Unidos do Brasil**, Rio de Janeiro, 22 abr. 1824. Coleção das Leis Do Império do Brasil de 1824. p. 7. Disponível em: <https://www.planalto.gov.br/ccivil_03/constituicao/constituicao24.htm>. Acesso em: 13 nov. 2023.

BRASIL. Constituição (1937). **Diário Oficial [da] República dos Estados Unidos do Brasil**. Rio de Janeiro, 10 nov. 1937. Disponível em: <https://www.planalto.gov.br/ccivil_03/constituicao/constituicao37.htm>. Acesso em: 13 nov. 2023.

BRASIL. Constituição (1988). **Diário Oficial da União**, Brasília, DF, 5 out. 1988a. Disponível em: <https://www.planalto.gov.br/ccivil_03/constituicao/constituicao.htm>. Acesso em: 13 nov. 2023.

BRASIL. **Consumidor.gov.br**. Disponível em: <https://www.consumidor.gov.br/pages/principal/?1695136217024>. Acesso em: 10 set. 2023a.

BRASIL. Decreto n. 1.948, de 3 de julho de 1996. **Diário Oficial da União**, Poder Executivo, 4 jul. 1996. Disponível em: <https://www.planalto.gov.br/ccivil_03/decreto/d1948.htm>. Acesso em: 13 nov. 2023.

BRASIL. Decreto n. 5.109, de 17 de junho de 2004. Dispõe sobre a composição, estruturação, competências e funcionamento do Conselho Nacional dos Direitos do Idoso – CNDI, e dá outras providências. Revogado pelo Decreto n. 9.893, de 2019. **Diário Oficial da União**, Brasília, 18 jun. 2004a. Disponível em:<http://www.planalto.gov.br/ccivil_03/_ato2004-2006/2004/decreto/d5109.htm>. Acesso em: 13 nov. 2023.

BRASIL. Decreto n. 6.214, de 26 de setembro de 2007. **Diário Oficial da União**, Poder Executivo, Brasília, DF, 26 set. 2007a. Disponível em: <https://www.planalto.gov.br/ccivil_03/_ato2007-2010/2007/decreto/d6214.htm#view>. Acesso em: 13 nov. 2023.

BRASIL. Decreto n. 9.893, de 27 de junho de 2019. **Diário Oficial da União**, Brasília, DF, 28 jun. 2019a. Disponível em: <https://www.planalto.gov.br/ccivil_03/_Ato2019-2022/2019/Decreto/D9893.htm#art9>. Acesso em: 13 nov. 2023.

BRASIL. Emenda Constitucional n. 103, de 12 de novembro de 2019. **Diário Oficial da União**, Poder Legislativo, Brasília, 13 nov. 2019b. Disponível em: <https://www.planalto.gov.br/ccivil_03/constituicao/emendas/emc/emc103.htm>. Acesso em: 13 nov. 2023.

BRASIL. Emenda Constitucional n. 3, de 17 de março de 1993. **Diário Oficial da União**, Poder Legislativo, Brasília, 18 mar. 1993a. Disponível em: <https://www.planalto.gov.br/ccivil_03/constituicao/Emendas/Emc/emc03.htm>. Acesso em: 13 nov. 2023.

BRASIL. Lei Complementar n. 40, de 14 de dezembro de 1981. **Diário Oficial da União**, Poder Legislativo, Brasília, DF, 15 dez. 1981. Disponível em: <https://www.planalto.gov.br/ccivil_03/leis/lcp/lcp40.htm>. Acesso em: 13 nov. 2023.

BRASIL. Lei n. 10.048, de 8 de novembro de 2000. **Diário Oficial da União**, Poder Legislativo, Brasília, DF, 9 nov. 2000a. Disponível em: <https://www.planalto.gov.br/ccivil_03/leis/l10048.htm>. Acesso em: 13 nov. 2023.

BRASIL. Lei n. 10.098, de 19 de dezembro de 2000. **Diário Oficial da União**, Poder Legislativo, Brasília, DF, 20 dez. 2000b. Disponível em: <https://www.planalto.gov.br/ccivil_03/leis/l10098.htm>. Acesso em: 13 nov. 2023.

BRASIL. Lei n. 10.257, de 10 de julho de 2001. **Diário Oficial da União**, Poder Legislativo, Brasília, 11 jul. 2001. Disponível em: <https://www.planalto.gov.br/ccivil_03/leis/leis_2001/l10257.htm>. Acesso em: 13 nov. 2023.

BRASIL. Lei n. 10.406, de 10 de janeiro de 2002. **Diário Oficial da União**, Poder Legislativo, Brasília, DF, 11 jan. 2002. Disponível em: <https://www.planalto.gov.br/ccivil_03/leis/2002/l10406compilada.htm>. Acesso em: 13 nov. 2023.

BRASIL. Lei n. 10.741, de 1º de outubro de 2003. **Diário Oficial da União**, Poder Legislativo, Brasília, DF, 3 out. 2003a. Disponível em: <http://www.planalto.gov.br/ccivil_03/leis/2003/L10.741.htm>. Acesso em: 13 nov. 2023.

BRASIL. Lei n. 10.820, de 17 de dezembro de 2003. **Diário Oficial da União**, Poder Legislativo, Brasília, DF, 18 dez. 2003b. Disponível em: <http://www.planalto.gov.br/ccivil_03/leis/2003/l10.820.htm>. Acesso em: 13 nov. 2023.

BRASIL. Lei n. 11.124, de 16 de junho de 2005. **Diário Oficial da União**, Poder Legislativo, Brasília, DF, 17 jun. 2005a. Disponível em: <http://www.planalto.gov.br/ccivil_03/_ato2004-2006/2005/lei/l11124.htm>. Acesso em: 13 nov. 2023.

BRASIL. Lei n. 11.346, de 15 de setembro de 2006. **Diário Oficial da União**, Poder Legislativo, Brasília, DF, 18 set. 2006a. Disponível em: <https://www.planalto.gov.br/ccivil_03/_ato2004-2006/2006/lei/l11346.htm>. Acesso em: 13 nov. 2023.

BRASIL. Lei n. 12.213, de 20 de janeiro de 2010. **Diário Oficial da União**, Poder Legislativo, Brasília, DF, 21 jan. 2010. Disponível em: <http://www.planalto.gov.br/ccivil_03/_ato2007-2010/2010/lei/l12213.htm>. Acesso em: 13 nov. 2023.

BRASIL. Lei n. 13.105, de 16 de março de 2015. **Diário Oficial da União**, Poder Legislativo, Brasília, DF, 17 mar. 2015b. Disponível em: <https://www.planalto.gov.br/ccivil_03/_ato2015-2018/2015/lei/l13105.htm>. Acesso em: 13 nov. 2023.

BRASIL. Lei n. 13.146, de 6 de julho de 2015. **Diário Oficial da União**, Poder Legislativo, Brasília, 7 jul. 2015c. Disponível em: <https://www.planalto.gov.br/ccivil_03/_ato2015-2018/2015/lei/l13146.htm>. Acesso em: 13 nov. 2023.

BRASIL. Lei n. 13.466, de 12 de julho de 2017. **Diário Oficial da União**, Poder Legislativo, Brasília, DF, 13 jul. 2017. Disponível em: <https://www.planalto.gov.br/ccivil_03/_ato2015-2018/2017/lei/l13466.htm>. Acesso em: 13 nov. 2023.

BRASIL. Lei n. 14.181, de 1º de julho de 2021. **Diário Oficial da União**, Poder Legislativo, Brasília, 02 de julho de 2021a. Disponível em: <https://www.planalto.gov.br/ccivil_03/_ato2019-2022/2021/lei/l14181.htm>. Acesso em: 13 nov. 2023.

BRASIL. Lei n. 14.423, de 22 de julho de 2022. Altera a Lei n. 10.741, de 1º de outubro de 2003, para substituir, em toda a Lei, as expressões "idoso" e "idosos" pelas expressões "pessoa idosa" e "pessoas idosas", respectivamente. **Diário Oficial da União**, Brasília, Poder Legislativo, 25 jul. 2022a. Disponível em: <https://www.planalto.gov.br/ccivil_03/_Ato2019-2022/2022/Lei/L14423.htm>. Acesso em: 13 nov. 2023.

BRASIL. Lei n. 3.807, de 26 de agosto de 1960. **Diário Oficial da União**, Poder Executivo, 5 set. 1960. Disponível m: <https://www.planalto.gov.br/ccivil_03/leis/1950-1969/l3807.htm>. Acesso em: 13 nov. 2023.

BRASIL. Lei n. 7.347, de 24 de julho de 1985. **Diário Oficial da União**, Poder Executivo, Brasília, DF, 25 jul. 1985. Disponível em: <https://www.planalto.gov.br/ccivil_03/leis/l7347orig.htm#:~:text=LEI%20No%207.347%2C%20DE%2024%20DE%20JULHO%20DE%201985.&text=Disciplina%20a%20a%C3%A7%C3%A3o%20civil%20p%C3%BAblica,VETADO)%20e%20d%C3%A1%20outras%20provid%C3%AAncias.>. Acesso em: 13 nov. 2023.

BRASIL. Lei n. 7.713, de 22 de dezembro de 1988. **Diário Oficial da União**, Poder Executivo, Brasília, DF, 23 dez. 1988b. Disponível em: <https://www.planalto.gov.br/ccivil_03/leis/l7713.htm>. Acesso em: 13 nov. 2023.

BRASIL. Lei n. 8.078, de 11 de setembro de 1990. **Diário Oficial da União**, Poder Legislativo, Brasília, DF, 12 set. 1990a. Disponível em: <https://www.planalto.gov.br/ccivil_03/leis/l8078compilado.htm>. Acesso em: 13 nov. 2023.

BRASIL. Lei n. 8.080, de 19 de setembro de 1990. **Diário Oficial da União**, Poder Legislativo, Brasília, DF, 20 set. 1990b. Disponível em: <https://www.planalto.gov.br/ccivil_03/leis/l8080.htm>. Acesso em: 13 nov. 2023.

BRASIL. Lei n. 8.212, de 24 de julho de 1991. **Diário Oficial da União**, Poder Executivo, Brasília, DF, 25 jul. 1991a. Disponível em: <https://www.planalto.gov.br/ccivil_03/leis/l8212cons.htm>. Acesso em: 13 nov. 2023.

BRASIL. Lei n. 8.213, de 24 de julho de 1991. **Diário Oficial da União**, Poder Legislativo, Brasília, DF, 25 jul. 1991b. Disponível em: <https://www.planalto.gov.br/ccivil_03/leis/l8213cons.htm>. Acesso em: 13 nov. 2023.

BRASIL. Lei n. 8.742, de 7 de dezembro de 1993. **Diário Oficial da União**, Poder Legislativo, Brasília, 8 dez. 1993b. Disponível em: <https://www.planalto.gov.br/ccivil_03/leis/l8742.htm>. Acesso em: 13 nov. 2023.

BRASIL. Lei n. 8.842, de 4 de janeiro de 1994. **Diário Oficial da União**, Poder Legislativo, Brasília, DF, 5 jan. 1994. Disponível em: <http://www.planalto.gov.br/ccivil_03/leis/l8842.htm>. Acesso em: 13 nov. 2023.

BRASIL. Ministério da Mulher, da Família e dos Direitos Humanos. **Violência contra a pessoa idosa**: vamos falar sobre isso? Perguntas mais frequentes sobre direitos das pessoas idosas. Brasília, 2020. Disponível em: <https://www.gov.br/mdh/pt-br/assuntos/noticias/2020-2/junho/cartilhacombateviolenciapessoaidosa.pdf>. Acesso em: 13 nov. 2023.

BRASIL. Ministério da Saúde. Conselho Nacional de Saúde. Resolução RDC n. 283, de 26 de setembro de 2005. Brasília, 2005b. Disponível em: <https://bvsms.saude.gov.br/bvs/saudelegis/anvisa/2005/res0283_26_09_2005.html>. Acesso em: 13 nov. 2023.

BRASIL. Ministério da Saúde. Conselho Nacional de Saúde. Resolução n. 338, de 6 de maio de 2004. Brasília, 2004b. Disponível em: <https://bvsms.saude.gov.br/bvs/saudelegis/cns/2004/res0338_06_05_2004.html>. Acesso em: 13 nov. 2023.

BRASIL. Ministério da Saúde. **Estatuto do idoso**. 3. ed. Brasília, 2013. Disponível em: <https://bvsms.saude.gov.br/bvs/publicacoes/estatuto_idoso_3edicao.pdf>. Acesso em: 13 nov. 2023.

BRASIL. Ministério da Saúde. Portaria n. 2.528, de 19 de outubro de 2006. **Diário Oficial da União**, Brasília, DF, 2006b. Disponível em: <https://bvsms.saude.gov.br/bvs/saudelegis/gm/2006/prt2528_19_10_2006.html>. Acesso em: 13 nov. 2023.

BRASIL. Ministério da Saúde. Secretaria de Atenção à Saúde. Departamento de Atenção Básica. **Envelhecimento e saúde da pessoa idosa**. Brasília: Ministério da Saúde, 2006c. Disponível em: <https://bvsms.saude.gov.br/bvs/publicacoes/evelhecimento_saude_pessoa_idosa.pdf>. Acesso em: 13 nov. 2023.

BRASIL. Ministério da Saúde. Portaria n. 399, de 22 de fevereiro de 2006. Divulga o Pacto pela Saúde 2006 – Consolidação do SUS e aprova as Diretrizes Operacionais do Referido Pacto. Diário Oficial da União, Brasília, **Diário Oficial da União**, 23 fev. 2006d. Disponível em: <https://bvsms.saude.gov.br/bvs/saudelegis/gm/2006/prt0399_22_02_2006.html>. Acesso em: 13 nov. 2023.

BRASIL. Ministério da Saúde. Secretaria de Atenção à Saúde. Departamento de Atenção Básica. **Envelhecimento e saúde da pessoa idosa**. Brasília: Ministério da Saúde, 2007b. (Série A. Normas e Manuais Técnicos, Cadernos de Atenção Básica, n. 19). Disponível em: <https://bvsms.saude.gov.br/bvs/publicacoes/abcad19.pdf>. Acesso em: 13 nov. 2023.

BRASIL. Ministério da Saúde. Secretaria de Atenção à Saúde. Departamento de Ações Programáticas e Estratégicas. **Orientações técnicas para a implementação de linha de cuidado para atenção integral à saúde da pessoa idosa no sistema único de saúde – SUS**. Brasília, 2018. Disponível em: <https://bvsms.saude.gov.br/bvs/publicacoes/linha_cuidado_atencao_pessoa_idosa.pdf>. Acesso em: 13 nov. 2023.

BRASIL. Ministério da Saúde. Secretaria de Ciência, Tecnologia, Inovação e Insumos Estratégicos em Saúde. Departamento de Assistência Farmacêutica e Insumos Estratégicos. **Relação nacional de medicamentos essenciais 2022**. Brasília: Ministério da Saúde, 2022b. Disponível em: <https://www.conass.org.br/wp-content/uploads/2022/01/RENAME-2022.pdf>. Acesso em: 13 nov. 2023.

BRASIL. Ministério do Desenvolvimento Regional. **Política Nacional de Habitação (PNH)**. Brasília, 2014a. Disponível em: <https://antigo.mdr.gov.br/auditoria/58-snh-secretaria-nacional/departamentos-snh/1375-politica-nacional-de-habitacao-pnh>. Acesso em: 13 nov. 2023.

BRASIL. Ministério do Desenvolvimento Social e Combate à Fome. Conselho Nacional de Assistência Social. Resolução n. 109, de 11 de novembro de 2009. **Diário Oficial da União**, Brasília, 25 nov. 2009. Disponível em: <https://www.mds.gov.br/webarquivos/public/resolucao_CNAS_N109_%202009.pdf>. Acesso em: 13 nov. 2023.

BRASIL. Ministério do Desenvolvimento Social e Combate à Fome. **Política Nacional de Assistência Social – PNAS/2004**: Norma Operacional Básica. Brasília, DF, nov. 2005c. Disponível em: <https://www.mds.gov.br/webarquivos/publicacao/assistencia_social/Normativas/PNAS2004.pdf>. Acesso em: 13 nov. 2023.

BRASIL. Ministério do Desenvolvimento Social e Combate à Fome. Secretaria Nacional de Assistência Social. **Política Nacional de Assistência Social**. Brasília, 2004c. Disponível em: <https://direito.mppr.mp.br/arquivos/File/politica-nacional-de-assistencia-social-2004.pdf>. Acesso em: 13 nov. 2023.

BRASIL. Ministério do Desenvolvimento Social e Combate à Fome. **Tipificação nacional dos serviços socioassistenciais**. Brasília, 2014b. Disponível em: <https://www.mds.gov.br/webarquivos/publicacao/assistencia_social/Normativas/tipificacao.pdf>. Acesso em: 13 nov. 2023.

BRASIL. Ministério dos Direitos Humanos e da Cidadania. **Pacto Nacional dos Direitos da Pessoa Idosa (PNDPI)**. 23 fev. 2021b. Disponível em: <https://www.gov.br/mdh/pt-br/navegue-por-temas/pessoa-idosa/pacto-nacional>. Acesso em: 13 nov. 2023.

BRASIL. Ministério dos Direitos Humanos e da Cidadania. **Painel de dados da Ouvidoria Nacional de Direitos Humanos**: 1º semestre de 2023b. Disponível em:<https://www.gov.br/mdh/pt-br/ondh/painel-de-dados/primeiro-semestre-de-2023>. Acesso em: 13 nov. 2023.

BRASIL. Secretaria Especial dos Direitos Humanos. Conselho Nacional dos Direitos do Idoso. **Plano de Ação Internacional para o envelhecimento**. Brasília, 2003c. Disponível em: <https://www3.paho.org/hr-ecourse-p/assets/_pdf/Module3/Lesson1/M3_L1_9.pdf>. Acesso em: 13 nov. 2023.

BRITO, C.; ALVARENGA, D. 1 em cada 4 brasileiros terá mais de 65 anos em 2060, aponta IBGE. **G1**, São Paulo e Rio de Janeiro, 25 jul. 2018. Disponível em: <https://g1.globo.com/economia/noticia/2018/07/25/1-em-cada-4-brasileiros-tera-mais-de-65-anos-em-2060-aponta-ibge.ghtml>. Acesso em: 13 nov. 2023.

BUCCI, M. P. D. **Direito administrativo e políticas públicas**. São Paulo: Saraiva, 2002.

BVS – Biblioteca Virtual em Saúde. Ministério da Saúde. **01/10 – Dia Nacional do Idoso e Dia Internacional da Terceira Idade:** "A jornada para a igualdade". Disponível em: <https://bvsms.saude.gov.br/01-10-dia-nacional-do-idoso-e-dia-internacional-da-terceira-idade-a-jornada-para-a-igualdade>. Acesso em: 13 nov. 2023.

CAMARANO, A. A.; FERNANDES, D. A previdência social brasileira. In: ALCÂNTARA, A. O.; CAMARANO, A. A.; GIACOMIN, K. C. (Org.). **Política nacional do idoso:** velhas e novas questões. Rio de Janeiro: Ipea, 2016. p. 265-294. Disponível em: <https://portalantigo.ipea.gov.br/agencia/images/stories/PDFs/livros/livros/161006_livro_politica_nacional_idosos_capitulo10.pdf>. Acesso em: 13 nov. 2023.

CAMARANO, A. A.; KANSO, S. As instituições de longa permanência para idosos no Brasil. **Rev. Bras. Estud. Pop.**, Rio de Janeiro, v. 27, n. 1, p. 233-235, jan./jun. 2010. Disponível em: <https://doi.org/10.1590/S0102-30982010000100014>. Acesso em: 13 nov. 2023.

CAPPELLETTI, M.; GARTH, B. **Acesso à Justiça.** Porto Alegre: Fabris, 1988.

CASSOL, P. B. A gerontologia interface o meio ambiente como estratégia no cuidado e promoção da saúde. **Revista Eletrônica em Gestão, Educação e Tecnologia Ambiental**, v. 6, n. 6, p. 1.043-1.048, 2012.

CASTRO, C. A. P. de; LAZZARI, J. B. **Manual de direito previdenciário.** 12. ed. Florianópolis: Conceito, 2010.

CHIARELLI, T. M.; BATISTONI, S. S. T. Trajetória das políticas públicas brasileiras para pessoas idosas frente a década do envelhecimento saudável (2021-2030). **Revista Kairós-Gerontologia**, v. 25, n. 1, p. 93-114, 2022.

CHOI, N.; DENSI, S.-L. Challenges and Opportunities of the Aging Population: Social Work Education and Practice for Productive Aging. **Educational Gerontology**, v. 24, n. 2, p. 159-173, jan. 1998.

CNJ – Conselho Nacional de Justiça. **Aos 15 anos, Estatuto do Idoso tem benefício e desafios.** 19 out. 2018. Disponível em: <https://www.cnj.jus.br/aos-15-anos-estatuto-do-idoso-tem-beneficios-e-desafios/>. Acesso em: 13 nov. 2023.

COSTA, A. R. A. da. **A seguridade social no Plano Beveridge**: história e fundamentos que a conformam. 162 f. Dissertação (Mestrado em Política Social) – Universidade de Brasília. Brasília, 2019.

COSTA, M. F. B. N. A. da. **Atenção integral à saúde do idoso na saúde primária**: os sistemas brasileiro e espanhol. 346 f. Tese (Doutorado em Enfermagem) – Universidade de São Paulo, São Paulo, 2009.

COSTANZI, R. N.; ANSILIERO, G. **Impacto fiscal da demografia na previdência social**. Texto para discussão n. 2291. Rio de Janeiro: Ipea, 2017. Disponível em: <https://portalantigo.ipea.gov.br/agencia/images/stories/PDFs/TDs/td_2291a.pdf>. Acesso em: 13 nov. 2023.

CURITIBA (Município). Lei Complementar n. 44, de 19 de dezembro de 2002. **Diário Oficial do Município**, Curitiba, 19 dez. 2002. Disponível em: <https://leismunicipais.com.br/a/pr/c/curitiba/lei-complementar/2002/5/44/lei-complementar-n-44-2002-conce de-reducao-do-imposto-sobre-a-propriedade-predial-e-territorial-urbano-iptu-para-a-pessoa-idosa>. Acesso em: 13 nov. 2023.

DEBERT, G. G. **A reinvenção da velhice**. São Paulo: Edusp, 1999.

DEBERT, G. Velho, terceira idade, idoso ou aposentado? Sobre diversos entendimentos acerca da velhice. **Revista Coletiva**, v. 5, 2011. Disponível em: <https://www.academia.edu/6570229/Velho_terceira_idade_idoso_ou_aposentado_Sobre_diversos_entendimentos_acerca_da_velhice>. Acesso em: 13 nov. 2023.

DIAS, R.; MATOS, F. **Políticas públicas**: princípios, propósitos e processos. São Paulo: Atlas, 2012.

DINIZ, M. H. **Dicionário jurídico universitário**. São Paulo: Saraiva, 2010.

DISTRITO FEDERAL. Lei n. 6.930 de 03 de agosto de 2021. **Diário Oficial do Distrito Federal**, 4 ago. 2021. Disponível em: <https://www.sinj.df.gov.br/sinj/Norma/3c45ee1d7a8a469a9511fd5302c1f850/Lei_6930_03_08_2021.html>. Acesso em: 13 nov. 2023.

DUTRA, M. C. et al. Avaliação da função renal em idosos: um estudo de base populacional. **Jornal Brasileiro de Nefrologia**, v. 36, n. 3, p. 297-303, 2014.

ESCORSIM, S. M. O envelhecimento no Brasil: aspectos sociais, políticos e demográficos em análise. **Serv. Soc. Soc.**, São Paulo, n. 142, p. 427-446, set./dez. 2021. Disponível em: <https://www.scielo.br/j/sssoc/a/KwjLV5fqvw6tWsfWVvczcMn/#>. Acesso em: 13 nov. 2023.

ESPING-ANDERSEN, G. O futuro do Welfare state na nova ordem mundial. **Lua Nova**, São Paulo, n. 35, 1995. Disponível em: <https://www.scielo.br/j/ln/a/8y4pY8qDFzGt5gXqhFhwvXx/abstract/?lang=pt>. Acesso em: 13 nov. 2023.

EWERS, I.; RIZZO, L. V.; KALIL FILHO, J. Imunologia e envelhecimento. **Einstein**, v. 6, supl.1, p. S13-S20, 2008. Disponível em: <https://pesquisa.bvsalud.org/portal/resource/pt/lil-516992>. Acesso em: 13 nov. 2023.

FALEIROS, V. P. A política nacional do idoso em questão: passos e impasses na efetivação da cidadania. In: In: ALCÂNTARA, A. O.; CAMARANO, A. A.; GIACOMIN, K. C. (Org.). **Política nacional do idoso**: velhas e novas questões. Rio de Janeiro: Ipea, 2016. p. 537-569.

FALEIROS, V. P. **A política social do Estado capitalista**: as funções da previdência e da assistência sociais. São Paulo: Cortez, 1991.

FARIAS, G. O. **Na melhor das hipóteses, você irá envelhecer**: uma análise da representação da velhice na série Grace and Frankie. 68 f. Trabalho de Conclusão (Graduação em Biblioteconomia e Comunicação) – Universidade Federal do Rio Grande do Sul, Porto Alegre, 2022.

FAZIO, L. **O que é previdência social**. São Paulo: Loyola, 2016.

FELIX, J. Desafios da previdência social para um país que envelhece e o risco da aposentadoria como prêmio. In: BERZINS, M. V.; BORGES, M. C. (Org.). **Políticas públicas para um país que envelhece**. São Paulo: Martinari, 2012. 304 p. 135-154.

FERNANDES-ELOI, J. et al. Afetos e percepções de idosos universitários acerca do mercado de trabalho na velhice. **Revista Kairós-Gerontologia**, São Paulo, v. 22, n. 1, p. 249-271, 2019.

FICHTNER, E. K. **Previdência social no Brasil**: teorias e evidências. 86 f. Dissertação (Mestrado em Economia do Desenvolvimento) – Pontifícia Universidade Católica do Rio Grande do Sul, Porto Alegre, 2011.

FLORES, J. H. **A reinvenção dos direitos humanos**. Florianópolis: Fundação Boiteux, 2009.

FLORES, J. H. **Teoria crítica dos direitos humanos**: os direitos humanos como produtos culturais. Rio de Janeiro: Lumen Juris, 2008.

FRANÇA, J. A. **Velhice e terceira idade**: um estudo sobre a sociabilidade do grupo Estrela de Ouro em Itapororoca/PB. 39 f. Trabalho de Conclusão de Curso (Bacharelado em Antropologia) – Universidade Federal da Paraíba, João Pessoa, 2016.

FREIRE, A. R. F. Artigo 10. Refúgio, auxílio e orientação. In: PINHEIRO, N. M. (Org.). **Estatuto do Idoso Comentado**. Campinas: Servanda, 2008. p. 140-141.

FREITAS, E. V.; PY, L. **Tratado de geriatria e gerontologia**. 4. ed. Rio de Janeiro: Guanabara Koogan, 2017.

GAGLIANO, P. S.; PAMPLONA FILHO, R. **Manual de Direito Civil**: volume único. 3. ed. São Paulo: Saraiva, 2019.

GALON, V. S.; MATOS, F. M.; MATOVANELI JUNIOR, O. Bem viver, envelhecimento e meio ambiente. **Tecnologias para a sustentabilidade: debates interdisciplinares**, p. 161-174, 2018. Disponível em: <https://repositorio.animaeducacao. com.br/bitstream/ANIMA/15001/1/Bem%20viver%2C%20 envelhecimento%20e%20meio%20ambiente.pdf>. Acesso em: 13 nov. 2023.

GANDINI, J. A. D.; BARIONE, S. F.; SOUZA, A. E. **Política habitacionais para idosos**: avanços e desafios. São Paulo: Martinari, 2012.

GIANEZINI, K. et al. Políticas públicas: definições, processos e constructos no século XXI. **Revista de Políticas Públicas**, v. 21, n. 2, p. 1.065-1.084, 2018.

GOLDENBERG, M. **A bela velhice**. Rio de Janeiro: Record, 2013.

GONÇALVES, C. D. Envelhecimento bem-sucedido, envelhecimento produtivo e envelhecimento ativo: reflexões. **Estudos Interdisciplinares sobre o Envelhecimento**, v. 20, n. 2, 2015. Disponível em: <https://seer.ufrgs.br/RevEnvelhecer/article/view/49428>. Acesso em: 13 nov. 2023.

GONÇALVES, D. et al. Promoção da qualidade de vida dos idosos portugueses através da continuidade de tarefas produtivas. **Psicologia, Saúde & Doenças**, v. 7, n. 1, p. 137-143, 2006.

GONÇALVES, M. V. **Novo curso de direito processual civil 2**. 7. ed. São Paulo: Saraiva, 2011.

GUERRA A. C. L. C.; CALDAS C. P. Dificuldades e recompensas no processo de envelhecimento: a percepção do sujeito idoso. **Ciência & Saúde Coletiva**, v. 15, n. 6, 2010. Disponível em: <https://www.scielo.br/j/csc/a/VwW7SNQhDvR3jGvTqfYWsgP/abstract/?lang=pt>. Acesso em: 13 nov. 2023.

GUTZ, L. **Envelhecimento e espiritualidade**: um estudo sobre representações sociais de idosos. 184 f. Dissertação (Mestrado em Psicologia) – Universidade Federal de Santa Catarina, Florianópolis, 2013.

HACK, N. S. **Política pública de saúde no Brasil**: história, gestão e relação com a profissão do serviço social. Curitiba: InterSaberes. 2019.

HAMMERSCHMIDT, K. S. de A.; SEIMA, M. D. **Curso Técnico em Enfermagem**. Escola de Saúde Pública do Paraná/Centro Formador de Recursos Humanos. Curitiba: ESPP/CFRH, 2019.

HÖFLING, E. M. Estado e políticas (públicas) sociais. **Cad. Cedes**, v. 21, n. 30, p. 30-41, nov. 2001. Disponível em: <https://doi.org/10.1590/S0101-32622001000300003>. Acesso em: 13 nov. 2023.

IBGE – Instituto Brasileiro de Geografia e Estatística. Em 2019, expectativa de vida era 76,6 anos. **Agência IBGE Notícias**, 26 nov. 2020. Disponível em: <https://agenciadenoticias.ibge.gov.br/agencia-sala-de-imprensa/2013-agencia-de-noticias/releases/29502-em-2019-expectativa-de-vida-era-de-76-6-anos>. Acesso em: 13 nov. 2023.

IBGE – Instituto Brasileiro de Geografia e Estatística. Projeção da População 2018: número de habitantes do país deve parar de crescer em 2047. **Agência IBGE Notícias**, 25 jul. 2018. Disponível em: <https://agenciadenoticias.ibge.gov.br/agencia-sala-de-imprensa/2013-agencia-de-noticias/releases/21837-projecao-da-populacao-2018-numero-de-habitantes-do-pais-deve-parar-de-crescer-em-2047>. Acesso em: 13 nov. 2023.

IDEC – Instituto Brasileiro de Defesa do Consumidor. Disponível em: <https://idec.org.br>. Acesso em: 13 nov. 2023.

IPSOS. **Human Rights in 2018**: Globally, only Four in Ten People Say Everyone in Their Country Enjoys the Same Basic Human Rights. 26 July 2018. Disponível em: <https://www.ipsos.com/en-us/news-polls/global-advisor-human-rights-2018>. Acesso em: 13 nov. 2023.

IZERROUGENE, B. A macroeconomia da previdência social. **Revista de Economia Contemporânea**, v. 13, n. 1, p. 31-45, 2009. Disponível em: <https://www.scielo.br/j/rec/a/wcnXqkNSSBqbGn8TkXHCDVz/?lang=pt>. Acesso em: 13 nov. 2023.

KÜCHEMANN, B. A. Envelhecimento populacional, cuidado e cidadania: velhos dilemas e novos desafios. **Sociedade e Estado**, v. 27, n. 1, p. 165-180, abr. 2012.

LEME, L. E. G. et al. Cirurgia ortopédica em idosos: aspectos clínicos. **Revista Brasileira de Ortopedia**, v. 46, n. 3, p. 238-246, 2011.

LENZA, S. de M. **Juizados especiais cíveis**. Goiânia: AB, 1997.

LI CHU, B. A. et al. Attitudes toward Aging: a Glance Back at Research Developments Over the Last 75 Years. **The Journals of Gerontology**, v. 75, n. 6, p. 1.125-1.129, 2020.

LIMA, M. **Envelhecimento(s)**. Coimbra: Imprensa da Universidade de Coimbra, 2010.

LÔBO, P. Com avanços legais, pessoas com deficiência mental não são mais incapazes. **Consultor Jurídico**, 16 ago. 2015. Disponível em: <https://www.conjur.com.br/2015-ago-16/processo-familiar-avancos-pessoas-deficiencia-mental-nao-sao-incapazes>. Acesso em: 13 nov. 2023.

LORENZETTI, M. S. B.; LAMOUNIER, L. P. Perspectivas quanto à mobilidade e ao espaço urbano em função do envelhecimento da população brasileira. In: SOUZA, A. C. et al. **Desafios de uma nação que envelhece**. Brasília: Edições Câmara, 2017. p. 61-79.

LOWI, T. American Business, Public Policy, Case Studies and Political Theory. **World Politics**, v. 16, p. 677-715, 1964.

LOWI, T. Four Systems of Policy, Politics, and Choice. **Public Administration Review**, v. 32, p. 298-310, 1972.

MACHADO, A. C. Curatela de idosos: o que familiares precisam saber. Portal **ACVida Cuidadores**. Disponível em: <https://acvida.com.br/familias/curatela-de-idosos>. Acesso em: 13 nov. 2023.

MARINONI, L. G. **Novas linhas do processo civil**. 2. ed. São Paulo: Malheiros, 1999.

MARQUES, C. L. Comentários à Lei 13.261, de 22 de março de 2016, dispõe sobre a normatização, a fiscalização e a comercialização de planos de assistência funerária. **Revista de Direito do Consumidor**, São Paulo, v. 108, ano 25, p. 647-655, nov./dez. 2016. Disponível em: <https://revistadedireitodoconsumidor. emnuvens.com.br/rdc/article/view/839/749>. Acesso em: 13 nov. 2023.

MARTIN, I. et al. Desenvolvimento do paradigma do envelhecimento produtivo: os novos papéis dos seniores na sociedade. In: OSORIO, A. R.; PINTO, F. C. **As pessoas idosas**: contexto social e intervenção. Lisboa: Horizontes Pedagógicos, 2007. p. 203-223.

MARTINEZ, A. Precisamos falar sobre sexualidade nos idosos! E, de preferência, sem tabu, preconceito ou vergonha. **Portal da Pró-Reitoria de Gestão de Pessoas (PROGEPE) da UFRPE**, 14 dez. 2021. Disponível em: <https://www.progepe.ufrpe.br/pre cisamos-falar-sobre-sexualidade-nos-idosos-e-de-preferencia- sem-tabu-preconceito-ou-vergonha>. Acesso em: 13 nov. 2023.

MATIAS, P. "Ageing in place": reflexões sobre o conceito e desafios para Portugal. **Espaços Vividos**, Lisboa, v. 3, n. 1, p. 77-85, 2016.

MEIRA, I.; CARVALHO, A. P. A saúde e sua relação intrínseca com o organismo e o ambiente. **Fórum Sociológico**, v. 20, p. 75-82, 2010.

MENDES, E. V. As redes de atenção à saúde. **Ciência & Saúde Coletiva**, v. 15, n. 5, p. 2.297-2.305, 2010. Disponível em: <https://www.scielo.br/j/csc/a/ VRzN6vF5MRYdKGMBYgksFwc/#>. Acesso em: 13 nov. 2023.

MINAYO, M. C.; COIMBRA JÚNIOR, C. E. A. Introdução: entre a liberdade e a dependência: reflexões sobre o fenômeno social do envelhecimento. In: MINAYO, M. C. S.; COIMBRA JÚNIOR, C. E. A. (Org.). **Antropologia, saúde e envelhecimento**. Rio de Janeiro: Fiocruz, 2002. p. 15. (Antropologia & Saúde Collection).

MONTEIRO, L. C. A. et al. A ambiência compondo a moradia adequada para idosos de baixa renda. **Serviço Social em Revista**, Londrina, v. 20, n. 1, p. 175-196, jul./dez. 2017. Disponível em: <https://ojs.uel.br/revistas/uel/index.php/ssrevista/ article/view/31790/23373>. Acesso em: 13 nov. 2023.

MONTEIRO, L. C. A.; ZAZZETTA, M. S.; ARAUJO JÚNIOR, M. E. Sustentabilidade: relação entre espaço urbano e envelhecimento ativo. **Novos Estudos Jurídicos**, v. 20, n. 1, p. 116-145, mar. 2015.

MORAES E. N.; MORAES F. L.; LIMA S. P. P. Aging Biological and Psychological Characteristics. **Revista Médica de Minas Gerais**, v. 20, n. 1, p. 67-73, 2010.

MOTTA, A. B. A Juvenilização das idades. **Caderno Espaço Feminino**, Uberlândia, v. 25, n. 2, p. 1-14, jul./dez. 2012.

MPF – Ministério Público Federal. **PFDC pede à Câmara dos Deputados apreciação da Convenção Interamericana sobre a Proteção dos Direitos Humanos dos Idosos**. Brasília, 23 jun. 2022. Disponível em: <https://www.mpf.mp.br/pfdc/noticias/pfdc-pede-a-camara-dos-deputados-apreciacao-da-convencao-interamericana-sobre-a-protecao-dos-direitos-humanos-dos-idosos>. Acesso em: 13 nov. 2023.

NASCIMENTO, G. **Interdição de pessoa idosa**. 2 dez. 2020. Disponível em: <https://www.migalhas.com.br/depeso/337236/interdicao-de-pessoa-idosa>. Acesso em: 13 nov. 2023.

NERI A. L. O legado de Paul B. Baltes à Psicologia do Desenvolvimento e do Envelhecimento. **Temas em Psicologia**, Ribeirão Preto, v. 14, n. 1, 2006. Disponível em: <http://pepsic.bvsalud.org/scielo.php?script=sci_arttext&pid=S1413-389X2006000100005&lng=pt&nrm=iso>. Acesso em: 13 nov. 2023.

NERI, A. L. Psicologia do envelhecimento: uma área emergente. In: NERI, A. L. (Org.). **Psicologia do envelhecimento**. São Paulo: Papirus, 1995. p. 13-40.

NEUMANN, L. T. V.; ALBERT, S. M. Aging in Brazil. **The Gerontologist**, v. 5, n. 42, p. 611-617, 2018.

OEA – Organização do Estados Americanos. Assembleia Geral da Organização dos Estados Americanos. **Convenção Interamericana sobre a Proteção dos Direitos Humanos dos Idosos**. Washington, jun. 2015. Disponível em: <https://www.ampid.org.br/v1/wp-content/uploads/2014/08/conven%C3%A7%C3%A3o-interamericana-sobre-a-prote%C3%A7%C3%A3o-dos-direitos-humanos-dos-idosos-OEA.pdf>. Acesso em: 13 nov. 2023.

OLIVEIRA, F. M. G. **Direitos humanos**. Rio de Janeiro: Forense; São Paulo: Método, 2016.

OMS – Organização Mundial da Saúde (Org.). **CIF**: Classificação Internacional de Funcionalidade, Incapacidade e Saúde. São Paulo: Edusp, 2015a.

OMS – Organização Mundial da Saúde. **Envelhecimento ativo**: uma política de saúde. Brasília, 2005. Disponível em: <https://bvsms.saude.gov.br/bvs/publicacoes/envelhecimento_ativo.pdf>. Acesso em: 13 nov. 2023.

OMS – Organização Mundial da Saúde. **Relatório mundial de envelhecimento e saúde**. Genebra, 2015b. Disponível em: <https://sbgg.org.br/wp-content/uploads/2015/10/OMS-ENVELHECIMENTO-2015-port.pdf>. Acesso em: 13 nov. 2023.

ONU – Organização das Nações Unidas. **Declaração Universal dos Direitos Humanos**. 1948. Disponível em: <https://brasil.un.org/sites/default/files/2020-09/por.pdf>. Acesso em: 13 nov. 2023.

ONU – Organização das Nações Unidas. **Plano de ação internacional para o envelhecimento, 2002**. Tradução de Arlene Santos. Brasília: Secretaria Especial dos Direitos Humanos, 2003. Disponível em: <http://www.observatorionacionaldoidoso.fiocruz.br/biblioteca/_manual/5.pdf>. Acesso em: 13 nov. 2023.

OPAS – Organização Pan-Americana da Saúde. **Construindo a saúde no curso de vida**: conceitos, implicações e aplicação em saúde pública. Washington, D.C., 2021. Disponível em: <https://iris.paho.org/handle/10665.2/53571>. Acesso em: 13 nov. 2023.

OPAS – Organização Pan-Americana da Saúde. **Envelhecimento saudável**. 2022a. Disponível em: <https://www.paho.org/pt/envelhecimento-saudavel>. Acesso em: 13 nov. 2023.

OPAS – Organização Pan-Americana da Saúde. **Relatório mundial sobre o idadismo**. 2022b. Disponível em: <https://iris.paho.org/handle/10665.2/55872>. Acesso em: 6 jun. 2023.

OPAS – Organização Pan-Americana de Saúde. **As quatro áreas de ação da década**. Disponível em: <https://www.paho.org/pt/decada-do-envelhecimento-saudavel-nas-americas-2021-2030/quatro-areas-acao-da-decada>. Acesso em: 5 jun. 2023a.

OPAS – Organização Pan-Americana de Saúde. **Década do Envelhecimento Saudável nas Américas (2021-2030)**. Disponível em: <https://www.paho.org/pt/decada-do-envelhecimento-saudavel-nas-americas-2021-2030>. Acesso em: 13 nov. 2023b.

PAPALÉO NETTO, M.; BRITO, F. C. Aspectos multidimensionais das urgências do idoso. In: PAPALÉO NETTO, M.; BRITO, F. C. (Ed.). **Urgências em geriatria**: epidemiologia, fisiopatologia, quadro clínico e controle terapêutico. São Paulo/Rio de Janeiro/Belo Horizonte: Atheneu, 2001. p. 23-34.

PAPÁLEO NETTO, M. **Tratado de gerontologia**. São Paulo: Atheneu, 2007.

PARADELLA, R. PNAD Contínua: número de idosos cresce 18% em 5 anos e ultrapassa 30 milhões em 2017. **Portal IBGE Notícias**, 26 abr. 2018. Disponível em: <https://agenciadenoticias. ibge.gov.br/agencia-noticias/2012-agencia-de-noticias/noticias /20980-numero-de-idosos-cresce-18-em-5-anos-e-ultrapassa-30-milhoes-em-2017>. Acesso em: 13 nov. 2023.

PARANÁ (Estado). Lei n. 20.276, de 29 de julho de 2020. **Diário Oficial do Estado do Paraná**, Curitiba, 31 jul. 2020. Disponível em: <https://www.legisweb.com.br/legislacao/?id=399337>. Acesso em: 13 nov. 2023.

PARLAMENTO EUROPEU. **Plano de acção Europeu "Ambiente e Saúde" – 2004-2010**. Bruxelas, 2008. Disponível em: <https://www.europarl.europa.eu/doceo/document/TA-6-2008-0410_PT.html>. Acesso em: 13 nov. 2023.

PELICIONI, M. C. F. Educação ambiental, qualidade de vida e sustentabilidade. **Saúde & Sociedade**, v. 7, n. 2, p. 19-31, 1998. Disponível em: <http://www.scielo.br/scielo.php?script=sci_arttext&pid=S0104-12901998000200003&lng=en&nrm=iso>. Acesso em: 13 nov. 2023.

PEREIRA, P. **Necessidades humanas**: subsídios à crítica dos mínimos sociais. São Paulo: Cortez, 2011.

PIATO, R. S. et al. O papel da Universidade Aberta à Terceira Idade na educação ambiental. **Archives of Health Investigation**, Araçatuba, v. 3, n. 5, p. 66-72, 2014.

PINHEIRO, G. M. L. et al. A enfermagem e a necessidade de proteção às infecções no idoso hospitalizado. IN: GONÇALVES, L. H. T.; TOURINHO, F. S. V. **Enfermagem no cuidado ao idoso hospitalizado**. Barueri: Manole, 2012. p. 173-204.

PINHEIRO, I. C. Artigo 10 § 3º Direito à dignidade. In: PINHEIRO, N. M. (Org.). **Estatuto do Idoso Comentado**. Campinas: Servanda, 2008. p. 145-148.

PIOVESAN, F. **Direitos humanos e o direito constitucional internacional**. 14. ed. rev. e atual. São Paulo: Saraiva, 2013.

PIOVESAN, F. **Temas de direitos humanos**. 9. ed. São Paulo: Saraiva, 2018.

PRATES, A. M. M. C. **Política de Seguridade Social**: Sistema Único de Assistência Social (SUAS). Curitiba. InterSaberes, 2019. (Série Políticas Sociais Públicas).

QUARESMA, M. L. Envelhecer com futuro. **Fórum Sociológico**, v. 17, p. 37-42, 2007.

REALE, M. **Filosofia do Direito**. 11. ed. São Paulo: Saraiva, 1986.

RECEITA FEDERAL. Instrução Normativa RFB n. 1.500, de 29 de outubro de 2014. **Diário Oficial da União**, Brasília, 30 out. 2014. Disponível em: <http://normas.receita.fazenda.gov.br/sijut2consulta/link.action?idAto=57670>. Acesso em: 13 nov. 2023.

RECEITA FEDERAL. **Parcela isenta do declarante com 65 anos ou mais**. Brasília, 25 fev. 2022. Disponível em: <https://www.gov.br/receitafederal/pt-br/assuntos/meu-imposto-de-renda/preenchimento/isencao65>. Acesso em: 13 nov. 2023.

REIGOTA, M. **O que é educação ambiental**. 2. ed. São Paulo: Brasiliense, 2009.

RIBEIRO, A. M. Aspectos bioquímicos: envelhecimento cerebral normal e demências. In: FREITAS, E. V. et al. **Tratado de geriatria e gerontologia**. 2. ed. Rio de Janeiro: Guanabara Koogan, 2006. p. 194-387.

RIBEIRO, M. D. S. Artigo 12: obrigação solidária e direito de opção. In: PINHEIRO, N. M. (Org.). **Estatuto do Idoso Comentado**. Campinas: Servanda, 2008. p. 149-153.

RIBEIRO, P. R. O. A judicialização das políticas públicas: a experiência da central judicial do idoso. In: ALCÂNTARA, A. O.; CAMARANO, A. A.; GIACOMIN, K. C. (Org.). **Política nacional do idoso**: velhas e novas questões. Rio de Janeiro: Ipea, 2016. p. 379-396.

RIO DE JANEIRO (Estado). Secretaria de Saúde. **Sexualidade na terceira idade**. 11 mar. 2019. Disponível em: <https://www.saude.rj.gov.br/atividade-na-terceira-idade/noticias/2019/03/sexualidade-na-terceira-idade>. Acesso em: 13 nov. 2023.

RIZZATTO NUNES, L. A. **Curso de direito do consumidor**. 13. ed. São Paulo: Saraiva, 2019.

ROCHA, S. M. C. **Pessoas idosas no mercado de trabalho**: garantia de sua dignidade. Salvador: Ceala, 2017.

RUIVO, S. et al. Effects of Aging on Lung Function. A Comparison of Lung Function in Healthy Adults and the Elderly. **Revista Portuguesa de Pneumologia**, v. 15, n. 4, p. 629-653, 2009.

SANCHEZ, O. B. et al. Envelhecimento populacional: algumas avaliações da antropologia. **Revista Médica Electrónica**, v. 41, n. 3, p. 708-724, 2019. Disponível em: <http://scielo.sld.cu/scielo.php?script=sci_arttext&pid=S1684-18242019000300708&lng=es&nrm=iso>. Acesso em: 13 nov. 2023.

SANFELICE, G. R.; BASSANI, P. S. (Org.). **Diversidade cultural e inclusão social**. Novo Hamburgo: Universidade Feevale, 2020.

SANTOS, I. F. C. **Direito das pessoas séniores**: um debate no serviço social entre direitos humanos e direitos sociais. 68 f. Dissertação (Mestrado em Serviço Social) – Instituto Universitário de Lisboa, Lisboa, 2011.

SANTOS, M. C. L. dos et al. Suicídio em idosos: um estudo epidemiológico. **Revista da Escola de Enfermagem da USP**, v. 55, 2021. Disponível em: <https://www.scielo.br/j/reeusp/a/wCrn4qXgdB9cgkJYf5jCZXB/?lang=pt&format=pdf>. Acesso em: 13 nov. 2023.

SANTOS, R. A. **Segurança de grupos vulneráveis**: acolhimento à pessoa idosa. Brasília: Secretaria Nacional de Segurança Pública, 14 set. 2022. Disponível em: <http://portal.ead.senasp.gov.br/academico/copy_of_editoria-a/seguranca-de-grupos-vulneraveis-acolhimento-a-pessoa-idosa>. Acesso em: 13 nov. 2023.

SÃO PAULO (Município). Lei n. 11.614, de 13 de julho de 1994. **Diário Oficial do Município**, São Paulo, 14 jul. 1994. Disponível em: <https://legislacao.prefeitura.sp.gov.br/leis/lei-11614-de-13-de-julho-de-1994>. Acesso em: 13 nov. 2023.

SBGG – Sociedade Brasileira de Geriatria e Gerontologia. **Etarismo, o preconceito contra os idosos**. 17 ago. 2020. Disponível em: <https://sbgg.org.br/etarismo-o-preconceito-contra-os-idosos>. Acesso em: 13 nov. 2023.

SCHENKER, M.; COSTA, D. H. da. Avanços e desafios da atenção à saúde da população idosa com doenças crônicas na Atenção Primária à Saúde. **Ciência & Saúde Coletiva**, v. 24, n. 4, abr. 2019. Disponível em: <https://www.scielo.br/j/csc/a/fjgYFRhV7s4TgqvdfSLKBDj/?lang=pt#ModalHowcite>. Acesso em: 13 nov. 2023.

SCHMITT, C. H. A "Hipervulnerabilidade" do consumidor idoso. **Direito e Justiça**, v. 10, n. 14, p. 47-76, 2010. Disponível em: <http://srvapp2s.santoangelo.uri.br/seer/index.php/direito_e_justica/article/view/668/329>. Acesso em: 13 nov. 2023.

SECCHI, L. **Políticas públicas**: conceitos, esquemas de análise, casos práticos. São Paulo: Cengage Learning, 2014.

SENADO FEDERAL. Secom – Secretaria de Comunicação. **Manual da Comunicação da Secom**: item do glossário – Interesse Individual Homogêneo. Disponível em: <https://www12.senado.leg.br/manualdecomunicacao/guia-juridico/interesse-individual-homogeneo#:~:text=Quest%C3%A3o%20que%20interessa%20a%20um,por%20um%20conjunto%20de%20consumidores>. Acesso em: 13 nov. 2023.

SIEGLER, I. C. Developmental Health Psychology. In: STORANDT, M.; VANDENBOS, G. R. (Ed.). **The Adult Years**: Continuity and Change. Washington, DC: American Psychological Association, 1994. p. 13-38.

SILVA, I. R. V.; VEIGA JÚNIOR, C. L. Sustentabilidade e fraternidade: algumas reflexões a partir da proposta de um direito ambiental planetário. **Veredas do Direito**, Belo Horizonte, v. 8, n.15, p. 25-42, jan./jun. 2011.

SILVA, J. A. da. **Curso de Direito Constitucional Positivo**. 35. ed., rev. e atual. Malheiros, 2012.

SILVA, M. O. da S. e. Pobreza, desigualdade e políticas públicas: caracterizando e problematizando a realidade brasileira. **Katálysis**, v. 13, 2010. Disponível em: <https://www.scielo.br/j/rk/a/8BFXyRfRdVDYkLvvgKdMwxQ/abstract/?lang=pt>. Acesso em: 13 nov. 2023.

SIMÕES, A. **A nova velhice**: um novo público a educar. Porto: Ambar, 2006.

SIMÕES, C. **Curso de direito do serviço social**. 5. ed. São Paulo: Cortez, 2011.

SIMONASSI, M. O registro da prova oral como ato essencial no sistema do juizado especial cível (Lei 9.099/1995), para a garantia do devido processo legal, contraditório e ampla defesa. **Revista Dialética de Direito Processual**, n. 127, p. 86, 2013.

SMELTZER, S. C. et al. **Brunner & Suddarth**: tratado de enfermagem médico-cirúrgica. Rio de Janeiro: Guanabara Koogan, 2014.

SOUSA, A. M. V.; MARQUETTE, F. R. Envelhecimento da população brasileira: avanço legislativo e o compromisso social. **Revista Univap**, v. 24, n. 45, p. 34-47, 2018.

SOUZA JÚNIOR, E. V. de. et al. Efeitos das vivências em sexualidade na autoestima e na qualidade de vida de pessoas idosas. **Escola Anna Nery Revista de Enfermagem**, v. 26, 2022. Disponível em: <https://www.scielo.br/j/ean/a/xwDnR4vWW8sRVmYxSrKJ53Q/?lang=pt>. Acesso em: 13 nov. 2023.

SOUZA, A. P. de et al. Ações de promoção e proteção à saúde mental do idoso na atenção primária à saúde: uma revisão integrativa. **Ciência & Saúde Coletiva**, v. 27, n. 5, maio 2022. Disponível em: <https://www.scielo.br/j/csc/a/WjyQnccwSNKPd9CsMgPCV7q/?lang=pt>. Acesso em: 13 nov. 2023.

SOUZA, C. Políticas públicas: uma revisão da literatura. **Sociologias**, n. 16, p. 20-45, 2006. Disponível em: <https://www.scielo.br/j/soc/a/6YsWyBWZSdFgfSqDVQhc4jm/?format=pdf&lang=pt>. Acesso em: 13 nov. 2023.

SPICKER, P. **Social policy**: theory and practice. 3. ed. Bristol: Policy Press, 2014.

STAMATO, C. **Modelo de banheiro domiciliar para idosos**: uma abordagem ergonômica. Dissertação (Mestrado em Design) – Pontifícia Universidade Católica do Rio de Janeiro, 2007. Disponível em: <https://www.maxwell.vrac.puc-rio.br/10697/10697_1.PDF>. Acesso em: 13 nov. 2023.

STEFANIAK, J. L. A efetividade do direito humano e fundamental à moradia. **Revista Videre**, Dourados, ano 2, n. 4, p. 183-209, jul./dez. 2010. Disponível em: <http://ojs.ufgd.edu.br/index.php/videre/article/view/901/618>. Acesso em: 13 nov. 2023.

STF – Supremo Tribunal Federal. **Ação Direta de Inconstitucionalidade n. 2.424-8**. Brasília, 1º abr. 2004. Disponível em: <https://redir.stf.jus.br/paginadorpub/paginador.jsp?docTP=AC&docID=375391>. Acesso em: 13 nov. 2023.

STF – Supremo Tribunal Federal. **Ação Direta de Inconstitucionalidade n. 2.908**. Brasília, 11 out. 2019a. Disponível em: <https://redir.stf.jus.br/paginadorpub/paginador.jsp?docTP=AC&docID=375391>. Acesso em: 13 nov. 2023.

STF – Supremo Tribunal Federal. **Ação Direta de Inconstitucionalidade n. 6.727 Paraná**. Brasília, 12 maio 2021. Disponível em: <https://portal.stf.jus.br/processos/downloadPeca.asp?id=15346469195&ext=.pdf>. Acesso em: 13 nov. 2023.

STF – Supremo Tribunal Federal. Recurso Extraordinário n. 1.242.431. **DJe**, 3 mar. 2020. Disponível em: <https://redir.stf.jus.br/paginadorpub/paginador.jsp?docTP=TP&docID=752206488>. Acesso em: 13 nov. 2023.

STF – Supremo Tribunal Federal. Recurso Extraordinário n. 643.247. **DJe**, 28 jun. 2019b. Disponível em: <https://jurisprudencia. stf.jus.br/pages/search?classeNumeroIncidente=%22RE%20 643247%22&base=acordaos&sinonimo=true&plural=true&page =1&pageSize=10&sort=_score&sortBy=desc&isAdvanced=true>. Acesso em: 13 nov. 2023.

STRACIERI, L. D. S. Cuidados e complicações pós-operatórias. **Medicina**, Ribeirão Preto, v. 41, n. 4, p. 465-468, out./dez. 2008.

TEIXEIRA, M. C. T. V.; SCHULZE, C. M. N.; CAMARGO, B. V. Representações sociais sobre a saúde na velhice: um diagnóstico psicossocial na Rede Básica de Saúde. **Estudos de Psicologia**, Natal, v. 7, n. 2, p. 351-359, jul. 2002. Disponível em: <https://doi.org/10.1590/S1413-294X2002000200016>. Acesso em: 13 nov. 2023.

TEIXEIRA, M. H. Características psicológicas da velhice. In: CALDAS, C. P. (Org.). **A saúde do idoso**: a arte de cuidar. Rio de Janeiro: EdUERJ, 1998. p. 186-190.

TORRES, K. R. B. O. et al. Evolução das políticas públicas para saúde do idoso no contexto do Sistema único de saúde. **Physis: Revista de Saúde Coletiva**, Rio de Janeiro, v. 30, n. 1, 2020. Disponível em: <https://www.scielo.br/j/physis/a/XqzFgPPbgmsKyJxFPBWgB 3K/?format=pdf&lang=pt>. Acesso em: 13 nov. 2023.

UCHÔA, E. Contribuições da antropologia para uma abordagem das questões relativas à saúde do idoso. **Cadernos de Saúde Pública**, v. 19, n. 3, p. 849-853, 2003. Disponível em: <https://www.scielo.br/j/csp/a/7XJfbd9Dm6cGFs66DqckSGS/abstract/?lang=pt>. Acesso em: 13 nov. 2023.

UCHÔA, E.; FIRMO, J. O. A.; LIMA-COSTA, M. F. F. Envelhecimento e saúde: experiência e construção cultural. In: MINAYO, M. C. S.; COIMBRA JÚNIOR, C. E. A. (Org.). **Antropologia, saúde e envelhecimento**. Rio de Janeiro: Fiocruz, 2002. p. 25-35. (Antropologia & Saúde Collection).

UNASUS. **Maior sistema público de saúde do mundo, SUS completa 31 anos**. 2021. Disponível em: <https://www.unasus.gov.br/noticia/maior-sistema-publico-de-sau de-do-mundo-sus-completa-31-anos#:~:text=Garantido%20 no%20artigo%20196%20da,para%20qualquer%20 atendimento%20de%20sa%C3%BAde>. Acesso em: 13 nov. 2023.

UNITED NATIONS. **World Population Prospects 2022**: Summary of Results. New York, 2022. Disponível em: <https://www.un.org/development/desa/pd/sites/www.un.org.development.desa.pd/files/wpp2022_summary_of_results.pdf>. Acesso em: 13 nov. 2023.

VERAS, R. Care Pathway for the Elderly: Detailing the Model. **Revista Brasileira de Geriatria e Gerontologia**, v. 19, n. 6, p. 887-905, nov./dez. 2016.

VIANNA, M. L. T. W. **Em torno do conceito de política social**: notas introdutórias. Rio de Janeiro: Iuperj, 2002.

VIOLA, E. **Meio ambiente, desenvolvimento e cidadania**: desafios para as ciências sociais. São Paulo: Cortez, 1998.

WEINTRAUB, A. B. de V. Coexistência do regime de repartição com o regime de capitalização. **Revista da Faculdade de Direito**, Universidade de São Paulo, v. 97, p. 211-217, jan. 2002.

WHO – World Health Organization. **Active Ageing**: a Policy Framework. Geneva, 2002. Disponível em: <https://apps.who.int/iris/handle/10665/67215>. Acesso em: 13 nov. 2023.

WHO – World Health Organization. **Ageing and Health**. 1º Oct. 2022. Disponível em: <https://www.who.int/news-room/fact-sheets/detail/ageing-and-health>. Acesso em: 13 nov. 2023.

WHO – World Health Organization. **Decade of Healthy Ageing**: Baseline Report. Geneva, 2020. Disponível em: <https://www.who.int/publications/i/item/9789240017900>. Acesso em: 13 nov. 2023.

WHO – World Health Organization. **Imagine Tomorrow**: Report on the 2nd WHO Global Forum on Innovation for Ageing Populations. Geneva: WHO, 2015. Disponível em: <https://iris.who.int/bitstream/handle/10665/205288/9789241510073_eng.pdf?isAllowed=y&sequence=1>. Acesso em: 13 nov. 2023.

YON, Y. et al. Elder Abuse Prevalence in Community Settings: a Systematic Review and Meta-Analysis. **Lancet Global Health**, v. 5, n. 2, p. e147-e156, Feb. 2017. Disponível em: <https://www.ncbi.nlm.nih.gov/pubmed/28104184>. Acesso em: 13 nov. 2023.

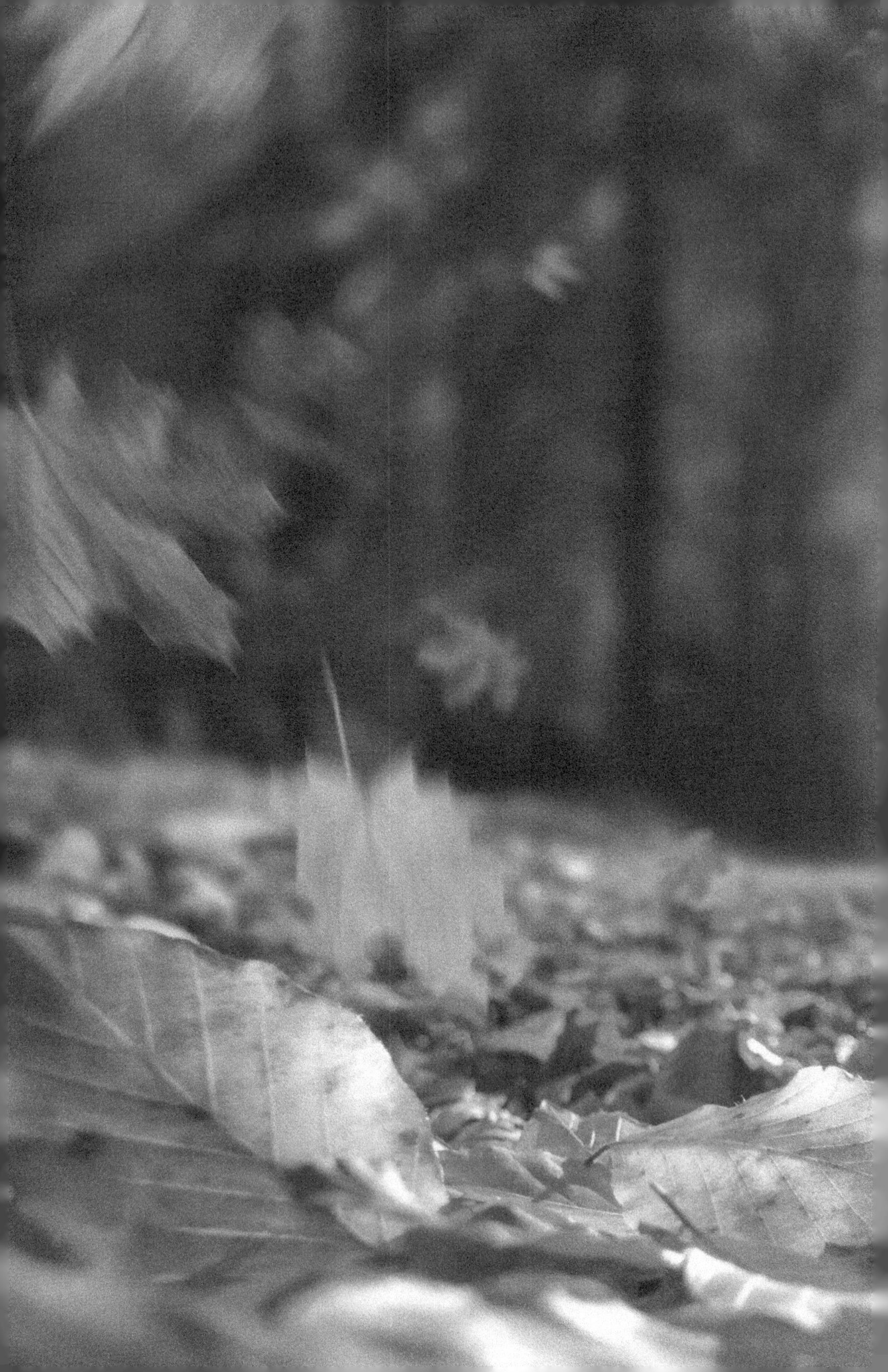

# Respostas

## Capítulo 1
### Questões para revisão
1. d
2. c
3. d
4. Os estereótipos, os preconceitos e a discriminação no idadismo desencadeiam isolamento social, morte prematura e custam bilhões às economias, pois, nesses casos, nega-se às pessoas idosas seus direitos humanos e a habilidade de alcançar seu pleno potencial. Essa compreensão infelizmente traz estigma à sociedade de modo prevalente, sendo amplamente disseminado de maneira insidiosa, passando despercebido e incontestado. Compreensão ou percepção que essas ações são negativas podem ser da pessoa contra si mesma ou contra outros. Assim, a pessoa idosa sofre diversas consequências, inúmeras vezes graves e que trazem negatividades para a saúde, o bem-estar e os direitos, influenciando aspectos como menor expectativa de vida, piora na saúde física e mental, lenta recuperação de incapacidade e aumento do declínio cognitivo. De modo geral, estereótipos, preconceitos e discriminação pioram a qualidade de vida, levando ao isolamento e à solidão da pessoa idosa, aumentando o risco de violência e abuso contra essa parcela da população, contribuindo para a pobreza e insegurança financeira.
5. Os fatores que aumentam o risco são ter mais idade; ser dependente de cuidados; ter expectativa de vida saudável menor no país; trabalhar em certas profissões ou em determinados setores ocupacionais,

como no setor de alta tecnologia ou hoteleiro; ser ansioso com relação à morte e ter menor grau de instrução; ser do sexo feminino. Existem três principais estratégias que podem reduzir o idadismo: 1) políticas e leis; 2) intervenções educacionais; 3) intervenções de contato intergeracional.

## Questões para reflexão

1. O envelhecimento, na perspectiva do curso de vida, tem influências individuais, familiares e sociais. Esses aspectos permitem interpretações associadas aos valores e papéis sociais de acordo com a idade cronológica. A natureza genético-biológica do desenvolvimento humano se inter-relaciona em um processo dinâmico com esses valores na sociedade no decorrer do tempo. Dessa forma, compreende-se a heterogeneidade da experiência do envelhecer dependente da organização do indivíduo em função das circunstâncias históricas, culturais e sociais. As experiências e trajetórias individual, familiar e social de um mesmo grupo etário podem variar de acordo com o momento histórico e o local no qual as pessoas convivem. Já nos deparamos com discursos que afirmam "no tempo dos nossos avós era diferente!", e de certa forma era. As sociedades e suas culturas influenciam e provocam alterações ao longo da história nos modos de se ver e vivenciar o processo de envelhecimento.

2. "O termo *idadismo*, ou etarismo (em inglês, *ageism*), foi cunhado em 1969 por Robert Butler, gerontólogo americano que foi o primeiro diretor do Instituto Nacional do Envelhecimento nos Estados Unidos. Apesar de o idadismo existir há séculos no mundo, o conceito é relativamente novo e ainda não existe em todos os idiomas" (OPAS, 2022b, p. XXI). "O idadismo pode ser institucional, interpessoal ou contra si próprio. O idadismo institucional se refere às leis, regras, normas sociais, políticas e práticas institucionais que restringem

injustamente as oportunidades e prejudicam sistematicamente indivíduos em função da idade deles. O idadismo interpessoal surge em interações entre dois ou mais indivíduos, enquanto o direcionado contra si próprio ocorre quando o idadismo é internalizado pela pessoa e usado contra ela mesma" (OPAS, 2022b, p. XVII).

## Capítulo 2
## Questões para revisão
1. b
2. b
3. d
4. O processo de envelhecimento humano é influenciado por aspectos sociais, biológicos, culturais e econômicos. O envelhecimento saudável é resultado de um processo de adaptação às mudanças que ocorrem durante a vida, o que permite que as pessoas idosas possam manter o bem-estar físico, mental e social. A Organização Mundial da Saúde (OMS) adotou o termo *envelhecimento ativo*, nesse sentido, ativo não se refere apenas à capacidade física, mas à participação dentro da sociedade.
5. Criação de vagas especiais de estacionamento; transporte público gratuito para deslocamentos de pessoas idosas ou espaços específicos para atividade física ao ar livre; semáforos adaptados para essa parcela da população (mais tempo para travessia); colocação de corrimão para facilitar o acesso a locais públicos.

## Questões para reflexão
1. Cultura do envelhecimento envolve mudança no discurso e na prática com relação à pessoa e ao envelhecimento, valorizando esse indivíduo e fortalecendo o envelhecimento ativo, adotando estratégias de oposição ao estigma do envelhecimento.

2. Os ambientes devem ser adaptados às necessidades das pessoas idosas, pois ambientes inseguros e mal iluminados, mal planejados e construídos ou com barreiras arquitetônicas representam os principais fatores de risco para quedas; os fatores ambientais, quando preventivos para quedas, podem ser facilitadores para realização das atividades diárias e para a participação social da pessoa idosa.

## Capítulo 3
## Questões para revisão

1. a
2. c
3. e
4. Segundo Lima (2010, p. 14), mesmo que o processo de envelhecimento seja extremamente complexo e possa ser interpretado sob várias perspectivas, trata-se de um processo universal, gradual e irreversível de mudanças e de transformações que ocorrem com a passagem do tempo.
5. Difundir a Política Nacional dos Direitos da Pessoa Idosa, em especial o Estatuto da Pessoa Idosa, em território nacional; ampliar o número de conselhos dos direitos das pessoas idosas; reduzir o índice de violência contra a pessoa idosa; a criação do Fundo Estadual e Municipal do Idoso; a criação da rede de cuidados e proteção.

## Questões para reflexão

1. Para Piovesan (2013), apesar de a DUDH não ser um tratado, tem força jurídica obrigatória e vinculante, por se constituir na interpretação autorizada da expressão *direitos humanos* apresentada na Carta da ONU (ONU, 1948), destacando que a força jurídica vinculante decorre da transformação, no decorrer de mais de 50 anos, em direito costumeiro internacional e princípio geral do direito internacional.

2. "Simon (1957) introduziu o conceito de racionalidade limitada dos decisores públicos (*policy makers*), argumentando, todavia, que a limitação da racionalidade poderia ser minimizada pelo conhecimento racional" (Souza, 2006, p. 23).

# Capítulo 4
## Questões para revisão

1. c
2. b
3. a
4. Predomínio do individualismo; o bem-estar individual maximiza o bem-estar coletivo; predomínio da liberdade e competitividade; naturalização da miséria; predomínio da lei da necessidade; manutenção de um Estado mínimo; as políticas sociais estimulam o ócio e o desperdício; a política social deve ser um paliativo.
5. Proteção à família, à maternidade, à infância, à adolescência e à velhice; amparo às crianças e adolescentes carentes; promoção da integração ao mercado de trabalho; habilitação e reabilitação das pessoas com deficiência e promoção de sua integração à vida comunitária; garantia de um salário mínimo de benefício mensal à pessoa com deficiência ou à pessoa idosa que comprove não ter meios de prover a própria manutenção ou de tê-la provida por sua família.

## Questão para reflexão

1. Para auxiliar neste movimento importante de reflexão e pesquisa, indicamos a leitura dos seguintes artigos: *Trajetória das políticas públicas brasileiras para pessoas idosas frente a década do envelhecimento saudável (2021-2030)* (Chiarelli; Batistoni, 2022) e *O envelhecimento no Brasil: aspectos sociais, políticos e demográficos em análise* (Escorsim, 2021). Consulte a seção "Referências".

## Capítulo 5
## Questões para revisão

1. b
2. d
3. d
4. As pessoas idosas têm direito ao atendimento integral e gratuito em saúde. Dessa forma, o SUS deve assegurar consultas, exames, internamentos e inclusive os medicamentos necessários. Nem todos os medicamentos disponíveis no mercado estão disponíveis no SUS, mas estão previstos medicamentos para todos os tipos de tratamento na Relação Nacional dos Medicamentos Essenciais (Rename), que é atualizada anualmente. O direito aos medicamentos cabe a todos, mas é especialmente importante para as pessoas idosas de famílias de baixa renda, para evitar que dispendam grande parte de seus rendimentos com medicamentos, comprometendo a aquisição de alimentos ou pagamentos de outras despesas essenciais.
5. Denúncias de violências contra as pessoas idosas podem ser feitas para a Central Disque Direitos Humanos – Disque 100, como também junto às autoridades policiais, aos conselhos municipais ou estaduais da pessoa idosa, às promotorias e às defensorias públicas, no Centro de Referência Especializado da Assistência Social (CREAS) e outros estabelecimentos (ou números para ligação telefônica) definidos em cada município.

## Questões para reflexão

1. Esperamos que a reflexão proposta contribua, de maneira prática, para que você consiga identificar entre as pessoas próximas, e mesmo em sua própria trajetória, se os passos que estão sendo dados no presente permitem vislumbrar um envelhecimento saudável,

ativo, produtivo e seguro. Uma excelente velhice é construída ao longo de toda a vida!

2. Nessa reflexão, a proposta é mais coletiva, visando à proposição de alternativas para as pessoas idosas de baixa renda. Na medida em que o país conta com um número cada vez maior de pessoas idosas, é fundamental que as políticas sociais atendam às demandas desse crescente grupo populacional, estabelecendo novas formas de distribuição e acesso à renda. Uma medida possível seria estabelecer faixas maiores de renda como critério para atender pessoas idosas com 80 anos ou mais. Esperamos que você também desenvolva boas propostas e tenha a oportunidade de apresentá-las em espaços coletivos voltados à garantia dos direitos das pessoas idosas.

## Capítulo 6
## Questões para revisão

1. A resposta deve ser positiva e indicar a Lei n. 10.741, de 1º de outubro de 2003 (Brasil, 2003a), que dispõe sobre o Estatuto da Pessoa Idosa e destina-se a regular os direitos assegurados às pessoas com idade igual ou superior a 60 anos, como o principal diploma normativo relacionado à pessoa idosa. Sem olvidar que há também dispositivos específicos sobre as pessoas idosas na legislação esparsa, como na Lei n. 8.078, de 11 de setembro de 1990 (Brasil, 1990a), que dispõe sobre o Código de Defesa do Consumidor, quando trata da vedação da oferta de crédito, fornecimento do produto ou serviço ao consumidor idoso. Também merece destaque a previsão sobre a proteção da pessoa idosa na Constituição Federal de 1988 (Brasil, 1988a).

2. Conforme os temas abordados no capítulo, entre os principais direitos garantidos às pessoas idosas, é possível citar o direito a programa habitacional e a isenção de IPTU. Também está previsto no Estatuto da Pessoa Idosa acesso gratuito ao transporte urbano, acesso ao crédito e acesso à justiça.
3. a
4. a
5. a

## Questão para reflexão

1. Conforme exposto pela deputada relatora do projeto de lei, o uso do termo *idoso* pode passar a impressão de exclusão das mulheres idosas, portanto, o uso do termo *pessoa idosa* parece ser mais adequado, haja vista que inclui a todos sem distinção, atendendo ao disposto no art. 5º da Constituição Federal de 1988, de que todos são iguais independentemente do gênero. Pode-se observar como uma conquista essa preocupação dos termos utilizados e que historicamente tendem a ser somente atrelados ao gênero masculino.

# Sobre as autoras

**Maria Caroline Waldrigues** é mestra em Educação pela Universidade Federal do Paraná (UFPR), linha de pesquisa de Políticas Educacionais (2014). É pós-graduada em Políticas Educacionais pelo Núcleo de Políticas, Gestão e Financiamento da Educação (NuPE) da UFPR (2011); em Gestão Pública em Saúde pelo Setor de Ciências Sociais Aplicadas/Departamento de Administração Geral e Aplicada da UFPR (2011); em Ensino do Processo de Enfermagem pela PUCPR (2022); e em Formação Docente para EAD pelo Centro Universitário Internacional Uninter (2023). É graduada em Enfermagem pela Pontifícia Universidade Católica do Paraná – PUCPR. Desde 2023, é pós-graduanda em Envelhecimento Saudável: Prevenção, Tratamento e Cuidado pela Pontifícia Universidade Católica do Rio Grande do Sul (PUCRS). Atualmente, é coordenadora dos cursos de Tecnologia e Bacharelado em Gerontologia do Centro Universitário Internacional Uninter e membro do Departamento Científico de Enfermagem Gerontológica (DCEG) da Associação Brasileira de Enfermagem (ABEn) – Seção Paraná (Gestão 2022-2025).

**Adriane Bührer Baglioli Brun** é mestra em Educação – Gestão de Instituições de Ensino pela Pontifícia Universidade Católica do Paraná – PUCPR (2001); especialista em Formação Docente para EAD pelo Centro Universitário Internacional Uninter (2023); e graduada em Serviço Social pela PUCPR (1991). É pesquisadora do Grupo de Estudos e Pesquisa em Trabalho, Formação e Sociabilidade (GETFS); coordenadora da linha de pesquisa

Trabalho, Identidade e Formação Profissional; e coordenadora do projeto de pesquisa *Processo de trabalho no Serviço Social: a instrumentalidade como mediação para a práxis profissional*. É editora adjunta da *Revista Humanidades em Perspectivas* do curso de Serviço Social do Centro Universitário Internacional Uninter.

**Francielli Araujo Veiga** é advogada, especialista em Direito Civil e Processual Civil pela Faculdade Estácio de Curitiba (2018); especialista em Direito Aplicado aos Serviços de Saúde pela Universidade Estácio de Sá (2020); e graduada em Direito pelo Centro Universitário Senai – UniSenai PR (2015). Além disso, tem aperfeiçoamento em Direito Sanitário pelo Instituto de Ensino HCor – IE-HCor (2020). É membro titular do Comitê de Ética em Pesquisa com Seres Humanos da Secretaria de Saúde de São José dos Pinhais/PR desde 2018 e membro da Comissão de Processo Administrativo relativo a Contratos da Secretaria Municipal de Recursos Materiais e Licitações da Prefeitura de São José dos Pinhais desde 2021. Foi presidente da Comissão de Direito à Saúde da OAB Paraná – subseção de São José dos Pinhais (2019-2021) e defensora dativa do Tribunal de Ética e Disciplina da OAB Paraná (2020-2021).

**Karina Silveira de Almeida Hammerschmidt** é doutora em Enfermagem pela Universidade Federal do Rio Grande – FURG (2011); mestra em Organizações e Desenvolvimento pelo Centro Universitário das Faculdades Associadas de Ensino – Unifae (2007) e em Enfermagem pela Universidade Federal do Paraná – UFPR (2007); especialista em Saúde Coletiva pela Pontifícia Universidade Católica do Paraná – PUCPR (2004) e em Administração com ênfase em Gerenciamento pelo Centro Universitário das Faculdades Associadas de Ensino – Unifae

(2005); e graduada em Enfermagem pela PUCPR (2003). É professora associada do Departamento de Enfermagem da UFPR, no Programa de Pós-Graduação em Enfermagem e no Programa de Pós-Graduação Prática do Cuidado em Enfermagem; coordenadora do Programa de Pós-Graduação em Prática do Cuidado em Saúde (PPGPCS) da mesma instituição; membro efetivo do Grupo Multiprofissional de Pesquisas sobre Idosos (GMPI/UFPR) e da diretoria do Departamento de Enfermagem Gerontológica da Associação Brasileira de Enfermagem, seção Paraná (ABEN-PR); e editora colaboradora na Geriatrics, Gerontology and Aging. Em 2015, obteve o título de especialista em Enfermagem Gerontológica pela ABEN e, em 2016, o título de especialista em Gerontologia pela Sociedade Brasileira de Geriatria e Gerontologia (SBGG), tornando-se a primeira enfermeira a ter titulação de especialista nas duas sociedades profissionais do Brasil (Enfermagem Gerontológica na ABEN e Gerontologia na SBGG). Em 2022, foi agraciada com o Prêmio Pesquisador-Extensionista, área da saúde, no 35º Prêmio Paranaense de Ciência e Tecnologia.

**Márcia Marrocos Aristides** é doutoranda em Enfermagem pela Universidade Federal do Paraná (UFPR); mestra em Enfermagem pela mesma instituição, com pesquisa na área de gerontologia; pós-graduada em Gestão de Serviços de Saúde e Doenças tropicais pela Universidade Federal de Rondônia (UNIR); especialista em Unidade de Terapia Intensiva (UTI) pela Faculdade São Lucas em Porto Velho – Rondônia; e graduada em Enfermagem pela UNIR. Com 17 anos de experiência profissional, tem *expertise* em gerenciamento de processos de pesquisa, cuidados em terapia intensiva e gestão de serviços de saúde. Foi coordenadora de Pesquisa Clínica e, posteriormente, do Núcleo de Ensino e Pesquisa do Hospital IPO (Instituto Paranaense de

Otorrinolaringologia). Tem experiência com pesquisa em gerontologia e processos de gestão do cuidado gerontológico. É membro do Departamento de Enfermagem Gerontológica da Associação Brasileira de Enfermagem, seção Paraná (ABEN-PR), e do Grupo Multiprofissional de Pesquisa sobre Idosos (GMPI) da UFPR.

**Neiva Silvana Hack** é assistente social, mestra em Tecnologia em Saúde pela Pontifícia Universidade Católica do Paraná (PUCPR); especialista em Gestão Social pela Faculdade Padre João Bagozzi e em Formação Docente para EaD pelo Centro Universitário Internacional Uninter; e graduada em Serviço Social pela PUCPR. É professora do curso de Bacharelado em Serviço Social do Centro Universitário Internacional Uninter e colaboradora da equipe técnica da Associação Educacional de Desenvolvimento Humano e Social (ADDES). Atua na área de seguridade social desde 2005 e desenvolve atividades na área de projetos sociais desde 2002, na parte de elaboração, execução, coordenação, avaliação e monitoramento. Tem experiência na defesa de direitos da pessoa idosa, como técnica de referência em Instituição de Longa Permanência para Idosos (ILPI), como captadora de recursos para projetos sociais voltados à pessoa idosa, como capacitadora de equipes e como docente em temáticas relacionadas ao cuidado das pessoas idosas e à defesa de seus direitos. É autora, entre outros, dos livros *Política pública de saúde no Brasil: história, gestão e relação com a profissão do serviço social* e *Direito à renda e à alimentação: programas, serviços e benefícios existentes no Brasil nas décadas de 2000 e de 2010*, ambos publicados pela Editora InterSaberes.

Os papéis utilizados neste livro, certificados por instituições ambientais competentes, são recicláveis, provenientes de fontes renováveis e, portanto, um meio responsável e natural de informação e conhecimento.

**FSC**
www.fsc.org
**MISTO**
Papel | Apoiando
o manejo florestal
responsável
**FSC® C103535**

Impressão: Reproset